Дерек Принс

ЦЕРКОВЬ БОЖЬЯ

КНИГИ ДЕРЕКА ПРИНСА
переведенные на русский язык

Наименование:

Библейское лидерство: Наблюдайте за собой / Что значит быть мужем Божьим?

Библия, философия и сверхъестественное

Благая Весть Царства

Благодарение, хвала и поклонение

Благодать уступчивости (Благодать повиновения)

Благословение или проклятье: ты можешь избрать!

Бог — Автор брачных союзов

Бог написал сценарий твоей жизни

Божий план для твоих денег

Божье лекарство от отверженности

Вера, которой жив будешь (Вера как образ жизни)

Вехи моей жизни / Уверенность в Божьем избрании

Влияние на историю через пост и молитву

Война в небесах

Входя в Божье присутствие

Духовная война

Если вы желаете самого лучшего Божьего

Завет

Защита от обольщения / Что есть истина?

Искупление

Как быть водимым Духом Святым

Как найти план Божий для своей жизни

Как правильно поститься

Как применять кровь Иисуса

Как слышать голос Божий

Крещение в Святом Духе

Кто позаботится о сиротах, бедных и угнетенных?

Люцифер разоблаченный

Мужья и отцы

Мы будем изгонять бесов

Наш долг Израилю

Обмен на кресте

Отцовство

Погребение посредством крещения

Последнее слово на Ближнем Востоке

Пособие для самостоятельного изучения Библии

Пророческий путеводитель Последнего Времени

Путь ввех — путь вниз

Путь посвящения

Пятигранное служение

Расточительная любовь

Сборник №1: Первое поприще / Колдовство — враг общества №1 / Чужой епископ

Сборник №2: Духовная слепота: причина и лечение / Как проверять необычные проявления / Хлебопреломление

Святой Дух в тебе

Святость

Сила провозглашения

Согласиться с Богом

Струны арфы Давида

Судить: где? когда? Почему?

Твердое основание христианской жизни

Уверенность в Божьем избрании

Церковь Божья

Шум в церкви

Дерек Принс

Церковь Божья

2011

Все выдержки из Нового и Ветхого Заветов
(кроме отмеченных особо) взяты из
Синодального перевода Библии на русский язык.

REDISCOVERING GOD'S CHURCH
Derek Prince

Derek Prince Ministries – International
P.O.Box 19501
Charlotte, NC 28219-9501
USA

All rights reserved © 2006 by Derek Prince Ministries–International

ЦЕРКОВЬ БОЖЬЯ
Дерек Принс

Переведено и издано
Служением Дерека Принса на русском языке
Translation and publication by Derek Prince Ministries – Russia

Вы можете написать нам по адресу:
Служение Дерека Принса
а/я 72
Санкт-Петербург
191123
Россия

Служение Дерека Принса
а/я 3
Москва
107113
Россия

Все права защищены © 2009 Служением Дерека Принса на русском языке
All rights reserved © 2009 by Derek Prince Ministries – Russia

ISBN: 5-8318-0032-6 (рус.)
ISBN-13: 978-1-78263-056-2 (англ.)

Вы можете обратиться к нам через интернет:
info@derekprince.ru

или посетить нашу страницу:
www.derekprince.ru

СОДЕРЖАНИЕ

Введение 7

Часть 1. Божье видение для Церкви 9

Глава 1. Божье наследие — это Его народ 10

Глава 2. Преобразование: Божья программа для Церкви 15

Часть 2. Сущность Церкви: Семь образов Церкви в Послании Ефесянам 20

Глава 3. Образ № 1: Собрание 21

Глава 4. Образ № 2: Тело Христово 32

Глава 5. Образ № 3: Произведение Божьего искусства 41

Глава 6. Образ № 4: Семья 48

Глава 7. Образ № 5: Храм 57

Глава 8. Образ № 6: Невеста 66

Глава 9. Образ № 7: Армия 84

Глава 10. О чем говорят эти семь образов 95

Часть 3. Структура Церкви 101

Глава 11. Вселенская Церковь 102

Глава 12. Поместная церковь 119

Глава 13. Команды апостолов и пресвитеры: две ноги одного тела 151

Глава 14. Апостолы и пресвитеры, а не бюрократия 165

Глава 15. Воспроизводство, а не преемственность 181

Часть 4. Церковное лидерство 191

    Глава 16. Мобильное служение: апостолы 192

    Глава 17. Признаки истинного апостола ... 215

    Глава 18. Мобильное служение: пророки 229

    Глава 19. Мобильное служение: евангелисты 252

    Глава 20. Мобильное служение: учителя 267

    Глава 21. Стационарное служение: пастыри 279

    Глава 22. Пастыри: руководство, обучение, пасторская опека 298

    Глава 23. Стационарное служение: диаконы 321

Часть 5. Образ жизни Церкви 328

    Глава 24. Каждодневная жизнь поместной церкви 329

    Глава 25. Общее собрание 350

Часть 6. Будущее Церкви 359

    Глава 26. Да приидет Царствие Твое 360

    Глава 27. Славная Церковь 384

Об авторе 393

ВВЕДЕНИЕ

Рассказывают, что однажды в 1930-х годах в кабинете служителя церкви в Вашингтоне, которую время от времени посещал президент США Франклин Рузвельт, зазвонил телефон. Позвонивший прерывающимся от волнения голосом спросил: «Скажите, как вы думаете, в это воскресенье в вашей церкви будет президент?» Служитель спокойно ответил: «Этого я не могу обещать, но я думаю, что в церкви будет Бог, и это, как мы полагаем, будет достаточно веской причиной для собрания многих людей».

Мы не знаем, слышал ли этот рассказ Дерек Принс, но те из нас, кто был близко с ним знаком, не сомневаются, что он бы Дереку очень понравился. Дело в том, что Дерек любил Церковь. Как любой настоящий учитель нашего времени, он осознавал величие призвания и предназначения Тела Христова.

В одной из своих радиопередач Дерек так описал свое отношение к Церкви: «Я считаю, Бог занимается восстановлением двух народов, с которыми Он имеет взаимоотношения завета, каждый из которых Он поклялся никогда не нарушать. Первый народ это Израиль. Второй — это Церковь».

Если вы еще не знакомы с Дереком Принсом, то вам следует знать, что он был поистине одним из величайших христианских умов XX века. Он родился в семье подданных Великобритании, однако значительные периоды своей жизни он провел в Израиле и Соединенных Штатах (впоследствии приняв американское гражданство). Он получил образование в престижном Кембриджском университете. Повинуясь призванию Божьему, Дерек Принс покинул университет, будучи в звании члена научного совета кафедры классической и современной философии.

Однако пусть вас не отпугивают его впечатляющие академические степени. Миллионы людей по всему миру находят, что учение Дерека Принса приносит им вдохновение, ободряет, просвещает и оно всегда доступно для понимания.

Поэтому книга, которую вы сейчас держите в руках, это настоящее сокровище. На ее страницах вы найдете необычайно глубокое откровение о сущности, роли, структуре и предназначении, как поместной церкви, так и Вселенской Церкви. Читая эту книгу, вы получите свежее понимание своего место и своей роли в Божьем плане.

Служение Дерека Принса

Часть первая

БОЖЬЕ ВИДЕНИЕ ДЛЯ ЦЕРКВИ

1
БОЖИЙ УДЕЛ — ЭТО ЕГО НАРОД

Через все Писание проходит тема Церкви — объекта Божьей любви, будущей Невесты Его возлюбленного Сына.

Искупительная миссия Христа на земле — это история любви, которая развернулась на сцене времени и вечности, полная драматизма, глубоких чувств, борьбы и триумфа. Бог желает дать Своему Сыну совершенную Невесту, которая будет разделять с Ним всю вечность.

Кроме того, Церковь — это Божий спасательный корабль, плывущий среди волн этого мира. Однако спасти из мира людей и поднять их на борт этого спасательного судна — это еще далеко не все. Труднее всего для Бога превратить нас, непослушных и несдержанных, в совершенную Невесту Его единственного Сына.

ЗЕРКАЛО СЛОВА БОЖЬЕГО

Писание сравнивает Слово Божье с зеркалом, которое показывает наше внутреннее духовное состояние для того, чтобы мы увидели себя такими, какими нас видит Бог — все это не столько для того, чтобы показать нам, какими нам *следует* быть, сколько для того, какими мы *должны согласиться* и *стремиться* быть, и какими мы в конечном итоге *будем*. Третья книга Царств 16:7:

> ...Я смотрю не так, как смотрит человек; ибо человек смотрит на лице, а Господь смотрит на сердце.

Если мы смотрим в это зеркало, еще не примирившись с Богом через Иисуса Христа, то оно показывает нам наше порочное и греховное состояние. Но после того как мы примирились с Богом и очистились от своих грехов, оно показывает нам то, кем мы стали, как новое Божье творение во Христе. Мы переживаем на себе лично истину Писания.

Первое послание Коринфянам 5:17:

Итак, кто во Христе, тот новая тварь; древнее прошло, теперь все новое.

Послание Ефесянам 2:10:

Ибо мы Его творение, созданы во Христе Иисусе на добрые дела, которые Бог предназначил нам исполнять.

В этой книге мы посмотрим в зеркало Слова Божьего, чтобы понять, какими Бог видит нас, Свой народ в целом. Мы изучим семь образов народа Божьего, данных апостолом Павлом в Послании к Ефесянам. На основании этого мы рассмотрим структуру, лидерство, образ жизни и будущее Церкви.

БОЖЬИ ЦЕЛИ ИСКУПЛЕНИЯ

Цели, которые Бог преследовал, искупив для Себя Свой народ, изложены в Книге Исход 19:3-5:

Моисей взошел к Богу на гору, и воззвал к нему Господь с горы, говоря: так скажи дому Иаковлеву и возвести сынам Израилевым: вы видели, что Я сделал Египтянам, и как Я носил вас как бы на орлиных крыльях, и принес вас к Себе. Итак, если вы будете слушаться гласа Моего и соблюдать завет Мой, то будете Моим уделом из всех народов, ибо Моя вся земля.

Искупление имеет две основные, которые мы находим в этих словах Божьих, обращенных к израильтянам.

Прямые личные взаимоотношения с Богом

Прежде всего, обратите внимание на то, что Бог сказал о самом искупительном действии: *«Вы видели, что Я сделал Египтянам, и как Я носил вас как бы на орлиных крыльях, и принес вас к Себе»* (ст. 4). Эти слова Писания открывают, что Бог приносит искупленных людей к Себе. Его первая цель в искуплении заключается в том, чтобы привести искупленный народ к прямым и личным взаимоотношениям с Собой. Удивительно, как мало людей понимало это во времена Ветхого Завета. Их интересовал закон, материальные благословения и Земля обетованная. Они смотрели на *вещи,* и потому большинство из них упустило из виду чудесные личные взаимоотношения напрямую с Самим Богом. Похоже, что и сегодня многие люди не в полной мере осознают, что основная цель Бога это *привести нас к Себе.* Все остальное второстепенно.

Собственный удел Бога

Вторая цель искупления состоит в том, чтобы Бог сделал искупленных людей Своим уделом. Фразой «Мой удел» в книге Исход 19:5 переведено древнееврейское слово, точное значение которого неизвестно. В других переводах на английский язык оно передается фразами «особое сокровище для Меня», «Мое ценное имущество» и «исключительно Мое сокровище». Все это указывает на то, что Бог хочет сделать нас *особенными, уникальными, предназначенными лично для Него.* Довольно интересно, что нам неизвестно точное значение этого древнееврейского слова, тем самым нам оставлено много возможностей его толкования. Как бы там ни было, но мы знаем, что оно означает нечто прекрасное, намного превосходящее все то, что мы можем себе представить. Вот для чего Он нас искупил.

НОВЫЙ НАРОД

Бог *делает инвестиции, вкладывает в людей.* Он намного больше заботится о людях, чем обо все остальном. Эта истина нашла свое выражение в книге Второзакония 32:9: *«Ибо часть Господа народ Его...»* Простые, и вместе с тем, выразительные слова. Божья цель сосредоточена на Его искупленном народе — именно он является Его уделом, именно его Он извлекает для Себя из всего, что когда-либо произошло и происходит в мире. Однако необходимо четко понимать, что Его конечная цель состоит не только в искуплении отдельных людей, но и в создании особого *народа*, нового единого органичного *целого* — которое будет полностью отличаться от всего, что существовало среди народов, до того, как Бог начал Свой искупительный труд.

В современном христианстве основное внимание обращено на отдельного человека и его взаимоотношения с Богом. Безусловно, это имеет огромное значение, однако конечная цель Бога состоит не просто в отдельных искупленных личностях; Его цель — это *особый народ*.

В Своей молитве Отцу Иисус дал нам потрясающее откровение о той стадии исполнения Божьих целей, в которой мы сейчас живем. Евангелие от Иоанна 17:20-23:

> *Не о них же только молю, но и о верующих в Меня по слову их: да будут все едино, как Ты, Отче, во Мне, и Я в Тебе, так и они да будут в Нас едино, да уверует мир, что Ты послал Меня. И славу, которую Ты дал Мне, Я дал им: да будут едино, как Мы едино. Я в них, и Ты во Мне; да будут совершены воедино, и да познает мир, что Ты послал Меня и возлюбил их, как возлюбил Меня.*

Видение Иисуса состоит в том, чтобы в конечном итоге стереть индивидуальные различия и привести в гармонию отдельные личности всех рас и происхождений, и явить их как единый народ. Поле зрение мира ограничено пространством и временем; он не видит тайные реалии духовного мира. Если мы собираемся достичь этот мир посланием Божьего искупления, то мы должны быть видимыми, т.е. такими, чтобы мир смог нас увидеть и оценить. Поэтому нам нельзя прятать или сглаживать наше христианство, ведь Божья цель заключается в том, чтобы привести Свой народ к *явному* единству. Именно такое единство станет для всего мира неопровержимым доказательством того, что Бог действительно послал Иисуса. Когда мы станем истинным выражением искупленного народа Божьего, другие люди также привлечены к личным взаимоотношениям с Ним и присоединятся к нам, став Его особенным сокровищем на всю вечность.

2
ПРЕОБРАЗОВАНИЕ: БОЖЬЯ ПРОГРАММА ДЛЯ ЦЕРКВИ

Для того чтобы Бог сделал нас таким народом, которым Он нас задумал, необходим процесс преобразования. Когда Бог нас только искупил, мы лишь начали свое движение к тому, чтобы стать полностью такими, какими должны быть согласно Божьему замыслу. Меня до глубины души удивляет Божья вера, когда я задумываюсь над Его планом преобразования таких людей, как, например, я сам!

ПРОЦЕСС ПРЕОБРАЗОВАНИЯ

В качестве примера действия этого процесса преобразования давайте рассмотрим призвание первых учеников Иисусом в Евангелии от Матфея 4:18-20:

Проходя же близ моря Галилейского, Он увидел двух братьев, Симона, называемого Петром, и Андрея, брата его, закидывающих сети в море, ибо они были рыболовы, и говорит им: идите за Мною, и Я сделаю вас ловцами человеков. И они тотчас, оставив сети, последовали за Ним.

Эта простая сцена не содержит большого объема сложной психологии, но лишь суть того, что произошло. Иисус сказал: *«Идите за Мною, и Я сделаю вас ловцами человеков»*. И в этих словах заключены два основных принципа.

Полное посвящение

Прежде всего, Иисус требует *полного* посвящения. Его слова «идите за Мной» означают следующее: «Оставьте все и идите за Мной. Я не говорю вам, куда мы идем; вы должны следовать за Мной по вере. Отдайте всю вашу жизнь в Мои руки и позвольте Мне позаботиться о вашем будущем». С этого все начинается. Бог не может осуществлять Свои цели, если Его народ не полностью посвящен Ему.

Затем Иисус говорит: «Я сделаю вас ловцами человеков». Тем самым Он говорит: «Вы не знаете, куда мы пойдем, но Я говорю вам, кем Я вас сделаю — Я сделаю вас ловцами человеков». Важно не то, кем каждый из нас, искупленных Богом людей, является сейчас, но то, кем Бог хочет нас сделать. Если мы покоримся Господу, то Он гарантирует конечный результат. Но прежде мы должны посвятить себя Божьей цели, и только тогда Он начнет действовать в нас, чтобы сделать нас такими, какими хочет Он.

Этот же принцип пронизывает все учение Павла. Послание Римлянам 12:1-2:

> *Итак умоляю вас, братия, милосердием Божиим, представьте тела ваши в жертву живую, святую, благоугодную Богу, для разумного служения вашего и не сообразуйтесь с веком сим, но преобразуйтесь обновлением ума вашего, чтобы вам познавать, что (есть) воля Божия, благая, угодная и совершенная.*

Итак, мы убедились, что, согласно Евангелию от Матфея 4:18-20, первым шагом в процессе нашего внутреннего преобразования Богом является *полное посвящение Богу*. Павел выражает эту истину словами *«представьте тела ваши в жертву живую»*. Говоря это, он имел перед глазами образ животных, приносимых в жертву согласно Ветхому Завету. Тогда таких животных, как овцы и волы, убивали и клали в качестве жертвы на Божий жертвенник. Как только их клали на Божий жертвенник, они уже не принадлежали человеку, который принес их в жертву. С этого момента они принадлежали только Богу. Павел говорит нам, христианам, что мы должны представить Богу наши тела таким же образом. После того, как вы положили свое тело на жертвенник, оно уже не принадлежит вам; оно полностью принадлежит Богу. Но есть одно важное отличие: ваше тело не нужно убивать, прежде чем вы положите его на жертвенник, вы возлагаете на жертвенник живое тело! Вот *это* полное посвящение.

Преображение исходит изнутри

Посвящение Богу ведет нас к мышлению на более высоком уровне. Когда наш разум становится *обновленным*, тогда изменяются наши приоритеты и ценности. Все приобретает иное значение. Бог делает это только для посвященных людей. Изменившись благодаря обновлению своего ума, мы обретаем способность понимать и принимать Божью волю. Мы *можем* находить то, чего Он действительно желает. У Него есть замечательный план для каждого из нас в отдельности и для всего Своего народа в целом, но Он открывает Свои планы только тем, кто посвящен Ему.

Второе послание Коринфянам 3:18:

> *Мы же все, открытым лицом, как в зеркале, взирая на славу Господню, преображаемся в тот же образ от славы в славу, как от Господня Духа.*

Помните: Слово Божье — это зеркало, показывающее нам, какие мы *внутри*. Это зеркало является основным инструментом в процессе преобразования. Обратите внимание, что вышеуказанный стих написан во множественном числе. Он обращен не к отдельному человеку, а ко *всем* нам. Отсюда видно, чего Бог желает для всего Своего верующего народа. Не имея видения народа Божьего как единого целого, мы склонны увлекаться собственными нуждами, проблемами и благословениями, и тогда мы упускаем из виду всеохватывающий Божий план и Его цели. Как говорится: «Из-за деревьев — леса не увидим».

ПРЕОБРАЖАЕМСЯ ОТ СЛАВЫ ВО СЛАВУ

Глядя на свое отражение в зеркале Слова Божьего, мы взираем на славу Господню, которая начинает действовать в *нас*. Когда мы по вере взираем на эту славу и продолжаем смотреть в зеркало Слова Божьего, Дух Божий преображает нас в подобие того, что мы видим, но только если мы смотрим в это зеркало *в вере*. Если мы не смотрим в это зеркало, то Дух Божий не может действовать в нас. Это не единовременное преображение, а процесс перехода *«от славы в славу»*! Всякий раз, когда мы достигаем определенного уровня, Бог показывает нам, что есть еще более высокий уровень и побуждает нас подниматься выше.

Это преобразование зависит от двух факторов. Во-первых, от того, смотрим ли мы с верой в зеркало Слова Божьего. Во-вторых, от работы Духа Святого, которая происходит, когда мы смотрим в это зеркало. Каждый из нас должен регулярно смотреть в зеркало Слова Божьего, чтобы проверять свое духовное состояние и наши взаимоотношения с Богом.

Итак, порядок преобразования следующий: посвящение, затем преображение, которое исходит изнутри и приводит к откровению Божьей цели.

Второе послание Коринфянам 4:17-18:

Ибо кратковременное легкое страдание наше производит в безмерном преизбытке вечную славу когда мы смотрим не на видимое, но на невидимое: ибо видимое временно, а невидимое вечно.

Павел говорит, что прохождение через страдания является частью процесса преобразования. Однако эти страдания пойдут нам на пользу и достигнут Божьей цели для нас только в том случае, *если* мы будем продолжать смотреть на невидимое, а не на видимые обстоятельства и ситуации вокруг нас.

Павел говорит, что видимое является временным, а невидимое — вечным. Чтобы видеть невидимую вечную реальность Божьих целей для нас, мы должны с верой смотреть в зеркало Слова Божьего. Когда мы это делаем, Дух Святой открывает нам наше предназначение от Бога: куда Он нас ведет, и что Он желает сделать в нас и через нас. Когда мы продолжаем смотреть в это зеркало в вере, не сводя с него глаз, Дух Святой продолжает изменять нас в тот образ, который мы уже восприняли верой. Снова и снова принимая истину Слова Божьего в вере, мы каждый раз испытываем следующее преобразование. В процессе этого мы действительно переходим от славы в славу!

Часть вторая

СУЩНОСТЬ ЦЕРКВИ:

СЕМЬ ОБРАЗОВ ЦЕРКВИ В ПОСЛАНИИ ЕФЕСЯНАМ

3

ОБРАЗ № 1: СОБРАНИЕ

И (Бог) все покорил под ноги Его (Иисуса), и поставил Его (Иисуса) выше всего, главою Церкви.

Ефесянам 1:22

В следующих нескольких главах мы рассмотрим семь образов народа Божьего, взятых из Послания Павла к Ефесянам. Первый из этих образов — собрание.

Словом «Церковь» в Послании Ефесянам 1:22 переведено греческое слово *экклесия*. Это существительное, образованное от глагола «вызывать». Это слово используют, когда создается группа людей, вызванных из другой, более крупной группы. Также когда собирается группа для специального задания, что также можно сказать о Церкви. Мы вызваны из мира через веру в Иисуса Христа для достижения особой Божьей цели.

В светском греческом языке времен написания Нового Завета слово *экклесия* имело очень специфичное значение. Оно означало «собрание наделенное законной властью». В этом значении оно использовано трижды в 19-й главе Книги Деяния. Здесь мы читаем о волнениях, начавшихся в Ефесе в связи со служением Павла.

Обратите внимание на слово «собрание» в 19-й главе Книги Деяний.

Книга Деяний 19:32:

Между тем одни кричали одно, а другие другое; ибо собрание (экклесия) *было беспорядоч-*

ное, и большая часть собравшихся не знали, зачем собрались.

Эти люди пытались провести спонтанное несанкционированное собрание, и городской чиновник запретил им делать это, заявив, что у них нет права проводить там подобное собрание. Затем этот чиновник добавил, Книга Деяний 19:39:

А если вы ищете чего-нибудь другого, то это будет решено в законном собрании (экклесия).

Вновь это слово использовано в 40-м стихе:

Сказав это, он распустил собрание (экклесия).

Таким образом, основное значение слова, которое мы обычно переводим как «церковь», это «наделенное властью собрание».

В этой главе мы вернем слову «церковь» первоначальное значение «собрание». Во многих современных переводах Библии это значение было утеряно, однако «наделенное властью собрание» это первый образ Божьего народа в зеркале Слова Божьего.

ТРЕБОВАНИЯ ДЛЯ ПРИНЯТИЯ УЧАСТИЯ В СОБРАНИИ

В городское собрание греческого города Ефеса не допускались многие люди: рабы (составлявшие почти половину населения), женщины, а также все гости города и временно проживающие в нем. Это было собрание только для свободных граждан, постоянно проживающих в Ефесе.

Кто же может находиться в собрании Господа Иисуса Христа? Об этом нам говорит Сам Иисус в Евангелии от Матфея 16:15-18:

Он (Иисус) говорит им: а вы за кого почитаете Меня? Симон же Петр, отвечая, сказал: Ты Христос, Сын Бога Живого. Тогда Иисус сказал ему ъ ответ: блажен ты, Симон, сын Ионин, потому что не плоть и кровь открыли тебе это, но Отец Мой, сущий на небесах; и Я говорю тебе: ты Петр, и на сем камне Я создам Церковь Мою, и врата ада не одолеют ее.

Петр смело заявил Иисусу: *«Ты Христос (Мессия), Сын Бога Живого».* Это откровение пришло к Петру не через естественные логические рассуждения. Оно пришло от Бога-Отца посредством Духа Святого. Оно не открыло ему Иисуса из Назарета как сына плотника, это было уже известно всем, но открыло Иисуса в Его Божественной, вечной сущности как Сына Божьего, Мессию.

Полагаю, что сегодня миллионам людей было предоставлено церковное членство, не смотря на то, что они не получили этого основополагающего откровения. Поэтому церковь не может функционировать во всей своей власти, поскольку некоторые ее члены просто не имеют права быть в собрании!

В этом отрывке Иисус использует очень выразительный язык: *«...ты Петр, и на сем камне Я создам Церковь Мою...».* Все ударение на слове «Моя». *Моя* Церковь, *Мое* собрание. Тем самым Иисус подразумевает, что есть много разных собраний. Собрания есть во всех городах и государствах. Собрания есть в разных народах. Но Иисус сказал: «Сейчас Я созидаю *Мое* собрание». Есть связь между словами «строить» и «Мое». Если не Иисус создает собрание, то оно Ему не принадлежит. Ему принадлежит только то, что Он сам создает.

Один проповедник как-то говорил о дарах Духа Святого. После проповеди к нему подошла одна женщина и сказала: «Брат, в нашей церкви нет таких даров». Он ей ответил: «Что ж, они есть в Церкви Иисуса Христа. А ваша церковь чья?» Это очень важный вопрос. Чья ваша церковь? Является ли она Его церковью?

Процесс принятия в собрание Иисуса Христа состоит из четырех пунктов: (1) личная встреча, (2) откровение, (3) признание и (4) исповедание. Мы не сможем присоединиться к наделенному законной властью собранию до тех пор, пока не переживем личной встречи с Иисусом, которая перевернет нашу жизнь. Именно это пережил Петр, прежде чем смог провозгласить, Кем является Иисус. И мы не можем знать истину об Иисусе до тех пор, пока Бог нам ее не откроет.

Поскольку Иисус сделал Петра примером, давайте рассмотрим все произошедшее между ними в качестве иллюстрации процедуры вступления в Божью Церковь или Его собрание

Личная встреча: Петр встретился с Иисусом лицом к лицу. Между ними не было никакого посредника.

Дарование откровения: это откровение дал Петру Бог-Отец посредством Духа Святого. Без этого откровения Петр не мог знать, Кем на самом деле является Иисус.

Принятие и подтверждение откровения: Петр подтвердил это откровение в своем ответе на вопрос Христа. *Исповедание откровения*: Петр исповедал вслух перед другими: *«...Ты Христос, Сын Бога Живого».*

ЦЕРКОВЬ КАК СИОН

Для описания собрания народа Божьего в освященном порядке Библия регулярно использует образ горы Сион. Давайте исследуем, что Писание говорит о Сионе и о том, как связаны с ним мы, верующие. Послание Евреям 12:22-24:

> *Но вы приступили к горе Сиону и ко граду Бога живого, к небесному Иерусалиму и тьмам Ангелов, к торжествующему собору и Церкви первенцев, написанных на небесах, и к Судии всех Богу, и к духам праведников, достигших совершенства, и к Ходатаю нового завета Иисусу, и к Крови кропления, говорящей лучше, нежели Авелева.*

Обратите внимание, что это событие не относится к будущему. Здесь не сказано: «Вы должны скоро попасть туда». Говорится, что вы уже «приступили», т.е. уже вошли туда! Конечно, не физически, но духовно мы уже являемся частью этого наделенного законной властью полного собрания Божьего. Хотя одна его часть находится на небе, а другая на земле, но мы все являемся *одним* собранием. Кроме нас, верующих людей всех времен и народов, это собрание составляют «тысячи тысяч ангелов в торжествующем соборе (или «собранных в торжественных одеждах»)». Это в высшей степени величественное и наполненное славой собрание.

Вспоминаю случай, произошедший на военном параде в то время, когда я служил в армии. Все должны были начистить до блеска свои пряжки и обувь и стоять в положении «смирно». Играл военный оркестр, все было четко, официально и торжественно. В самом воздухе ощущалась *власть*. Именно в таком образе здесь предстает Сион, и мы его участники!

Через нашу веру в Иисуса Христа мы являемся участниками великого собрания, которое наделено властью над всей Вселенной. Главой этого собрания является Иисус Христос, Который подчинен Богу Отцу. Мы, Церковь (народ Божий, собрание), являемся представителями Божьей власти на земле.

НАША ВЛАСТЬ НА ЗЕМЛЕ

В одном из наиболее часто цитируемых в Новом Завете ветхозаветных отрывков мы видим потрясающую власть собрания Господа. Давайте прочтем лишь первую половину этого пророческого места Писания. Псалом 109:1:

Сказал Господь Господу моему: седи одесную Меня, доколе положу врагов Твоих в подножие ног Твоих.

В Евангелии от Марка 12:35-37 Иисус применяет эти слова к Самому Себе. Здесь «Господь» это Бог-Отец, а «Господь мой» это величайший потомок Давида, Господь Иисус Христос. Этот стих ссылается на слова Отца, сказанные Его Сыну после того, как Иисус умер и воскрес, когда Он вознесся на небеса и занял

Свое место одесную Отца. Бог-Отец говорит Своему Сыну Иисусу Христу: *«Седи одесную Меня»*. Иисусу дана вся власть на небе и на земле, пока Бог не положит всех Его врагов в подножие Его ног.

Новый Завет ясно открывает нам, что Иисус *прямо сейчас* восседает одесную Бога (см. Римл. 8:34; Ефес. 1:20; Кол. 3:1; Евр. 1:3; 1 Петр. 3:22). Иисус Христос уже восседает на Своем престоле. И вот что говорится во второй половине этого пророческого места Писания о том, как Его власть осуществляется на земле. Псалом 109:2:

Жезл силы Твоей пошлет Господь с Сиона: господствуй среди врагов Твоих.

Я вижу в этих двух стихах 109-го Псалма все три Личности Божества. В первом стихе мы читаем слова, которые Бог-Отец обращает к Своему Сыну Иисусу: *«Седи одесную Меня»*. Затем, во втором стихе мы видим, что Бог-Дух Святой простирает скипетр власти Христа с Сиона, из собрания Его народа, и говорит: *«Господствуй среди врагов Твоих»*. Иногда мы так много внимания обращаем на врагов, что забываем, что Христос *уже* господствует. Пока еще не все Его враги покорены под Его ноги, но Он господствует с верховной властью *среди* Своих врагов, прямо сейчас, через нас! Дух Святой простирает скипетр власти Христа над народами, царями и правителями земли. И Он это делает через молитвы, служение Слова и даров Духа из собрания народа Божьего, который собирается в Божьем порядке.

Иисус правит «с Сиона», что является описанием того, как народ Божий собирается в Божьем собрании, в Божьем порядке и с Божьей властью. Бог-Отец говорит Богу-Сыну: «Вся власть принадлежит Тебе. Теперь господствуешь Ты». Но Его господство осуществляется Духом Святым «с Сиона», т.е. из собрания народа Божьего. Мы являемся тем простертым жезлом в руке Господней, представляющим Его власть во всех сферах, в которых мы действуем! О, если бы мы осознали все значение и всю силу этой истины.

Глава 3. Образ №1: Собрание

Большинство христиан согласятся с тем, что, пожалуй, когда-нибудь Иисус будет господствовать. Но жизненно важно знать, что Он господствует *уже сейчас*. Когда вы в полной мере осознаете этот факт, ваша жизнь изменится радикальным образом. Когда мы молимся, ходатайствуем, постимся, благовествуем и полностью посвящаем свою жизнь Христу, Он использует нас, чтобы «господствовать среди врагов Своих».

Христиане подобны жезлу Моисея в истории освобождения израильтян из Египта. Жезл символизирует власть. Окончательное освобождение народа Божьего могло произойти только после того, как Моисеи научился применять свой жезл. Подобным образом и предназначение народа Божьего не исполнится до тех пор, пока мы не научимся «применять жезл», т.е. функционировать вместе как Божье собрание, как Его Тело, наделенное властью, причем не в грядущем веке, но уже в нынешнем.

После серьезного увещания о правильных взаимоотношениях внутри Церкви, Иисус сказал в Евангелии от Матфея 18:18-20:

> *Истинно говорю вам: что вы свяжете на земле, то будет связано на небе; и что разрешите на земле, то будет разрешено на небе. Истинно также говорю вам, что если двое из вас согласятся на земле просить о всяком деле, то, чего бы ни попросили, будет им от Отца Моего Небесного, ибо, где двое или трое собраны во имя Мое, там Я посреди них.*

Обратите внимание, что в этом отрывке инициатива исходит не с неба, а с земли. Когда мы соглашаемся о чем-то на земле, небо осуществляет это. Когда мы что-то связываем или разрешаем на земле, это связывается или разрешается на небе. Наше согласие и наше связывание и развязывание имеет силу, когда мы собираемся вместе в *единстве*. Тогда Небо реагирует на наши молитвы и прошения и осуществляет их. Как собрание Божье мы обладаем невероятной властью!

Я был знаком с одним молодым пастырем из Дании, который столкнулся с проблемой разведенных людей, желающих повторно вступить в брак. Однажды он отказался обвенчать одну пару, но согласился обвенчать другую, за что затем его критиковали. Он не был уверен, поступил ли он правильно, поэтому решил молиться и взывать к Господу, чтобы получить от Него разъяснения. Он молился так: «Господь, почему в Новом Завете Ты не изложил четко правила для вступления в брак, развода и повторного вступления в брак?» Господь ему ответил: «Если бы Я дал тебе какой-то набор правил, ты бы применял их законнически, накладывая на людей узы и не проявляя к ним милости». Тогда этот пастырь сказал: «Господь, если бы Ты показал мне, что бы *Ты* сделал в этой ситуации, тогда бы я так и поступил». Господь ответил: «Наоборот, если бы ты решил, как *ты* будешь поступать, то Я бы подтвердил это».

Именно об этом говорится в 18-й главе Евангелия от Матфея: «Все, что вы свяжете, Я свяжу; все, что вы развяжете, Я развяжу; если вы о чем-то согласитесь, то Я это исполню». Всю ответственность Бог возложил на нас, на собрание. Он говорит: «Принимайте решения, а Я дам им силу. Объявляйте постановления, а Я прослежу за тем, чтобы они были выполнены».

ВАШИ ДАРОВАНИЯ

Еще один важный момент относительно собрания состоит в том, что оно функционирует, только когда мы признаем дары друг друга. Первое послание Петра 4:10-11:

> *Служите друг другу, каждый тем даром, какой получил, как добрые домостроители многоразличной благодати Божией. Говорит ли кто, говори как слова Божии; служит ли кто, служи по силе, какую дает Бог, дабы во всем прославлялся Бог через Иисуса Христа, Которому слава и держава во веки веков. Аминь.*

Глава 3. Образ №1: Собрание

Кем сделал вас Бог? Какое ваше служение, ваша функция? Каждый человек имеет дар (по-гречески *харизма*). Мы должны быть чувствительными в своем даре, и служить нашими дарами друг другу — будь то слово, учение, управление или еще что-то.

По-моему мнению, лидерство тоже является даром. Этот дар легко различить в людях. Способность вести за собой — это дар, который Бог дает человеку Духом Святым для какой-то определенной цели. Или же, возможно, ваша *харизма* заключается в том, что Библия называет «даром служения», т.е. быть слугой для других «по силе, которую дает Бог». Сегодняшнее христианство испытывает крайний дефицит настоящего служения другим.

Мы должны быть гораздо более чувствительны к *харизме* наших братьев и сестер в церкви. Мы должны признавать их служение, функцию и место в собрании. Первое послание Фессалоникийцам 5:12-13:

Просим же вас, братия, уважать трудящихся у вас, и предстоятелей ваших в Господе, и вразумляющих (или «исправляющих») *вас, и почитать их преимущественно с любовью за дело их...*

Духовная власть может осуществляться только на основании добровольного подчинения. Ее нельзя навязать; она имеет силу только тогда, когда ее признают. Без добровольного подчинения не может быть духовной власти.

Работа людей, обладающих духовной властью, состоит в том, чтобы увещевать верующих, вразумлять, исправлять их, указывать им на то, что они делают неправильно. Для этого необходимо быть для них настоящим другом. Ничто так не мобилизует нас изнутри, как слова: «Я принимаю твою власть». Люди, которые ждут от меня лидерства, возлагают на меня огромную и священную ответственность. Я чувствую себя ответственным за людей, которые считают меня своим лидером.

Призываю вас войти в более серьезное посвящение по отношению к церкви. Никто не повел бы себя небрежно и не дисциплинированно в официальной обстановке, например, в зале суда, однако именно так поступают многие христиане в церковном собрании, которое, по сути, является судом наивысшей инстанции по сравнению с любым земным собранием. Посещайте церковь регулярно, приходите в нее вовремя, одевайтесь должным образом, служите по мере вашей силы и цените тот факт, что вы являетесь частью очень важного органа, наделенного невероятной властью. Посвятите собранию свое самое лучшее отношение и служение.

ОСНОВНАЯ ХАРАКТЕРНАЯ ЧЕРТА СОБРАНИЯ И БОЖЬЕ ТРЕБОВАНИЕ К НЕМУ

Каждый из семи образов Церкви я буду рассматривать с двух сторон. Я буду указывать отличительную особенность этого образа, и каким, в связи с этим, является Божье требование к нам, Божьему народу.

Характерной особенностью собрания является *правящая власть*. Свое собрание Бог наделил значительной властью управления. Для того чтобы применять эту Богом данную власть, от нас требуется *уважать установленный Богом порядок*. Мы не сможем управлять другими, если не в состоянии управлять самими собой.

Приходилось ли вам бывать на конференции или собрании, где лидер пытался призвать собравшихся к порядку, но все продолжали разговаривать, не обращая на него никакого внимания? Участники собрания независимо друг от друга беседуют, решают свои проблемы, озабочены собственными планами, не говоря уже о проявление неуважения к власти лидера, поэтому такое собрание не сможет ничего достичь. Кто бы дал власть такой группе людей? Я бы удивился, если бы многие из тех, кто критикует состояние современной Церкви, именно так ее себе представляют.

Мы будем не в состоянии править миром, пока не научимся наводить порядок среди самих себя. Однако Бог действительно предназначил нас к тому, чтобы мы управляли собой, а также были инструментом Его правления на земле. Какой вызов мы получаем в образе, который нам дает зеркало Божьего Слова, и на какое высокое положение нам необходимо подняться!

Как только будет установлена необходимость сердечного посвящения собранию, вы должны перейти к следующей стороне взаимоотношений с Церковью: членство в Теле Христовом.

4

ОБРАЗ № 2: ТЕЛО ХРИСТОВО

Послание Ефесянам 1:22-23:

...И (Бог) поставил Его (Иисуса) выше всего, главою Церкви, которая есть Тело Его, полнота Наполняющего все во всем.

От образа Церкви как правящего собрания Божьего мы переходим ко второму образу — Тело Христово. Мы связаны с миром, в котором мы живем, через наши тела. Именно в теле, мы действуем в мире времени и пространства. Подобным образом и Христос связан с этим миром посредством нас, Его Тела. Мы являемся инструментами, с помощью которых Он осуществляет в этом мире Свои задачи, связанные с искуплением людей. Послание Евреям 10:5-7:

Посему Христос, входя в мир, говорит: «жертвы и приношения Ты не восхотел, но тело уготовал Мне. Всесожжения и жертвы за грех неугодны Тебе. Тогда Я сказал: вот, иду, как в начале книги написано о Мне, исполнить волю Твою, Боже».

В этом отрывке сказано о том, что Иисус пришел на землю не для того, чтобы ввести закон (который уже был дан Моисеем), а чтобы спасти нас, став жертвой за наши грехи. Чтобы это сделать, Он должен был иметь тело, которым можно было бы принести жертву.

Если объединить две эти фразы: *«тело уготовал Мне»* и *«исполнить волю Твою, Боже»*, то становится ясно, что назначение тела быть инструментом, при помощи которого осуществляется Божья воля. Таким образом открывается двойное значение словосочетания «Тело Христово». Во-первых, речь идет о физическом теле Иисуса, которое стало жертвой на кресте за наши грехи . Во-вторых, речь идет о всем Теле Христовом, состоящем из Божьих людей, которое продолжает и завершает Его служение на земле.

Новый Завет несколько раз использует прообраз тела, для описания верующих. Павел пишет в Послании Римлянам 12:4-5:

Ибо, как в одном теле у нас много членов, но не у всех членов одно и то же дело, так мы, многие, составляем одно тело во Христе, а порознь один для другого члены.

Тело Христа — это не группа разрозненных, отдельных личностей. Мы принадлежим друг с другом. Павел опять использует прообраз тела для описания Церкви Христовой в Первом послании к Коринфянам 12:12-13:

Ибо, как тело одно, но имеет многие члены, и все члены одного тела, хотя их и много, составляют одно тело, так и Христос. Ибо все мы одним Духом крестились в одно тело, Иудеи или Еллины, рабы или свободные, и все напоены одним Духом.

В приведенном выше отрывке основное слово это «одно»: «*Составляют* **одно** *тело... все мы* **одним** *Духом крестились в* **одно** *тело... все напоены* **одним** *Духом*». Во всем этом подчеркивается единство Тела. Затем Павел продолжает в Первом послании к Коринфянам 12:14-21:

Тело же не из одного члена, но из многих. Если нога скажет: «я не принадлежу к телу, потому что я не рука», то неужели она потому не принадлежит к телу? И если ухо скажет: «я не принадлежу к телу, потому что я не глаз», то неужели оно потому не принадлежит к телу? Если все тело глаз, то где слух? Если все слух, то где обоняние? Но Бог расположил члены, каждый в составе тела, как Ему было угодно. А если бы все были один член, то где было бы тело? Но теперь членов много, а тело одно. Не может глаз сказать руке: «ты мне не надобна»; или также голова ногам: «вы мне не нужны».

На мой взгляд, самым лучшим словом, которое лучше всего подходит для описания наших взаимоотношений друг с другом, является слово *«взаимозависимость»*. Суть учения Павла заключается в том, что каждый член нуждается во всех остальных членах. Никто из нас не является независимым; мы не можем обойтись друг без друга. Поэтому мы не можем говорить другим верующим: «Я могу обойтись и без тебя. Что бы с тобой ни случилось, это никак не повлияет на меня». Такое отношение является непозволительным и неточным, потому что Бог осуществляет суверенный контроль над Телом. Глаз, несмотря на то, что является замечательным, сложным и чувствительным инструментом, имеющим более трех миллионов подвижных, действующих частичек, не может сказать такому довольно простому члену тела, как руке: «Ты мне не нужна». Даже голова не может сказать ноге: «Ты мне не нужна», не смотря на то, что голова находится на самом верху, а ноги в самом низу, и притом это самые далекие друг от друга члены тела. Однако очевидно, что они нужны друг другу для того, чтобы тело действовало с максимальной эффективностью.

Замечательно то, что голова в каком-то смысле символизирует Иисуса. Поэтому Иисус не скажет частям Своего Тела, находящимся в самом низу: «Вы Мне не нужны». Напротив, Он нуждается в нас, потому мы составляем Его Тело, мы инструменты, при помощи которых Он действует в этом мире.

Кроме того, самыми важными членами являются самые слабые. Среди расположенных снаружи тела органов, пожалуй, нет более хрупкого и чувствительного, чем глаз, но при этом он, пожалуй, и самый важный. Заметьте, как тщательно защищен глаз. Всю эту защиту и внимание он получает не потому, что он сильный, а потому, что он слабый. Именно так составлено тело. Сильные должны оберегать слабых. Нельзя игнорировать или презирать какого-либо члена Тела Христова. Это жизненно важный урок.

Когда я был миссионером в Восточной Африке, у моих дверей ежедневно с шести часов утра до захода солнца толпились люди. Я уставал напоминать им о том, что я не могу выполнить многое из того, что они просят, даже в сфере образования, в которой я трудился. Иногда, когда я доходил до раздражения, Господь говорил мне: «Будь внимателен, потому что ты разговариваешь с одним из Моих детей». И тогда я вспоминал, что не имею права быть раздраженным, нетерпеливым или презрительным по отношению к любому чаду Божьему. То же самое верно и в отношении членов Тела Христова. Мы нужны друг другу, мы зависим друг от друга, и мы должны почитать друг друга. Когда страдает один член, остальные страдают вместе с ним. Когда прославляется один член, остальные прославляются вместе с ним. Именно так обстоит дело со Вселенским Телом Иисуса Христа, Церковью.

ВСЕ ТЕЛО

Послание Ефесянам 4:16:

...Из Которого (Христа) *все тело, составляемое и совокупляемое посредством всяких взаимно скрепляющих связей, при действии в свою меру каждого члена, получает приращение для созидания самого себя в любви.*

В этом стихе описан конечный результат. Хотя нас соединяют вместе многие суставы и связки, но все мы, объединенные во Христе, являемся одним Телом. Пока мы остаемся в этом органичном единстве, Тело созидает само себя. Но будет ли Тело созидать само себя, зависит от того, как каждый член будет выполнять свою работу. Один больной член влияет на здоровье всего остального Тела.

Что требуется для того, чтобы все члены оставались здоровыми и способствовали развитию наших взаимоотношений со Христом? На ум приходят слова «послушание», «подчинение» и «желание», но я остановлюсь на слове «открытость» или «доступность». Члены Тела должны быть готовы для использования Головой. Какой бы сильной и полезной ни была моя рука, она будет бесполезна, если не будет готова к выполнению того, чего желает голова. То же самое относится к любым другим частям моего тела. Я считаю, что основное состояние, которое Бог желает видеть в человеке, это *быть в Его распоряжении.*

Послание Колоссянам 2:19:

И... держась главы, от которой все тело, составами и связями будучи соединяемо и скрепляемо, растет возрастом Божиим.

«Составы» или суставы это взаимоотношения между разными членами тела, посредством которых Бог его питает. Мои отношения с вами — это «составы», соединяющие меня с вами. Необходимо понимать, что наши нужды восполняются, благодаря суставам или взаимоотношениям внутри Тела.

«Связи» или связки необходимы для соединения суставов. Связка это посвящение любви, которое существует между сторонами, вступившими в завет; любовь, при которой один человек посвящен другому, как муж жене («что бы ни случилось, в болезни и здравии»). Если я не согласен с мнением моей жены, иду ли я искать себе другую жену? Конечно, нет. Когда мужчина посвящен женщине, состоя с ней в браке, он остается с ней, несмотря на разногласия, трения и проблемы. Любой брак, посвящение которого существует только до тех пор, пока между супругами нет трений и проблем, долго не продержится. Необходимо то, что будет держать этих людей вместе, несмотря на любые трения и проблемы. Что же это? *Посвящение завета*: полное и постоянное посвящение друг другу.

Наши нужды восполняются не благодаря одной только Голове, но и через сеть суставов и связок, тянущихся через все Тело, которые так или иначе связанны с Головой. От Головы может исходить все необходимое для восполнения всех нужд всех членов, но нужды каждого члена не восполнятся до тех пор, пока эти члены не будут иметь правильной связи с другими членами Тела. Правильные связи между членами созидаются тогда, когда все они «держатся Главы Тела».

Поскольку духовное «питание» обеспечивается посредством и суставов, и связок, мы не можем сказать: «Все, что мне нужно, я получу только от Господа». Не так Господь устроил Тело. Он устроил его таким образом, чтобы существенная часть наших нужд восполнялась через других членов Тела.

Замечательно то, что на кресте у Иисуса не была сломана ни одна кость. Однако в Библии сказано, что все Его кости «рассыпались», букв, «вышли из связок» (см. Пс. 21:15). Именно в таком состоянии пребывает сейчас Церковь; но все же по благодати Божьей кости держатся вместе, даже если над взаимоотношениями между членами Тела необходимо еще работать и работать!

НАХОЖДЕНИЕ СВОЕГО МЕСТА

Очень важно найти свое настоящее место в Теле. Как уже было сказано, на мой взгляд, самый практичный совет, как обнаружить свое место в Теле, дан в Послании Римлянам 12:1-2:

Итак умоляю вас, братия, милосердием Божиим, представьте тела ваши в жертву живую, святую, благоугодную Богу, для разумного служения вашего; и не сообразуйтесь с веком сим, но преобразуйтесь обновлением ума вашего, чтобы вам познавать, что (есть) воля Божия, благая, угодная и совершенная.

Давайте рассмотрим четыре шага, изложенных в этих стихах.

1. *Предоставление своего тела в жертву*

Как уже было сказано, говоря о «жертве живой» Павел противопоставлял ее ветхозаветным жертвам, во время принесения которых жертвенное животное убивали и клали на жертвенник. Этот призыв быть живой жертвой поднимает очень важный вопрос, на который каждый из нас должен ответить: Кто владеет вашим телом? Решите вопрос, кто является владельцем вашего тела. Если им владеете вы, значит не Господь. Если им владеет Господь, значит, не вы. Представили ли вы свое тело Господу, отказавшись от своих прав на владение им? Если нет, тогда пора это сделать.

2. Обновление своего ума

Сразу за предоставлением своего тела в жертву, следует второй этап поиска своего места в Теле Христовом: *вы начинаете мыслить по-новому*. Естественный, духовно не возрожденный человек сосредоточен на себе. Он постоянно задает себе вопрос: «Что мне от этого будет? Какая мне от этого польза? Понравится ли мне это? Будет ли мне от этого хорошо? Поднимет ли это меня выше?» Но мы не сможем найти волю Божью до тех пор, пока полностью не изменится наш образ мышления. Писание говорит, что «помышления плотские суть вражда против Бога», а Бог открывает Свою волю не врагам, а только Своим друзьям (см. Рим. 8:7).

3. Обнаружение воли Божьей

После того как обновился ваш разум, вы начинаете находить волю Божью и начинаете входить в Его волю для вашей жизни. Чем глубже вы входите в волю Божью, тем лучше, на самом деле, она становится! В этом стихе сказано, что она, во-первых, *«благая»*, т.е. ваш разум может принять ее как нечто хорошее. Следующая фаза, воля Божья *«угодная»*, она является приемлемой и подходящей именно для вас. И, наконец, она становится *«совершенной»* в том смысле, что невозможно себе представить ничего более подходящего и приносящего удовлетворение!

Волю Божью может обнаружить только обновленный разум. Многие христиане спотыкаются и идут на ощупь всю свою жизнь, не находя воли Божьей, потому что их разум так и не был обновлен.

4. Отказ от независимости

Верю, главное, что сегодня хочет сказать народу Божьему Дух Святой, это то, чтобы мы отказались от нашего агрессивного индивидуализма и негативного, неправильного отношения к другим верующим. Как уже было сказано, никто из нас не может сказать другому: «Ты мне не нужен». Божьи цели не будут достигнуты, пока Тело Христово не будет развито в полной степени, т.е. пока все его члены не будут объединены здоровыми связями, пока все они не будут выполнять свою функцию, и пока все Тело не будет возрастать вместе, тем самым прославляя Господа.

По характеру, я человек независимый, однако я не «одинокий рейнджер» и не «герой-одиночка». Где бы я ни жил, я всегда был тесно связан с поместной церковью того населенного пункта. Скажу честно что, меня пугает даже мысль о том, что бы со мною стало за многие годы, не будь я практическим образом связан с Телом Христова. В 1970-х годах я состоял в домашней группе, у одного из членов которой в результате несчастного случая утонул ребенок. Когда человек находится в состоянии шока, он даже не может выразить словами всю глубину своей нужды. Я видел, как Тело Христово сплотилось вокруг этой семьи, восполняя нужды ее членов, не ожидая, что их попросят о чем-то.

Конечно, чтобы такое служение было эффективным, члены Тела должны лично знать страдающего человека, как было в нашей домашней группе, и тогда они смогут вместе произвести необходимое действие.

Мне пришлось проводить к Господу двух жен, каждую из которых я очень любил. Лидия умерла в 1975 году, а Руфь в 1998. Трудно выразить словами ту боль и печаль, через которые мне пришлось пройти, но любовь моих братьев и сестер помогла мне пройти через это. Присутствовавшие на похоронах моей жены Руфи, наверное, помнят первые сказанные мной сквозь слезы слова, которые с тех пор я сам часто вспоминаю: «Я плачу не из-за печали, а потому что я никогда не встречал так много любви в мире!» Для меня стали потрясающим благословением послания утешения и любви со всего мира, принятые мной от людей, с которыми я никогда не встречался лично. Люди, с которыми я соприкасался каждый день, сплотились вокруг меня, окружили меня заботой и прошли со мной через все эти скорбные месяцы. Я бы никогда не смог этого пережить сам, и, к счастью, мне не пришлось.

Мне жаль тех людей, которые обкрадывают себя самих, отказываясь от жизни в Теле из-за бунтарства или стремления к независимости. Они упускают ту любовь, которую Бог естественным образом проявляет через Тело Христово. Если бы меня не поддержали в горе руки Тела Христова, я бы никогда в полной мере не познал любовь Божью. Не повторяйте ошибку многих людей, которые оказались в одиночестве и без помощи Тела, когда они стали остро нуждаться в нем. Не говорите: «Если со мной случится трагедия, я смогу сам ее пережить!» Когда придет беда, будет поздно начинать строить взаимоотношения с членами Тела Христова. Найдите свое место в нем как можно скорее и взращивайте тесные, дружеские отношения с другими христианами. Не только они нужны вам, но и вы нужны им!

5

ОБРАЗ № 3: ПРОИЗВЕДЕНИЕ БОЖЬЕГО ИСКУССТВА

Послание Ефесянам 2:10:
Ибо мы Его творение, созданы во Христе Иисусе на добрые дела, которые Бог предназначил нам исполнять.

Мы уже рассмотрели два образа того, каким Бог хочет видеть Свой народ: собрание Божье и Тело Христово. Мы играем серьезную роль, как наделенное властью собрание, которое осуществляет духовный суд и применяет власть на земле; и мы должны слиться в гармонию, соединившись со своими братьями и сестрами, как члены одного Тела. Первая функция связана с *управлением*, а вторая со *взаимоотношениями*.

БОЖИЙ ШЕДЕВР

Третий образ — это *произведение искусства*. В приведенном выше переводе стиха Послания Ефесянам 2:10 далеко не полностью раскрывается суть этого образа. Словом *«творение»* переведено греческое слово *пойэма*. От латинского аналога этого слова произошло наше слово «поэма». В переводе «Иерусалимской Библии» в этом стихе использовано фраза «произведение искусства». Другими словами, это слово взято из области искусства и творчества. Мне нравится переводить этот стих так: «Мы являемся шедевром Божьего творчества», что полнее передает смысл, который в него вкладывал Павел.

Если мы задумаемся обо всем, что сотворил Бог, то с замиранием сердца и смирением осознаем, что таких людей, как мы, Бог избрал быть материалом для создания Своего шедевра.

Задумайтесь на минуту о том, как создается то или иное произведение искусства. Возьмем, например, скульптуру. Существует множество прекрасных античных скульптур, созданных в Древней Греции. Когда правильные инструменты используются с великим искусством и терпением, тогда происходит практическое воплощение внутреннего видения. Творческий взгляд скульптора видит в куске мрамора то, что в нем скрыто. Вооружившись резцом и видением того, что он хочет получить, скульптор начинает откалывать от камня куски. Постепенно начинают проявляться формы, отражающие внутреннее видение мастера.

Когда-то я совместно с Элизабет Шерилл работал над книгой моей жены Лидии под названием «Назначение в Иерусалим». Через два года усердной работы я, наконец, принес ей готовую рукопись, но Элизабет сказала: «А теперь перечитайте ее и сократите примерно на двадцать процентов». Если вы когда-либо работали над книгой в течение двух лет, то вы поймете, что я тогда чувствовал!

Элизабет процитировала мне слова Микеланджело. Он сказал о своих скульптурах: «Каждый удар резца лишь полнее раскрывает план». Чем больше вы отсекаете, тем лучше раскрывается ваше видение. Подобным образом, когда Бог постоянно от вас что-то отсекает, отсекает и отсекает, то вы, возможно, спрашиваете: «Господь, от меня вообще что-нибудь останется?» Но с каждым ударом Его резца еще лучше раскрывается план Мастера.

Мы можем поразмышлять также над искусством живописи. Суть живописи заключается в сочетании в нужных пропорциях формы и цвета для изображения какой-то сцены или объекта. Сочетание форм, цветов и оттенков, которое воспроизводит художник на холсте, помогает нам увидеть такие тонкости, которые мы могли не увидеть сами, так и Бог работает над нами: Он постоянно смешивает краски, придает форму и располагает композицию, а затем являет нас миру, который тогда сможет увидеть в нас то, чего не замечал ранее.

Поразмышляем над еще одним видом творчества: над поэзией. Мне всегда нравилась поэзия. Я сам когда-то писал стихи. В сущности, поэзия это живопись словам. Это палитра слов рисующих образ, производящих впечатление или оказывающих воздействие. Каждое слово должно быть тщательно подобрано и расположено так, чтобы оно идеально сочеталось с другими словами. Также и Бог хочет из всех нас составить поэму, в котором все мы тщательно отобраны и расположены в правильном порядке и гармоничных взаимоотношениях со всеми окружающими.

Мы Божья поэма, Его шедевр, *«дабы ныне соделалась известною через Церковь* (народ Божий) *начальствам и властям на небесах многоразличная премудрость Божия...»* (Ефесянам 3:10).

Слова Павла звучат просто поразительно. Захватывает дух уже от самой мысли, что Бог избрал нас, Свой искупленный народ, для того, чтобы продемонстрировать Свою многоразличную премудрость всей Вселенной (во времени и вечности), и в невидимых небесных сферах! Слово «многоразличная» является очень наглядным, его можно перевести также «многосторонняя». Каждый из нас уникальным образом преломляет (отражает) многогранную мудрость Божью, и все мы гармонично представляем единое целое!

Куда же Бог отправился за материалами для создания Своего величайшего шедевра, Своей Церкви? Он пошел на свалку! К обломкам жизней, разбитых грехом. К куче распавшихся семей, больных тел и порочных душ.

В Послании Ефесянам 2:10 Павел очень красиво, но вместе с тем практически говорит о том, что мы были созданы на добрые дела, которые Бог заранее предназначил нам исполнять. В этом стихе сказано, что мы не просто должны быть внешне прекрасным творением, но и *быть способны к практическому применению*. Мы выполняем определенную функцию. Мы не просто стоим на всеобщем обозрении, духовные и интересные. Бог имеет доброе *дело* для каждого верующего, которое тот должен исполнять! Наша задача: узнать, что это за добрые дела, и исполнять их (англ. букв, «ходить в них»).

Здесь неуместна импровизация. Никто из нас не имеет права сам писать сценарий собственной жизни — Бог его уже написал. Мы же, подчиняясь Богу, находим свое место в Его шедевре. Затем мы узнаем, что нам уже приготовлено дело, о котором, мы, возможно, раньше даже не мечтали. Если бы много лет назад мне сказали, что однажды я стану учителем Библии, я бы рассмеялся. А мои друзья смеялись бы еще громче, потому что в то время ничто во мне не давало ни малейшего намека на то, что Бог запланировал сделать из меня.

ХАРАКТЕРНАЯ ОСОБЕННОСТЬ ТВОРЕНИЯ И БОЖЬЕ ТРЕБОВАНИЕ К НЕМУ

Характерной особенностью этого «шедевра» (*пойэма*) является демонстрация *творческого гения Бога*. Бог был Творцом от начала и Он продолжает творить и сегодня. Он сотворил небесные тела, звезды, моря, горы, животный и растительный мир. Завершив это, Он сказал: «А теперь пора взяться за Мои главный шедевр». Именно мы являемся этим шедевром, конечным откровением о Божьем творческом гении!

Податливость в Его руках

Все требования к нам как членам Его *пойэма* суммируется в одном слове: *податливость*. Если мы являемся словом в Его поэме, то нам нужно просто занять свое место. Если мы кусок глины в руке Горшечника, то мы должны позволить Ему придавать нам форму. Если мы часть мраморной глыбы, то мы должны позволить Ему отсекать от нас лишнее. Мы не должны с Ним спорить или указывать, как Богу выполнять Его работу. Нам не следует спрашивать:

«Боже, а Ты действительно знаешь, что Ты собираешься сделать из меня?» Податливость является ключом. Когда мы добровольно и полностью предадим себя в Его руки, Он сделает из нас Свой удивительный шедевр. Книга пророка Исаии 64:8:

Но ныне, Господи, Ты Отец наш; мы глина, а Ты образователь наш, и все мы дело руки Твоей.

После того как мы отдали себя в руки Божьи, Ему решать, что с нами делать.

Соединяемость

Что требуется от нас в отношениях друг с другом, чтобы могла быть завершена картина Божьего шедевра? Для описания нашей ответственность я должен ввести новое слово: *соединяемость*, т.е. способность соединяться с другими. Это также можно описать такими словами, как *слияние* или *сцепление*. Не столь важно то, кем мы являемся сами по себе; главный вопрос в том, какими мы станем *вместе*. Поэтому мы должны проявить готовность потерять свои индивидуальные особенности ради достижения великого единого целого.

Когда Бог желает изменять нас, формировать и лепить из нас что-то новое, Он применяет давление. Когда мы испытываем на себе это давление, нам хочется сказать: «Боже, я больше этого не вынесу!» Но Он говорит: «Я делаю это для того, чтобы создать тебя не таким, каким ты хочешь быть, а каким Я хочу, чтобы ты был». Все мы, кто любит Господа, обязательно испытаем на себе давление Его рук. Скорость гончарного круга, на который Бог поместил нас, будет все выше и выше. Давление будет все более интенсивным. Но если мы будем оставаться в Божьем присутствии, в Его руках и будем податливыми, то превратимся в такие сосуды, которыми Он хочет видеть нас. Послание Римлянам 9:20:

А ты кто, человек, что споришь с Богом? Изделие скажет ли сделавшему (ею): «зачем ты меня так сделал?»

Девятая глава Послания Римлянам является одной из самых сложных с теологической точки зрения глав в Библии, потому что она говорит о Божьем предопределении. Апостол Павел пишет там о горшечнике, делающем один сосуд для *низкого* употребления (для чего-то нечистого), а другой для *почетного* употребления (ст. 21). Когда говорится о предопределении, это означает, что Бог Сам решает, образно говоря, что вылепил из того или иного куска глины. Он решает, сделать ли из него урну для мусора или цветочную вазу. Принимаем решение не мы, а Бог. Разумеется, это не полная картина, все это должно быть сбалансировано другими истинами. Конечно же, мы имеем свободу выбора. Однако нам точно не известно, как взаимодействует наша свобода выбора с Божьим предопределением, в то время как Бог точно знает, какие решения мы примем в будущем.

На своем семинаре об основных проблемах молодежи Билл Готард приводит пример девушки с глубокой душевной раной. Она не могла обрести покой, облегчение и удовлетворение, поскольку гневалась на Бога за то, что Он сотворил ее очень высокой. Людям не нравится та мысль, что есть вещи, которые они не могут контролировать. Но в таких вопросах у нас нет права решающего голоса, о чем нам напоминает апостол Павел в Послании Римлянам 9:21-24:

> *Не властен ли горшечник над глиною, чтобы из той же смеси сделать один сосуд для почетного употребления, а другой для низкого? Что же, если Бог, желая показать гнев и явить могущество Свое, с великим долготерпением щадил сосуды гнева, готовые к погибели, дабы вместе явить богатство славы Своей над сосудами милосердия, которые Он приготовил к славе, над нами, которых Он призвал не только из Иудеев, но и из язычников?*

Бог использует некоторые сосуды для того, чтобы на них показать Свой гнев. Павел использует пример фараона. Бог сказал фараону: «...*Для того самого Я и поставил тебя, чтобы показать над тобою силу Мою...» (ст. 17).*

Если вы обнаружили, что являетесь сосудом славы, то можете сказать: *«Слава Богу. Это пришло не от меня. Это Его решение».* Поскольку *«помилование зависит не от желающего и не от подвизающегося, но от Бога милующего» (ст. 16).* Как бы ни было трудно для некоторых людей с этим согласиться, нам необходимо развернуться лицом к этой непопулярной сегодня истине Божьей.

Суть этого образа Церкви заключается в том, что мы, в определенном смысле, отдаем инициативу. Глина не может давать указания или принимать решения. Если бы кроме этого образа народа Божьего не было других, то картина была бы неполной. Но и без этого образа наше понимание, чем является народ Божий, также будет неполным. Полагаю, что людям из современной западной культуры необходимо иметь более четкое представление о том, что значит быть покорной глиной в руках любящего Горшечника.

Мне приходилось встречаться со многими людьми, которые не считают себя Божьим творением или шедевром. Но Бог не сможет вас использовать в полной мере, пока вы не начнете воспринимать себя такими, какими вас создал Бог. Просто поверьте, что лучшее у вас еще впереди! Мое служение стало бурно развиваться, только когда мне было уже далеко за пятьдесят. Этому предшествовали несколько десятилетий напряженного, часто не приметного труда. Однако я всегда верил в истинность призыва Божьего, который я получил много лет назад, через истолкование послания на иных языках, звучавшего так: «Я призвал тебя быть учителем Писания в истине, вере и любви во Христе Иисусе для многих». И хотя эти «многие» появились в моей жизни значительно позже, я с самого начала пребывал в служении.

Мы Божье творение, созданное для особой цели. Мы важны для исполнения Его плана и должны быть уверены в том, что Он делает нас такими, какими хочет, чтобы мы были!

6

ОБРАЗ № 4: СЕМЬЯ

Послание Ефесянам 2:18-19:

Потому что через Него и те и другие имеем доступ к Отцу, в одном Духе. Итак вы уже не чужие и не пришельцы, но сограждане святым и свои Богу (или «члены Божьей семьи»).

Когда мы продолжаем с верой смотреть в зеркало Слова Божьего, находя то, какими людьми мы являемся в Божьих глазах, во время этого Господь хочет, передать нам понимание, насколько мы действительно важны для осуществления Его целей на земле.

Теперь мы переходим к четвертому образу, описанному в Послании Павла Ефесянам: семья. В этом списке из семи образов народа Божьего четвертый находятся посередине. Полагаю, это уместно, потому что семья занимает центральное место в правильном понимании того, что такое народ Божий. В Новом Завете Его люди очень редко называются словом «христиане» или даже «верующие». Чаще всего встречается название «братья», которое подчеркивает принадлежность к одной духовной семье. Послание Ефесянам 2:18:

Потому что через Него и те и другие (иудеи и язычники) имеем доступ к Отцу, в одном Духе.

Еще раз обратите внимание, что здесь представлены все три Божественные Личности: через Сына Иисуса мы имеем доступ к Отцу в одном Духе. В следующем стихе раскрываются чудесные последствия этого, Послание Ефесянам 2:19:

Итак вы уже (имея доступ к Отцу) *не чужие и*

не пришельцы, но сограждане святым и свои Богу.

Слово «свои» было бы лучше перевести как «члены одной семьи». Благодаря тому, что Христос приобрел для нас доступ к Отцу, мы стали членами Божьей семьи.

ОТНОШЕНИЯ С ОТЦОМ

Для семьи Божьей характерны отношения с Отцом. В греческом языке Нового Завета очень близки слова, означающие «отец» и «семья». «Отец»: это *патер*, а «семья» *партия*, которое образовано от слова *патер*. Эти взаимоотношения ясно видны в молитве Павла в Послании Ефесянам 3:14-15:

Для сего преклоняю колени мои пред Отцем Господа нашего Иисуса Христа, от Которого именуется всякое отечество (семья) *на небесах и на земле.*

Здесь прослеживается прямая связь между словами «Отец» и «отечество». От Бога-Отца *(патер)* именуется всякое отечество *(партия)* на небесах и на земле. Отечество происходит от отцовства. Итак, поскольку Бог наш Отец, то мы члены Его отечества или семьи.

Эту истину еще полнее раскрывает Послание Евреям 2:10:12:

Ибо надлежало, чтобы Тот (Бог-Отец), *для Которого все и от Которого все, приводящего многих сынов* (верующих) *в славу, Вождя спасения* (Иисуса Христа) *их совершил через страдания. Ибо и Освящающий* (Иисус) *и освящаемые* (верующие), *все от Единого* (Отца); *поэтому Он* (Иисус) *не стыдится называть их братиями, говоря* (цитата из Ветхого Завета): *«возвещу имя Твое братиям Моим, посреди церкви воспою Тебя.»*

В этом отрывке содержится замечательное откровение. Благодаря Иисусу Бог сделал нас Своими сыновьями, а Сам Иисус Единородный Сын Бога-Отца. Следовательно Сам Иисус признает нас Своими братьями, потому что у нас есть отношения с Отцом. Иисус никогда ничего не делает, если Отец не ведет Его к этому. Иисус назвал нас «братьями» только после того, как Отец назвал нас «сынами». Как только Отец назвал нас сыновьями, Иисус признал нас Своими братьями.

В этом откровении указаны две важные характерные черты идеи отцовства. Во-первых, и с этого все начинается, мы имеем общий источник нашей жизни. Когда все мы произошли от одного, то мы являемся членами одной семьи. Источником любой семьи (на земле или на небе) является Отец. Семья это не какая-то деноминация или название церкви, не организация и не учреждение. Семья лишь потому семья, что у ее членов есть общий источник жизни.

Во-вторых, Божье отцовство дает нам взаимоотношения в двух направлениях: в вертикальном и в горизонтальном. Вертикальными являются взаимоотношения каждого из нас с Богом, как своим Отцом. Горизонтальными являются взаимоотношения, которые мы имеем друг с другом, как члены одной семьи. Вертикальные взаимоотношения с Отцом являются основными, однако они же налагают на нас ответственность развивать горизонтальные отношения друг с другом. Мы не можем называться сыновьями Божьими, если не признаем как своих братьев других Его сыновей!

Прекрасным примером вертикальных и горизонтальных взаимоотношений в семье Божьей являются первые слова молитвы «Отче наш», Евангелие от Матфея 6:9:

Молитесь же так: Отче наш, сущий на небесах! да святится имя Твое...

В начале этой молитвы есть два очень важных слова: *«Отче наш»*. Именно такой порядок слов и в греческом оригинале. Первым словом молитвы является слово *«Отче»*. Именно это первое слово определяет все остальное. Тем самым Иисус говорит: «Помните, что через Меня вы сделались детьми Божьими. Всегда приходите к Богу, как к своему Отцу. Приходите к Нему не просто как к Богу, ведь Он является Богом для всех, даже не принимающих Меня. Приходите к Нему, как к своему любящему Отцу, с которым у вас теперь правильные взаимоотношения».

Второе слово *«наш»*. Не «мой», а «наш» Отец. Что это значит? Приходя к Богу, как к «нашему» Отцу, мы признаем, что у Него есть много других сыновей. Вы не единственный ребенок в семье. Все остальные дети Божьи являются вашими братьями и сестрами. Признавая это, мы освобождаемся от своего эгоизма.

В этих простых вступительных словах молитвы «Отче наш» заключен очень глубокий смысл.

В Евангелии от Иоанна описано, как во время беседы Иисуса с учениками об Отце, один из них попросил, Евангелие от Иоанна 14:8:

«Господи! покажи нам Отца...»

Видимо, это опечалило Иисуса, потому что далее в Евангелии от Иоанна 14:9 мы читаем Его ответ:

Столько времени Я с вами, и ты не знаешь Меня, Филипп? Видевший Меня видел Отца; как же ты говоришь: «покажи нам Отца»?

Незадолго перед этим в Евангелии от Иоанна 14:6 Иисус сказал: *«Я есмь путь и истина и жизнь; никто не приходит к Отцу, как только через Меня»*. Этот стих часто цитируют, но редко до конца. Иисус действительно сказал: «Я есмь путь», но путь должен вести к чему-то. Просто путь, который ведет в никуда, не имеет никакого смысла. Куда же нас ведет Иисус, наш Путь? К Отцу! Мы не достигли цели Божьей, если всего лишь нашли путь. Нам необходимо найти *цель* пути! Основная задача Иисуса Христа это привести нас не к Себе, а к Отцу. Первое послание Петра 3:18:

Потому что и Христос, чтобы привести нас к Богу, однажды пострадал за грехи наши, праведник за неправедных.

Цель Бога состоит в том, чтобы собрать великую семью сыновей, соответствующих образу Его Сына Иисуса. Все, что с нами происходит, способствует достижению этой цели: сделать из нас сыновей, преображенных по образу Иисуса Христа. Послание Римлянам 8:28-29:

Притом знаем, что любящим Бога, призванным по Его изволению, все содействует ко благу: Ибо, кого Он предузнал, тем и предопределил быть подобными образу Сына Своего, дабы Он (Сын) был первородным между многими братиями.

ОСНОВНОЕ В СЕМЬЕ — ЭТО ПОСЛУШАНИЕ

Основная идея, которая передается в этих отрывках о наших отношениях с Богом как Отцом, это *послушание*. Послание Евреям 2:10:

Ибо надлежало, чтобы Тот, для Которого все и от Которого все, приводящего многих сынов в славу, вождя спасения их совершил через страдания.

«Тот», о Котором говорится в этом отрывке, это Бог-Отец; *«Вождь»* нашего спасения это Иисус; а *«многие сыны»* это мы, верующие.

Послание к Евреям говорит нам, что Вождь нашего спасения стал совершенным через страдания. Иисус был всегда совершенным в нравственном отношении, но Его личное совершенство достигло зрелости в послушании Отцу. Он достиг зрелости и совершенства образцового Сына, следуя руководству и наставлениям Отца, Который ввел Его в полноту личного развития. После этого Иисус стал образцом для всех сыновей на пути к их личной зрелости. И опять-таки процессом, благодаря которому Он достиг совершенства, были страдания. Послание Евреям 2:11:

Ибо и Освящающий и освящаемые, все от Единого; поэтому Он не стыдится называть их братиями.

Иисус это *«Освящающий»*, а мы *«освящаемые»*. *«Единый»*, от Которого происходим мы с Иисусом, это Отец, от Которого мы получаем наше освящение. Все мы проходим через процесс освящения и совершенствования и поэтому получаем право состоять в семье Божьей.

Далее, в Послании Евреям 2:11-12, приводится стих 21-го Псалма:

> *...Он не стыдится называть их братиями, говоря: «возвещу имя Твое братиям Моим, посреди церкви воспою Тебя».*

Заметьте: Иисус собирается петь посреди Церкви!

В Церкви раскрывается откровение Боге-Отца к Его детям, и оно приходит через Сына Иисуса. Именно откровение о Божьем отцовстве приведет Его сыновей к зрелости, пусть даже для достижения совершенства им придется пройти через страдания. Послание Евреям 5:8:

> *...Хотя Он и Сын, однако страданиями навык (научился) послушанию...*

Изучая взаимоотношения Бога-Отца и Бога-Сына мы можем понять как отцы должны приводить своих сыновей к зрелости. Поэтому Иисус стал для нас образцом и путем для нас. Он никогда не был непослушен. Однако Иисус должен был *научиться* проявлять послушание. Мы с вами должны научиться этому точно так же как Он — через шаги послушания! Иного пути научится послушанию, кроме как слушаться, просто нет. Мы никогда не научимся послушанию, если будем просто сидеть и слушать проповеди о послушании. Такие проповеди могут нам помочь и подтолкнуть к действию, но послушанию можно научиться только через практическое проявление послушания *на деле.*

Ключевыми, в послушании Иисуса, были слова: *«...не Моя воля, но Твоя да будет»* (Лук. 22:42). Каждый шаг послушания в жизни христианина — это шаг самоотречения. Иисус сказал, что если кто хочет идти за Ним, тот должен отречься от себя (Матф. 16:24). Это всегда больно, потому что нашему «я» не нравится, когда от него отрекаются. Наше «я» всегда чего-то хочет, а следование за Господом — это постоянное самоотречение.

НАША ОБЯЗАННОСТЬ ПО ОТНОШЕНИЮ К ДРУГИМ ВЕРУЮЩИМ — ЛЮБИТЬ ИХ

В то время как наши «вертикальные» отношения с Богом характеризуются послушанием, нашей обязанностью в «горизонтальных» взаимоотношениях с нашими братьями и сестрами является особый вид любви. В греческом оригинале есть четыре разных слова, которые все переведены как «любовь»: *эрос* (сексуальное желание), *сторге* (семейная привязанность), *филадельфия* (братская любовь) и *агапе* (божественная любовь).

Любовь это не духовный дар, а результат воспитания *характера*. Во Втором послании Петра мы видим семь последовательных шагов, ведущих нас к этому особому виду любви *агапе*. Второе послание Петра 1:5-7:

То вы, прилагая к сему все старание, покажите в вере вашей добродетель, в добродетели рассудительность, в рассудительности воздержание, в воздержании терпение, в терпении благочестие, в благочестии братолюбие, в братолюбии любовь (агапе).

Писание говорит: *«Покажите в вере вашей...»* Таким образом, встав на основание веры, мы делаем еще семь последовательных шагов:

1. Добродетель (букв. «превосходство»).
2. Рассудительность (знание воли Божьей).
3. Воздержание (самоконтроль).
4. Терпение (настойчивость, выносливость).
5. Благочестие (святость).

Мы прошли уже значительную часть списка, однако все еще не достигли любви. Такое понимание, что обнять и похлопать кого-то по плечу на молитвенном служении — вот уже и любовь! — такое понимание не соответствует Писанию. Любовь это нечто, что необходимо культивировать и чего надо достигать, она находится на самом верху лестницы совершенства.

6. Братолюбие (добрая воля по отношению к людям).
7. Любовь (агапе).

Слово *агапе*, в частности, означает: «Я люблю моих врагов». Вы достигли вершины, когда можете любить своих врагов,

Во многих религиях есть мученики, которые умерли за свою веру. Они есть и в иудаизме, и в коммунизме, и в исламе. Но истинный христианский мученик отличается от них тем, что он любит своих врагов. Если же он их не любит, то он ничем не лучше мученика-мусульманина или коммуниста.

Большинство из нас не готово стать мучениками; Бог пока не может предоставить нам такую честь. Я убежден, что если вам предстоит стать настоящим мучеником, то вы будете учиться этому, ежедневно переступая через себя. Мучеником не становятся вдруг, совершив неожиданный подвиг веры, но в результате возрастания в самоотречении.

Я убедился, что всякий раз, когда в моем служении есть действительная эффективность и плодотворность, это происходит только в результате шагов самоотречения. Пока я угождаю себе, я не проявляю жизнь Христа. Это две противоположности. Жизнь Христа течет только там, где человек умирает для себя. Иисус сказал, что мы должны брать свой крест ежедневно. Ваш крест там, где ваша воля *пересекается* с волей Божьей, и вы должны ежедневно приходить на это место смирения. Человек может быть очень религиозным, но так и не умереть для своей воли.

Многие христиане пока не достигли даже «братолюбия». Не всегда легко любить всех своих братьев и сестер во Христе. Иногда неверующих любить даже легче, чем христиан, потому что им все равно, крещены ли вы погружением или кроплением, поднимаете ли вы руки во время молитвы или нет.

Вспоминаю случай, который произошел со мной на одной конференции, в которой мне пришлось принимать участие вместе с еще тридцатью другими лидерами. Сама конференция проходила днем, а вечером мы разбивались на пары и посещали поместные общины. Среди тех лидеров был один брат, с которым мы совершенно расходились в вопросе крещения. Я подумал про себя: «Надеюсь, меня не поставят с ним!» И, конечно (как вы угадали) мне пришлось проповедовать с ним за одной кафедрой все три вечера. Теперь мы близкие друзья.

В завершение этой главы позвольте рассказать случай, произошедший в то время, когда шотландские христиане подвергались жестоким гонениям со стороны английской армии. Одна шотландская девушка шла на тайное собрание верующих. По пути ее задержал английский солдат и спросил, куда она направляется. Она не хотела обманывать, но и не хотела выдавать своих братьев и сестер во Христе. Поэтому она мысленно обратилась к Господу и попросила Его подсказать ей ответ. Вот как она ответила солдату: «Умер мой Старший Брат, и я иду в дом моего Отца, где будут читать Его завет». Какой хороший ответ! Иисус является нашим Старшим Братом, Бог — наш Отец, и место нашего собрания — это дом нашего Отца. Мы — семья!

Еще раз скажу, что отличительной чертой этого образа семьи является то, что все мы происходим от одного Отца. Бог, наш Отец Небесный, является источником жизни для всей Своей семьи. У всех нас общая жизнь. Именно это нас связывает, а не деноминации, доктрины и «ярлыки».

Мы должны принимать друг друга, как братьев и сестер, потому что Бог принял нас в Свою семью. Одно дело знать, что мы приняты Богом, но другое познать на опыте принятие со стороны своих братьев. Некоторые из нас никогда не познали теплых, полных любви объятий земного отца или брата. Пусть же такие люди впервые найдут это в семье Божьей!

7
ОБРАЗ № 5: ХРАМ

Послание Ефесянам 2:20-21:

Имея Самого Иисуса Христа краеугольным камнем, на котором все здание, слагаясь стройно, возрастает в святый храм в Господе.

Мы подошли к пятому образу, а именно к строению или храму. Давайте начнем еще раз прочитав слова Павла о семье, написанные им в Послании Ефесянам 2:19:

Итак вы уже не чужие и не пришельцы, но сограждане святым и свои Богу (или члены семьи Божьей)...

От образа семьи Павел переходит к образу храма, Послание Ефесянам 2:20-22:

...быв утверждены на основании Апостолов и пророков, имея Самого Иисуса Христа краеугольным камнем, на котором все здание, слагаясь стройно, возрастает в святый храм в Господе, на котором и вы устрояетесь в жилище Божие Духом.

Христиане (истинно верующие) это люди, в которых обитает и в которых действует Бог. Благодаря этим отношениям, Он является их Богом, а они Его народом.

...На котором все здание, слагаясь стройно, возрастает в святый храм в Господе, на котором (на Иисусе) *и вы устрояетесь в жилище Божие Духом.*

Заметьте, в этом описании также присутствуют все

три Личности Троицы. Отец живет в тех, кто устрояется на Сыне Духом. Здесь сказано, что конечная цель Церкви это стать местом обитания Бога.

Еврейское слово *бейт*, переведенное как «жилище», включает в себя понятие дома или семьи, напрямую связано с глаголом «строить». Поэтому в еврейском мышлении существует тесная связь между семьей и зданием. В действительности, слово *бейт* в первую очередь подразумевает не столько физическое здание, сколько семью, семейный очаг. Поэтому *бейт* — это всегда и физический дом, и семья. Обратите внимание на то, какое ударение здесь делается на здании и его строительстве: «утверждены» (т.е. «построены»), «здание», «храм», «устрояетесь» (т.е. «возводитесь»), «жилище» (букв. «место обитания»).

Принцип следующий: Бог всегда обязывал Свой народ устраивать Ему место обитания. Когда Бог освободил израильтян из Египта, привел их на гору Синай и дал им Свой первый завет, то одним из первых обязательств, которые Он возложил на них, было строительство скинии, как места Его обитания среди Своего народа. Эта палатка служила местом пребывания ощутимого присутствия Его славы — Шехины, которая сопровождала Израиль весь путь через пустыню.

После того, как Бог привел израильтян в Землю обетованную, Он дал им повеление построить для Него храм в городе, который Он Сам избрал, в Иерусалиме. Соломон возвел самое славное, дорогостоящее и искусно сделанное сооружение за всю историю человечества. Однако из-за идолопоклонства и непослушания израильтян этот храм впоследствии разрушили вавилоняне при Навуходоносоре. Но когда Бог по Своей милости даровал израильтянам освобождение из вавилонского рабства, то одним из первых Его повелений было строительство нового храма для Него.

Интересно, что Бог не оставил вопрос о Своем месте пребывания на рассмотрение Своему народу. Он Сам назначил: точное место, необходимые строительные материалы и форму сооружения. Однако Библия

Глава 7. Образ №5: Храм

ясно говорит и о том, что эти строения (скиния и два храма) были лишь прообразами чего-то более ценного и важного. Это ясно отражено в словах Стефана, обращенных к синедриону, Книга Деяний 7:48-50:

> *Но Всевышний (истинный Бог) не в рукотворенных храмах живет, как говорит пророк: «небо престол Мой, и земля — подножие ног Моих; какой дом созиждете Мне, говорит Господь, или какое место для покоя Моего? Не Моя ли рука сотворила все сие?»*

МАТЕРИАЛ ДЛЯ СТРОИТЕЛЬСТВА ХРАМА

Любое материальное строение, возведенное людьми, каким бы оно ни было замечательным, не может быть постоянным и окончательным жилищем для Бога. Это лишь временное место, которое Он почитает Своим присутствием до тех пор, пока Его народ принимает Его условия. Окончательный и вечный храм Божий построен из *людей*. Все предыдущие здания были лишь его прообразами. Люди — это самые ценные творения во Вселенной. Очевидно, что храм Божий должен быть построен из самого дорогого материала — не из золота, серебра или мрамора, а из людей. Эта истина ясно показана в различных отрывках Нового Завета. Первое послание Коринфянам 3:10-12:

> *Я, по данной мне от Бога благодати, как мудрый строитель* (апостол), *положил основание, а другой строит на нем; но каждый смотри, как строит. Ибо никто не может положить другого основания, кроме положенного, которое есть Иисус Христос. Строит ли кто на этом основании из золота серебра, драгоценных камней, дерева, сена, соломы...*

Вы можете возвести здания двух видов: (1) которые устоят в испытаниях, и (2) которые не устоят. Вы можете строить здание используя огромное количество дерева, сена и соломы; такие материалы нетрудно найти в больших объемах, однако этот материал не выдержит испытаний. Или же вы можете строить в гораздо меньших объемах из намного более дорогих материалов, которые устоят в испытаниях Первое послание Коринфянам 3:13-15:

> *...Каждого дело обнаружится; ибо день покажет, потому что в огне открывается, и огонь испытает дело каждого, каково оно есть. У кого дело, которое он строил, устоит, тот получит награду; а у кого дело сгорит, тот потерпит урон; впрочем сам спасется, но так, как бы из огня.*

Это место Писания говорит о нашем вкладе в служение в доме Божьем. Нашему делу придется пройти испытание огнем. Второе послание Коринфянам 5:10:

> *...Ибо всем нам должно явиться пред судилище Христово, чтобы каждому получить соответственно тому, что он делал, живя в теле, доброе или худое.*

Каждый христианин явится пред судилище Христово, чтобы получить оценку служению, которое он нес в доме Божьем. На этом суде не будет выноситься решение о спасении или осуждении, потому что нет никакого осуждения тем, которые во Христе Иисусе (см. Римл. 8:1). На этом суде будет решаться не удел наших душ, а оцениваться наша работа в доме Божьем. Дело каждого человека будет испытано огнем. У кого оно выдержит испытание, тот получит награду. У кого сгорит, тот лишится своей награды, но его душа все равно будет спасена.

Время награждения еще не наступило, оно ждет нас впереди. Каждому из нас следует задуматься, какой материал мы вкладываем в здание? Выдержит ли он испытание огнем? Лидерам церкви в Коринфе Павел сказал в Первом послании Коринфянам 3:16-17:

> *Разве не знаете, что вы храм Божий, и Дух Божий живет в вас? Если кто разорит храм Божий, того покарает Бог: ибо храм Божий свят; а этот храм вы.*

Похоже, верующие в Коринфе не совсем понимали, какими им следует быть. В этом также заключается одна из важных причин, почему нам нужно смотреть в зеркало Слова Божьего: чтобы увидеть, какими мы есть на самом деле! Павел их обличил: «Разве вы не знаете, что вы храм Божий? Будьте внимательны в том, как вы живете».

СОДЕРЖАНИЕ ХРАМА В ЧИСТОТЕ

Когда в Библии речь идет о храме, постоянно звучит предостережение о том, что его нельзя осквернять. Это относится как к «общему», так и к нашему «личному» храму.

Мы уже рассмотрели наш общий храм, то есть собрание всех верующих. Теперь давайте прочитаем, что говорится о нашем личном храме в Первом послании Коринфянам 6:19-20:

Не знаете ли, что тела ваши суть храм живущего в вас Святого Духа, Которого имеете вы от Бога, и вы не свои? Ибо вы куплены дорогою ценою. Посему прославляйте Бога и в телах ваших и в душах ваших, которые суть Божии.

Каждый верующий удостоен чести предоставить свое физическое тело в качестве храма для обитания Святого Духа. Бог через Иисуса Христа искупил ваше тело для того, чтобы оно могло быть храмом Его Духа. Обратите внимание, что здесь снова дано предупреждение о том, чтобы мы не разоряли или не оскверняли этот храм. Будь то наш личный или общий храм, от нас требуется, чтобы мы заботились о нем и содержали его в чистоте, благополучии и святости, потому что это храм Духа Святого. Мы обязаны предоставить Ему такой храм, который будет прославлять Его и служить Его целям. Лично я верю, что Бог считает заботу о наших физических телах гораздо более важной, чем большинство из нас. Второе послание Коринфянам 6:14-16:

> *Не преклоняйтесь под чужое ярмо с неверными, Ибо какое общение праведности с беззаконием? Что общего у света с тьмою? Какое согласие между Христом и Велиаром* (сатаной)*? Или какое соучастие верного с неверным? Какая совместность храма Божия с идолами? Ибо вы храм Бога живого, как сказал Бог: «вселюсь в них и буду ходить в них; и буду их Богом, и они будут Моим народом.»*

Обратите внимание, что здесь мы опять говорим о коллективном храме. Гарантия того, что Бог действительно стал нашим Богом, в том, что мы позволяем Ему жить и ходить в нас. Мне нравится фраза *«ходить в них»*. Она говорит о том, у Бога есть мобильный храм, не привязанный к одному месту. Куда мы идем, туда и Бог; Он всегда там, где мы. Будучи Его телом, мы предоставляем Ему орудие для служения, а, будучи Его храмом, мы предоставляем Ему жилище. Поэтому не совсем правильно говорить: «Мы ходим в церковь», как если бы существовало некое особенное место, где мы встречаемся с Богом. Наоборот, церковь там, где собираемся мы. А там, где церковь, там и Бог. Если мы пойдем к берегу моря, церковь будет на берегу моря. Он пребывает в нас и ходит в нас. Именно при этом условии Он является нашим Богом, а мы Его народом.

ЖИВЫЕ КАМНИ

Первое послание Петра 2:4-5:

> *Приступая к Нему* (к Иисусу)*, камню живому, человеками отверженному, но Богом избранному, драгоценному, и сами, как живые камни, устрояйте из себя дом духовный, священство святое...*

В этом духовном доме, который Бог строит для того, чтобы он стал Ему вечным жилищем, мы с вами и все остальные верующие являемся *«живыми камнями»*! Из всех нас строится окончательный, вечный дом, который Бог изначально задумал, а все предыдущие места Его обитания, описанные в Ветхом Завете, были лишь его прообразами и образцами.

Я много лет провел в Иерусалиме, где строить дома разрешено только из камня. Во многом именно благодаря этому до сих пор сохранилась уникальная красота и характер Иерусалима. Все законно построенные здания в Иерусалиме сложены из камня, взятого в каменоломне, которая находится на север от города, ь 1940-х годах я жил в городке на север от Иерусалима и часто проезжал мимо того карьера, где добывали камни, которые затем привозили в Иерусалим. Помню, я видел камень, который по пути в город упал с самосвала и остался лежать на обочине. Его никто не поднял, он там так и остался. Я подумал про себя: «Этот камень лежит там, как эгоистичный и своевольный индивидуалист. Этого камня никогда не коснется зубило. Он навсегда останется таким, какой есть сейчас, и никогда не станет частью здания». Верующие, похожие на этот камень, были извлечены из каменоломни, но так и не стали частью стены. Они не нашли своего места в исполнении Божьих целей.

Обратите внимание, что сказано о храме Соломона в Третьей книге Царств 6:7:

Когда строился храм, на строение употребляемы были обтесанные камни; ни молота, ни тесла, ни всякого другого железного орудия не было слышно в храме при строении его.

Удивительно! Форма каждого камня была заранее предопределена, и каждый камень был обтесан согласно этим заранее определенным размерам еще в каменоломне. При самом же строительстве храма не было никакой окончательной доработки молотом или зубилом.

Точно также Бог работает над каждым из нас. Сначала Он при помощи Евангелия извлекает нас из этого мира, а затем приступает к обтесыванию нас и придавать нам такую форму, чтобы при возведении окончательного здания уже не надо было производить доводку и подгонку молотом и зубилом. Мы должны быть готовы к обтеске уже сейчас, и всем нам необходимо пройти через этот процесс, если мы хотим занять свое место в храме.

ХАРАКТЕРНАЯ ОСОБЕННОСТЬ ХРАМА И БОЖЬЕ ТРЕБОВАНИЕ К НЕМУ

Теперь давайте рассмотрим двойное значение храма. Характерной особенностью этого образа Церкви является то, что храм это *место пребывания Бога*. Именно там Бог собирается пребывать вовеки. Мы склонны думать о том, что главное — это нам попасть на небеса, но конечная цель Бога состоит в том, чтобы спустить небеса на землю! Последний образ народа Божьего, описанный в Библии, находится в Откровении 21:1-4. Это прекрасное жилище, сходящее на землю с неба. При случае изучите этот отрывок, говорящий о Новом Иерусалиме. Это славное описание того, как Божье жилище придет на землю.

Что же требуется от нас? Готовность к тому, чтобы Бог извлек нас из каменоломни и обтесывая, придал нужную форму. Наши острые углы должны быть отсечены, чтобы мы могли соответствовать заранее определенным размерам, и еще до начала строительства быть готовы занять свое место в кладке. Это огромное посвящение с нашей стороны, но это принесет нам вечную награду!

Напомнив верующим о том, что они *«храм Бога живого»* (во Втором послании Коринфянам 6:16), Павел цитирует некоторые отрывки из Ветхого Завета в стихах 17 и 18 (выделено автором):

*И потому выйдите из среды их и отделитесь, говорит Господь, и не прикасайтесь к нечистому, «и Я приму вас. И буду вам **Отцем**, и вы будете Моими **сынами** и **дщерями**, говорит Господь Вседержитель».*

Обратите внимание, как близки друг к другу образы семьи и храма, рассмотренные нами из Послания

Ефесянам 2:19-22. Храм и семья взаимосвязаны. Бог Отец Своей семьи, и Он же Бог, живущий в Своем храме.

И опять Библии подчеркивает Божье требование святости, потому что следующая глава начинается такими словами, Второе послание Коринфянам 7:1:

Итак, возлюбленные, имея такие обетования, очистим себя от всякой скверны плоти и духа, совершая святыню в страхе Божием.

Вот что мы должны сделать: очистить себя от всякой скверны плоти и духа. Я считаю, что *«скверна плоти»* это блуд, пьянство и тому подобное; а *«скверна духа»* это, в своей сути, вовлечение в колдовство и оккультизм. Мы должны «совершать святыню (буквально: «достигать совершенства святости») в страхе Божьем». Это место Писания подчеркивает, что в нашем обращении с храмом нам необходима чистота и забота.

Вот каким является в связи с этим мое личное отношение: я ни в коем случае не хочу стать причиной вреда для семьи или Церкви. Думаю, это две самые святые вещи на земле. Мое искреннее желание и молитва о том, чтобы я никогда не причинил ущерба ни ту, ни другую. Помните, что, если вы коснетесь работы Божьей, то вам придется держать ответ перед Ним.

8

ОБРАЗ № 6: НЕВЕСТА

Послание Ефесянам 5:25-27:

Христос возлюбил Церковь и предал Себя за нее, чтобы освятить ее, очистив банею водною, посредством слова; чтобы представить ее Себе славною Церковью, не имеющею пятна, или порока, или чего-либо подобного, но дабы она была свята и непорочна.

Теперь мы переходим к шестому образу: невеста. Хотя в Послании к Ефесянам не используется слово «невеста», однако этот прообраз Церкви встречается в других местах Писания, и именно он подразумевается в этом отрывке. Послание Ефесянам 5:25-32:

Мужья, любите своих жен, как и Христос возлюбил Церковь и предал Себя за нее, чтобы освятить ее, очистив банею водною, посредством слова; чтобы представить ее Себе славною Церковью, не имеющею пятна, или порока, или чего-либо подобного, но дабы она была свята и непорочна. Так должны мужья любить своих жен, как свои тела: любящий свою жену любит самого себя. Ибо никто никогда не имел ненависти к своей плоти, но питает и греет ее, как и Господь Церковь; потому что мы члены тела Его, от плоти Его и от костей Его. Посему оставит человек отца своего и мать и прилепится к жене своей, и будут двое одна плоть. Тайна сия велика; я говорю по отношению ко Христу и к Церкви.

Павел начинает с того, что говорит верующим мужьям об их отношении к женам. Он пишет, что это должно быть отношение любви, посвящения и заботы. Это очень здравый и практичный совет, следовать которому так необходимо сегодня. Однако не в этом заключен весь смысл данного отрывка, потому что затем Павел пишет, что взаимоотношения мужа и жены являются отображением отношений Христа и Церкви. Затем он добавил: *«Тайна сия велика* (или глубока)*»*. Это именно так. Я уверен, что человеческий разум не способен в полноте постичь эту тайну. Далее Павел уточняет: *«Я говорю по отношению ко Христу и к Церкви»*. Таким образом, мы совершенно четко видим в этом союзе две личности: Христос — это Жених, и Церковь — Его Невеста.

Прекрасный прообраз этих отношений можно увидеть в сотворении Адама и Евы, описанном в первых главах книги Бытие. Одна из замечательных особенностей сотворения Адама состоит в том, что еще до его появления Бог уже все для него приготовил. Уже существовала необходимая среда для его обитания: растения, животные, климат, небесные тела все, что ему могло понадобиться.

Это замечательный прообраз того, как Бог заботится о нас, новых творениях. Когда мы появляемся на свет, нас уже ждет все, что нам может понадобиться. Однако Адаму не хватало одного: помощника. Это не было упущением со стороны Бога. Господь преследовал определенную цель, когда не дал Адаму помощника сразу же. Он хотел, чтобы Адам, когда он почувствовал, что ему чего-то недостает, осознал свою нужду в личных взаимоотношениях с людьми. Поэтому Бог позволил Адаму испытать отсутствие таких отношений, отсутствие помощника. Однако затем Он создал Адаму такого помощника, и вот как это описано в книге Бытие 2:18,21-23:

> *И сказал Господь Бог: не хорошо быть человеку одному; сотворим ему помощника, соответственного ему... И навел Господь Бог на человека крепкий сон; и, когда он уснул, взял*

одно из ребер его, и закрыл то место плотию. И создал Господь Бог из ребра, взятого у человека, жену, и привел ее к человеку И сказал человек: вот, это кость от костей моих и плоть от плоти моей; она будет называться женою, ибо взята от мужа.

Библия подчеркивает огромную важность брака. Нам необходимо полностью осознать, какую центральную роль брак играет в Писании. История человечества началась с брака, и первым брачным агентом выступил Сам Бог. Господь до сих пор занимается этим бизнесом! Однажды, подобно тому, как Он привел Еву к Адаму, Он собирается представить Церковь Иисусу на брачной вечере Агнца (см. Откр. 21:23, 9-11). Давайте более подробно рассмотрим это духовное бракосочетание.

ПОДГОТАВЛИВАЯ СЕБЯ

История человечества достигнет славной кульминации, когда состоится сочетание Церкви (Невесты) с Иисусом Христом (Женихом). Вот как это описано в книге Откровение 19:6-8:

И слышал я как бы голос многочисленного народа, как бы шум вод многих, как бы голос громов сильных, говорящих: аллилуия! ибо воцарился Господь Бог Вседержитель. Возрадуемся и возвеселимся и воздадим Ему славу (затем указывается основной повод для радости); *ибо наступил брак Агнца* (Иисуса), *и жена* (невеста) *Его приготовила себя. И дано было ей облечься в виссон чистый и светлый; виссон же есть праведность святых.*

Брак Церкви с Иисусом Христом вызовет радость во всей Вселенной.

Интересно заметить, от Невесты ожидается, что она сама подготовит свою брачную одежду. В Библии виссон или лен всегда является символом чистоты. В Книге пророка Иезекииля описан случай, как в присутствие Господне не были допущены священники, которые были одеты в шерстяные одежды (см. Иез. 44:15-18). В священстве должна быть абсолютная чистота. В книге Второзаконие 22:11 израильтянам было дано повеление не носить одежды из смешанного материала, например из ткани, где шерсть свита со льном. Итак, здесь «виссон чистый» говорит об абсолютной чистоте Невесты. Здесь сказано, что виссон это *«праведность святых»* или *«праведные дела святых»*.

Два греческих слова переводятся словом «праведность». Одно из них *дикайосуне,* а другое *дикайома. Дикайосуне* — это праведность как общее понятие; *дикайома* — это праведность в действии. Когда мы становимся верующими в Иисуса Христа, нам вменяется Его праведность (*дикайосуне*), т.е. мы становимся праведными Его праведностью. Когда мы живем по вере, то выражаем эту вмененную нам праведность в *дикайома*; это праведность, проявленная на деле, или наши праведные действия.

Интересно, что здесь использовано слово *дикайома,* точнее его множественное число, *дикайомата.* Виссон это праведные дела святых. Эти слова говорят о многом. *«Невеста Его приготовила себя».* Как? Праведными делами.

Во всех известных мне культурах существует одно общее правило относительно свадьбы. Жених никогда не готовит невесту; невеста всегда готовит себя сама. Это обязанность возложена на нее. В Писании сказано, что Невеста Иисуса приготовила себя своими праведными делами. Чтобы явиться на брачный пир, Невесте недостаточно иметь лишь вмененную праведность Христа. У нее должна быть праведность, которая проявлена в ее делах.

Много лет назад в Иерусалиме мы с женой дружили с одной сестрой, которая была миссионером. Однажды она заболела и вынуждена была долгое время пролежать в постели. Она уже начала думать, что умрет, однако Господь дал этой женщине очень яркий сон. Ей приснилось, что она шьет красивое белое платье. Присмотревшись к этому платью, она заметила, что оно еще далеко не готово; предстояло сделать еще много работы. Проснувшись утром, она поняла, что это Господь показал ей, что она еще не готова идти к Нему, поскольку ее работа еще не окончена. Я всегда вспоминаю об этом случае всякий раз, когда слышу стих: «*...наступил брак Агнца, и жена Его приготовила себя*». Каждому из нас необходимо завершить свой свадебный наряд, и мы ткем его своими делами праведности и послушания. Это очень важно.

Есть параллельное место о праведности, проявляемой в делах в Послании Филиппийцам 2:12-13:

Итак, возлюбленные мои, как вы всегда были послушны, не только в присутствии моем, но гораздо более ныне во время отсутствия моего, со страхом и трепетом совершайте свое спасение, потому что Бог производит в вас и хотение и действие по Своему благоволению.

Здесь есть баланс. Сначала Бог производит в вас «*хотение*», а затем «*действие*» по Своему благоволению. Жить христианской жизнью — это совсем не значит все время бороться со своей волей, и делать то, чего так не хочется. По большей части Бог производит в нас желание делать то, что Он хочет. Затем Он же дает нам способность это делать.

Бог действует *внутри* нас лишь в той мере, в какой мы *проявляем* во внешних действиях то, что Он производит *внутри* нас. Мера того, что Бог может производить *внутри* нас, определяется той мерой, в какой мы проявляем это *внешне*. Это подобно работе воронки: в нее можно заливать лишь такой объем воды, какой она способна пропустить. Итак, это двустороннее сотрудничество. Бог действует в нас, но мы своим образом жизни (своими праведными действиями) проявляем то, что Бог производит в нас. Вот таким образом происходит подготовка Невесты. Виссон это праведные дела святых, поэтому проверьте, в каком состоянии ваш свадебный наряд.

ОТНОШЕНИЯ МЕЖДУ ЖЕНИХОМ И НЕВЕСТОЙ

В прообразе взаимоотношений Христа, как Жениха, и Церкви, как Невесты, я вижу три главные составляющие. Взаимное, безоговорочное посвящение

Взаимное, безоговорочное посвящение

Прежде всего, там есть *взаимное, безоговорочное посвящение*. Иисус полностью отдал Себя за Церковь. Он капля за каплей излил всю Свою жизнь в Своей крови. Именно в этом суть завета, в том числе брачного. Божий замысел состоит в том, чтобы даже на человеческом уровне происходило полное посвящение друг другу в браке между двумя людьми. Никто ничего не должен удерживать для себя. Поэтому Церковь должна предать себя Иисусу, своему Жениху, так же целиком и полностью, как Он предал Себя, чтобы искупить ее на кресте.

Серьезная и тщательная подготовка

Второй шаг это *тщательная подготовка*. Мы прочитали, что Невеста, т.е. Церковь, приготовила себя. Она приготовила свой свадебный наряд, сотканный из праведных дел. Одного праведного дела не хватило бы для того, чтобы сшить каждую деталь ее наряда, поэтому подготовка ее свадебного убранства требует длительной кропотливой работы. Мне нравится воспринимать жизнь именно так: ходя в вере и послушании, исполняя волю Божью и соблюдая Его заповеди, мы готовим свой свадебный наряд из чистого, сияющего виссона.

Союз, который производит плод

Третья особенность, которую я вижу в этом образе, это *союз, производящий плод*. Цель и предназначение брака — это союз двух людей. В Писании сказано: «*Будут два одною плотью*» (Мф. 19:5). Этот союз приносит плод — новую жизнь. Полагаю, что именно это является целью Бога во взаимоотношеях Христа (Жениха) с Церковью (Невестой). Верю, что этот славный союз, осуществление которого мы ожидаем, принесет вечный плод. Вечные цели Бога для всех последующих поколений будут раскрыты из союза Христа и Его Церкви.

ХАРАКТЕРНАЯ ОСОБЕННОСТЬ НЕВЕСТЫ

Давайте рассмотрим два стиха из Первого послания Коринфянам, в которых говорится, что характерная особенность Невесты состоит в том, что она раскрывает славу Христа. Первое послание Коринфянам 11:3:

Хочу также, чтобы вы знали, что всякому мужу глава Христос, жене глава муж, а Христу глава Бог.

В нисходящем порядке: Бог-Отец является главой Христу, Христос — главой мужу, а муж — главой жене. Существует Божий порядок главенства, который берет начало на небе и нисходит в каждый дом. В нем существуют обязанности для обеих сторон. Первое послание Коринфянам 11:7:

Итак муж не должен покрывать голову потому что он есть образ и слава Божия; а жена есть слава мужа.

Именно мужчина первым был сотворен по образу и подобию Божьему, чтобы явить всему остальному творению Божье подобие и славу. Жена была также сотворена по подобию Божьему, однако ее задачей было отражать славу своего мужа. Подобным образом, и наша обязанность, как Невесты Христа, состоит в том. чтобы отражать Его славу.

Это очень глубокое и практическое учение. Я хочу подробнее остановиться на супружеских взаимоотношениях, потому что они очень похожи на взаимоотношения Христа и Его Невесты. Некоторые женщины думают, что поскольку Библия учит жен повиноваться мужьям, тем самым подразумевается их неполноценность. Это не так. Повиновение не связано с неполноценностью, поскольку Сам Христос находится в повиновении у Отца, однако разве Он неполноценен или унижен перед Отцом? Он имел право сказать: «*Я и Отец одно*» (Ин. 10:30). Когда вам говорится о том, что вы должны повиноваться, это не означает, что вы хуже, но что это ваше место, где вам следует быть.

Обязанности мужи и жены взаимосвязаны. Говоря, что жена — моя слава, я подчеркиваю не столько обязанности жены, сколько свои. Это очень ко многому обязывает. Одного известного проповедника однажды спросили: «Какой христианин мистер Смит?» Проповедник ответил: «Не могу ничего сказать, пока не встречусь с его женой!» Это очень мудрый ответ. Если вы хотите знать, какой христианин мистер Смит, посмотрите на миссис Смит. Она является его славой. Она собой показывает, какой он на самом деле. Это гораздо больший вызов для мужа, чем для жены. Если вы хотите знать, какой я христианин, вам нужно посмотреть на мою жену. Если моя жена спокойна, чувствует себя в безопасности, радостна, плодотворна и благополучна, то она моя слава. Но если она беспокойна, не уверена, расстроена и огорчена, то это многое говорит обо мне. Такой является и моя слава. Защищать мою жену — это моя обязанность. В Послании к Ефесянам 5:23 сказано: «(Христос) *Спаситель тела*», т.е. Церкви.

Проблемы между супругами, которые мы наблюдаем сегодня, начались тогда, когда первый мужчина не смог защитить свою жену. Чтобы убедиться в этом, вам необходимо увидеть, что кроется за описанием событий в книге Бытие. Бог поместил Адама в саду, чтобы «*возделывать его и хранить его*» (Быт. 2:15). Древнееврейское слово, переведенное как «*хранить*», означает «защищать». Однако он не справился со своей задачей, потому что змею удалось проникнуть в сад. Змею вообще не положено было находиться в саду, потому что он являлся тварью полевой. Он не должен был находиться в саду — сначала Адам не выполнил свою обязанность по охране сада. Затем совершила ошибку Ева, потому что она находилась вдалеке от мужа. К тому же, встретив змея, она понадеялась на свою силу и мудрость, чего от нее не требовалось. Оба супруга выпали из Божьего порядка. Все это явным образом указывает на то, что средство от наших проблем мы находим, когда занимаем наше место в Божьем порядке.

Жена отражает то, кем является ее муж, а дети отражают то, кем являются их родители. Я езжу с проповедями по разным местам, и узнал на опыте, что супружеская пара, в чьем доме я бываю, может замаскировать свое истинное отношение ко мне, но не их дети. Если я прихожу в дом, где дети проявляют ко мне любовь и уважение, то я знаю, что именно так ко мне относятся и их родители. Но когда дети не дисциплинированы и неуважительны, родители могут вести со мной приятные беседы, однако я задаюсь вопросом, каким является их действительное отношение ко мне. Мы всегда раскрываемся через тех, с кем мы имеем близкие отношения (русская поговорка: «скажи мне, кто твой друг, и я скажу, кто ты» — твои друзья (в данном случае, твои дети) открывают твое истинное лицо — примеч. переводчика).

Бог присутствует везде, но Его *слава* лишь там, где проявляется Его присутствие; там, где Его присутствие можно увидеть и почувствовать. Многие из нас знают, каково чувствовать славу Божью в наших телах или в атмосфере или видеть ее на лицах других христиан. И цель Бога в том, чтобы проявлять славу Христа (Жениха) в Церкви (Невесте). Иисус не придет к духовно скрюченной, изможденной, обветшалой старухе – невесте. Пожалуйста, поймите меня правильно: я ни в коем случае не говорю неуважительно о пожилых людях. Я лишь указываю на то, что невеста, к которой придет Христос, должна Его прославить. Послание Ефесянам 1:12:

> *...Дабы послужить к похвале славы Его нам, которые ранее уповали на Христа.*

Мы должны проявлять Его славу, чтобы вся Вселенная восхвалила Его славу, увидев ее в нас. Давайте вернемся к нашему основному месту Писания этой главы, Послание Ефесянам 5:25-26:

> *Мужья, любите своих жен, как и Христос возлюбил Церковь и предал Себя за нее, чтобы освятить ее, очистив банею водною посредством слова...*

Верю, что именно сейчас Христос занимается этим освящением и очищением. «Слово» в этом стихе это греческое *рема*, которое означает «произнесенное слово». Когда в церкви проповедуется чистое Слово от Бога, оно производит освящение и очищение верующих. Христос искупил церковь Своей кровью, чтобы впоследствии освятить ее Своим словом. Христос пришел водой и кровью (см. 1 Иоан. 5:6). Как Искупитель — Он пришел кровью, а как Освящающий — Он пришел водой. Он искупает Церковь Своей кровью, а освящает ее водой Своего произносимого Слова. Только после освящения Церковь станет такой, какой Он хочет видеть ее, как об этом говорится в следующем, 27-ом стихе:

> *...чтобы представить ее Себе славною Церковью, не имеющею пятна, или порока, или чего-либо подобного, но дабы она была свята и непорочна*

Это значит, что Церковь будет пропитана явным присутствием Божьим.

Если вы увидите молодую женщину, которая действительно любит своего мужа, то заметите, что ее лицо буквально светится от любви к нему. Она вся сияет. Бог хочет, чтобы Церковь была именно такой: сияющей, без пятна или порока, невероятно прекрасной. Разве не замечательно, что Бог в силах это сделать? И Он *намерен сделать и сделает это!*

ТРЕБОВАНИЕ К НАМ, КАК К НЕВЕСТЕ ХРИСТА

Что же требуется от нас, как Невесты Христа, в наших взаимоотношениях с Ним? Мы можем об этом узнать, прочитав то, что Павел написал церкви в Коринфе, которая была плодом его служения. Второе послание Коринфянам 11:2-4:

> *Ибо я ревную о вас ревностью Божиею потому что я обручил вас единому мужу, чтобы представить Христу чистою девою. Но боюсь, чтобы, как змий хитростью своею прельстил Еву, так и ваши умы не повредились, уклонившись от простоты во Христе. Ибо, если бы кто, придя, начал проповедывать другого Иисуса, которого мы не проповедывали, или если бы вы получили иного Духа, которого не получили, или иное благовесте, которого не принимали, то вы были бы очень снисходительны к тому.*

ВЕРНОСТЬ ИИСУСУ

Чтобы понять этот образ, будет полезно знать основные принципы брака у евреев, в котором было две основные церемонии. Первым было обручение, нечто вроде помолвки. Вторым, который обычно проходил через год после обручения, была собственно свадебная церемония, за которой следовал физический союз мужчины и его невесты. Согласно еврейской традиции обручение было священным и неразрывным заветом между мужчиной и женщиной. Хотя они продолжали жить отдельно друг от друга и не вступали в физические отношения, однако согласно этому завету женщина уже была связана с этим мужчиной. Если в течение этого времени она разрушала свое обручение, выйдя за другого или вступая с кем-то в половые отношения, то она считалась прелюбодейкой, и завет официально расторгался посредством развода. Вот насколько серьезным было посвящение, которое имело место при обручении.

Все это хорошо видно на примере истории Иосифа и Марии. Когда Иосиф узнал, что Мария беременна, они были обручены, но еще не женаты. Тогда он еще не знал, что она зачала от Духа Святого согласно

Божьему плану, чтобы в мир пришел Его Сын и Писание говорит, что Иосиф *«хотел тайно отпустить Ее»* (Матф. 1:19) или развестись с ней.

Подобным образом и мы, становясь христианами, обручаемся с Христом, но наше бракосочетание еще не совершилось — это еще предстоит. В этот период между обручением и бракосочетанием испытывается наша верность Христу. Павел пишет, что он ревнует о том, чтобы представить христиан Коринфа Христу (Жениху) как чистую деву.

Это замечательное во многих отношениях заявление, поскольку христиан Коринфа, как никакую другую группу людей, нельзя было назвать «чистой девой», исходя из общепринятых представлений. Среди них были уверовавшие проститутки, гомосексуалисты и пьяницы. Однако они были искуплены и очищены кровью Иисуса и благодатью Божьей, поэтому в Божьих глазах они были чистой девой. Они были чисты, как-будто никогда не грешили (см. Исаия 1:18; Римл. 4:3-8).

Однако Павел говорит, что необходимо быть осторожными, чтобы мы не лишиться этой девственной чистоты. Будьте осторожны, чтобы вам не быть вовлеченными в неправильные взаимоотношения, из-за которых вы не сможете быть Невестой. Это особенно важно в современных условиях. Второе послание Коринфянам 11:3:

Но боюсь, чтобы, как змий хитростью своею прельстил Еву, так и ваши умы не повредились, уклонившись от простоты во Христе.

Павел опасался, как бы дьявол не повредил умы этих христиан и не извратил их, уклонивши от чистой простоты веры в Иисуса Христа и полного посвящения Ему. В следующем стихе он описывает, как это может произойти. Действительно, разве не это мы наблюдаем сейчас в церквах по всей Америке? Второе послание Коринфянам 11:4:

Ибо, если бы кто, придя, начал проповедывать другого Иисуса, которого мы не проповедывали...

О каком таком *«другом Иисусе»* он говорит? Возможно, об «Иисусе», который является великим учителем или выдающимся гуру, который лишь немного превосходит Будду или Сократа, или Платона, или Мартина Лютера Кинга, но не является Спасителем, искупившем человечество. Или об «Иисусе», который не был рожден от девы? Или о том «Иисусе», который не является Богом? Вот некоторые примеры *«другого Иисуса»*, именно об этом говорит Павел.

Затем Павел говорит: *«...если бы вы получили иного духа...»* (2 Кор. 11:4). Т.е. Павел обращался к христианам, крещенным Духом Святым. Неужели они могли получить какого-то другого духа? Очевидно, да. Как? Приняв искаженную картину Иисуса. Другими словами, они могли открыть свой разум для заблуждения, которое, в свою очередь, открыло бы их дух для духа заблуждения.

Затем Павел продолжает: *«если бы вы получили... иное благовестие...»* (2 Кор. 11:4). Это могло быть «благовестие» (т.е. «Евангелие»), в котором говорится только о любви Божьей, но ни слова о Божьем суде. Или «Евангелие»», в котором говорится об отцовстве Бога даже для неверующих. Но Библия не называет неверующих детьми Божьими; она называет их детьми дьявола. Но сегодня все это происходит, потому что дьявол стремится совратить Невесту от верности Иисусу Христу.

Я твердо убежден, что при окончании века сего будет всего две группы верующих (не две деноминации, а две группы). Одна — Невеста, а другая — блудница. В чем будет заключаться отличие между ними? В способе принятия водного крещения? в говорении на языках? Я так не думаю. Полагаю отличие будет заключаться в верности Иисусу Христу. Невеста останется верна Иисусу, а блудница будет прельщена и не сохранит Ему верность. В книге Откровение мы видим описание их обеих. Откровение 17:1-2:

И пришел один из семи Ангелов, имеющих семь чаш, и, говоря со мною, сказал мне: подойди, я покажу тебе суд над великою блудницею, сидящею на водах многих; с нею блудодействовали цари земные, и вином ее блудодеяния упивались живущие на земле.

Откровение 21:9:

И пришел ко мне один из семи Ангелов, у которых было семь чаш, наполненных семью последними язвами, и сказал мне: пойди, я покажу тебе жену, невесту Агнца.

В этих стихах противопоставляются блудница и Невеста. Они отличаются друг от друга на основании деноминации или доктрины, но на основании их взаимоотношений с Иисусом Христом. В современном христианстве ясно различимо развитие их обеих. Невеста приближается к своему формированию, а блудница, несомненно, уже проявляет себя в полную силу.

Мы должны тщательно оберегать наши отношения со Христом. По мнению некоторых людей, необходимо всю жизнь оставаться в одной церкви. Я не хочу ни опровергать, ни поддерживать эту точку зрения. На самом деле у проповедников нет права говорить что-либо подобное тем или иным верующим. Однако будьте внимательны, чтобы не оказаться в церкви-блуднице, потому что многие церкви имеют в себе больше от блудницы, чем от природы Невесты. Послание Евреям 9:28:

... Так и Христос, однажды принеся Себя в жертву, чтобы подъять грехи многих, во второй раз явится не для очищения греха, а для ожидающих Его во спасение.

Чтобы увидеть явление Иисуса во спасение, нам нужно быть *«ожидающими»* (англ. «страстно ожидающими»). Ключевое слово: «ожидание». К ожидающим Его Он придет как Спаситель. К остальным Он придет как Судья.

ДЕРЖАТЬСЯ НАШЕГО ИСПОВЕДАНИЯ НЕУКЛОННО

Что же тогда необходимо в наших отношениях друг с другом? *Увещание* и *пример*. Послание Евреям 10:23:

…Будем держаться исповедания упования (или веры) *неуклонно, ибо верен Обещавший.*

Одна из основных тем Послания к Евреям это постоянное увещание твердо стоять в вере и не возвращаться к закону. Христиане из иудеев находились в большой опасности оставить свое исповедание веры в Иисуса, как в Мессию, и вновь увлечься ветхозаветными жертвоприношениями и служением. Послание к Евреям постоянно подчеркивает превосходство Христа и Нового Завета над законом и Ветхим Заветом. Это послание адресовано людям, которые исповедали свою веру во Христа, но находятся в опасности повернуть назад.

Послание Евреям содержит пять отдельных увещаний по поводу опасности вернуться назад. Это послание о том, чтобы мы крепко держались и не оставляли своего исповедания веры. Послание Евреям 10:24:

…Будем внимательны друг ко другу, поощряя (букв. *«провоцируя») к любви и добрым делам…*

В наши обязанности входит не только самим держаться исповедания, но и ободрять друг друга, думая о том, как «провоцировать» друг друга на любовь и добрые дела. В оригинале сознательно использовано слово «провоцировать», которое обычно имеет негативный смысл. Как правило, провоцируют на какие-то плохие действия, например, на гнев или ревность. Но мы должны думать о том, как провоцировать друг друга на *добрые* дела, на проявление праведных дел послушания. Послание Евреям 10:25:

…Не будем оставлять собрания своего, как есть у некоторых обычай; но будем увещевать друг друга, и тем более чем более усматриваете приближение дня оного.

Глава 8. Образ №6: Невеста

«День оный» это день возвращения Христа. Чем больше мы приближаемся к этому дню, тем больше мы обязаны собираться вместе, поощрять, провоцировать друг друга на добрые дела, увещевать, присматривая друг за другом.

Полагаю, что именно в этом состоит уникальная функция малых групп. Именно там мы можем лучше всего ободрять и увещевать друг друга. В большом собрании легко затеряться человеку, который находится в больших проблемах и в опасности отпасть от веры. Но в малой группе из десяти или двенадцати человек мало что можно скрыть надолго. Если у человека есть какие-то серьезные внутренние проблемы личного характера, то в большой группе он, наверное, никогда о них не расскажет. Но когда мы открываем свои жизни друг перед другом в малой группе и встречаемся для совместной молитвы и ободрения, тогда глубокие вопросы всплывают на поверхность.

По своему опыту общения в малых группах я знаю, что религиозные христиане часто доходят до того момента, когда испытывают очень сильное искушение повернуть назад и закрыться. Похоже, что у новообращенных в этом вопросе немного проблем, однако у тех, кто довольно долго пребывал в религиозном состоянии, таких проблем может возникнуть множество. На мой взгляд, домашняя группа не должна превращаться в молитвенное собрание или занятие по изучению Библии. На занятии по изучению Библии человек может спрятаться. На молитвенном собрании люди могут произносить очень красивые молитвы. Но когда встает вопрос о том, чтобы действительно открыться друг другу, каждому из нас приходится решать: стоит ли это делать? Действительно ли я хочу, чтобы люди узнали меня *настолько* хорошо? Или лучше не снимать свою маску?

Стих, который мы рассматривали (Евр. 10:25) очень тесно связан с тем, о чем мы сейчас говорим, потому что слова «свое собрание» буквально означают «свою синагогу», т.е. место, где мы собираемся. Там не использовано слово *экклесия*, т.е. собрание церкви. Верю, что здесь действительно речь идет о собраниях малых групп, на которых люди могут быть честны и открыты друг с другом.

Меня беспокоит, что люди могут годами сидеть в церкви, при этом имея серьезные личные проблемы, которых они не открывают никому. Например, проповедуя и служа освобождением в разных церквях, я обнаружил, что во многих из них есть гомосексуалисты. Вы бы удивились, узнав, сколько в евангельских пятидесятнических церквах есть людей, которые страдают от навязчивых гомосексуальных мыслей. Но об этом никто не знает, потому что такие люди стыдятся и боятся открыться кому-нибудь. Однажды я получил письмо от одного молодого человека. Оно занимало четыре страницы, и на первых трех он подготавливал меня к тому, что собирался мне сказать. На четвертой странице он признался, что является гомосексуалистом. Вот сколько времени ему потребовалось, чтобы решиться сделать это заявление. Я написал ему ответ, сообщив, что для него есть надежда и выход из этого ужасного состояния. В своем следующем письме были такие слова: «Вы первый, кто не стал меня стыдить и отвергать».

У нас должны быть такие взаимоотношения с другими верующими, при которых наши проблемы можно выявить, а затем правильно и милостиво решить. Мы должны друг друга ободрять, исправлять, но не *отвергать*. Однажды кто-то сказал: «Исправляйте меня, но не отвергайте меня». Именно этого так желают люди. Я искренне верю, что этот отрывок из Послания к Евреям имеет особое значение для времени и ситуации, в которой мы находимся.

В завершение главы давайте обратимся к одному стиху из первой главы Песни Песней. Это слова девушки-невесты: *«Влеки **меня, мы** побежим за тобою»* (Пес. Песн. 1:3). Обратите внимание, что от единственного числа она переходит к множественному: *«Влеки меня»*, и *«мы побежим»*. Это образец увещания и личного примера. Когда вас привлечет к Себе Господь, тогда люди, увидев, что вы бежите к Нему, захотят побежать вместе с вами. Поэтому в своих отношениях с Женихом мы обязаны показывать пример другим. Вся книга Песня Песней постоянно напоминает нам этот пример. Невесту спрашивают: *«Чем возлюбленный твой лучше других возлюбленных?»* (Пес. Песн. 5:9) «О, сейчас я вам расскажу!» — отвечает невеста. Вот как мы должны провоцировать людей на любовь и добрые дела.

9

ОБРАЗ № 7: АРМИЯ

Послание Ефесянам 6:13:

Для сего приимите всеоружие Божие, дабы вы могли противостать в день злый и, все преодолев, устоять.

Мы уже рассмотрели шесть образов народа Божьего, описанных в Послании Ефесянам: собрание, тело, произведение искусства, семья, храм и невеста. Теперь мы переходим к седьмому образу: армия. Этот образ очень сильно отличается от предыдущих. Какие другие два образа могут быть настолько непохожими друг на друга, как невеста и армия?

Для изучения этого, последнего по счету, образа мы обратимся к заключительной главе Послания к Ефесянам. Как и в случае с образом невесты (где само слово «невеста» не упоминалось), слово «армия» здесь также отсутствует, но, нет никаких сомнений по поводу того, что здесь подразумевается. Послание Ефесянам 6:10-13:

Наконец, братия мои, укрепляйтесь Господом и могуществом силы Его. Облекитесь во всеоружие Божие, чтобы вам можно было стать против козней диавольских, потому что наша брань не против крови и плоти, но против начальств, против властей, против мироправителей тьмы века сего, против духов злобы поднебесных. Для сего приимите всеоружие Божие, дабы вы могли противостать в день злый и, все преодолев, устоять.

Здесь нас честно предупреждают о том, что если

ты верующий, то тебе придется воевать. Наступит день, который Павел назвал «злым», в который будут скорби, испытания и сатанинское давление. Поэтому Павел говорит: *«Облекитесь во всеоружие»* . Кто использует оружие? Ответ очевиден: солдат. Более того, весь этот образ в большой степени основан на боевом снаряжении римских легионеров времен Павла. Церковь сравнивается с римским легионом, наиболее эффективным воинским подразделением античного мира. Именно такие легионы покорили большую часть Древнего мира, присоединив эти земли к Римской империи.

Будучи Божьими солдатами, верующие вовлечены в духовную войну. В течение всей истории человечества продолжается война между силами Бога и силами сатаны, но приход Иисуса как Мессии, Спасителя и Избавителя сделал этот конфликт явным. Однажды фарисеи критиковали Иисуса за Его служение изгнания бесов. Они обвиняли Его в союзе с вельзевулом (это одно из имен сатаны). Евангелие от Матфея 12:25-28:

> *Но Иисус, зная помышления их, сказал им: всякое царство, разделившееся само в себе, опустеет; и всякий город или дом, разделившийся сам в себе, не устоит. И если сатана сатану изгоняет, то он разделился сам с собою: как же устоит царство его? И если Я силою веельзевула изгоняю бесов, то сыновья ваши чьею силою изгоняют? Посему они будут вам судьями. Если же Я Духом Божиим изгоняю бесов, то конечно достигло до вас Царствие Божие.*

Иисус сказал, что царство сатаны не разделилось, и оно находится в полной оппозиции к Царству Божьему. В конце Он заявил, что Его служение изгнания злых духов является демонстрацией того, что на сцену вышло Царство Божье. Таким образом, мы имеем то, что я называю «столкновением царств»: видимое, открыто проявленное столкновение между Царством Божьим, представленным Иисусом и Церковью, и царством сатаны и его демонов.

ДУХОВНОЕ ОРУЖИЕ И ПОЛЕ БОЯ

Нам надо понимать, что в этом духовном конфликте является оружием, и на каком поле боя он проходит. Второе послание Коринфянам 10:3-5:

Ибо мы, ходя во плоти, не по плоти воинствуем; оружия воинствования нашего не плотские, но сильные Богом на разрушение твердынь: ими ниспровергаем замыслы и всякое превозношение, восстающее против познания Божия, и пленяем всякое помышление в послушание Христу...

Павел говорит, что мы ведем войну *в духовной сфере* и поэтому должны использовать духовное оружие, а не бомбы, пули и танки. Благодаря силе Божьей, эти духовные виды оружия обладают способностью разрушать твердыни или крепости сатаны. В четвертом и пятом стихе четко указывается на поле боя: «*...ниспровергаем замыслы и всякое превозношение, восстающее против познания Божия, и пленяем всякое помышление в послушание Христу...*». Здесь есть три ключевых слова: «*замыслы*», «*познание*» и «*помышление*». Все они относятся к одной сфере: нашего мышления.

Полем боя в этой духовной войне является человеческий разум. Сатана обманул людей в их разуме, пленил их и возвел в них твердыни неверия и предрассудков. Наша задача, как армии Божьей, воевать с помощью духовного оружия, которое нам вверил Бог. Мы должны освобождать людей из рабства сатаны, разрушая его твердыни в их разуме и уча их пленять свои мысли в послушание Христу. В этом состоит наше задание как армии Божьей.

ОТ НЕВЕСТЫ К АРМИИ

Давайте рассмотрим процесс, в ходе которого невеста превращается в армию. Это очень увлекательно. Этот процесс преобразования описан в книге Песни Песней. Жених обращается к своей невесте (это прообраз того, как Христос обращается к Своей Церкви) в Песне Песней 6:4:

Прекрасна ты, возлюбленная моя, как Фирца, любезна, как Иерусалим, грозна, как полки со знаменами.

Довольно неожиданный переход. За словами *«прекрасная»*, *«возлюбленная»* и *«любезная»* следует образ *«полков со знаменами»*. Описание женщины и невесты переходит в описание армии! Далее, в десятом стихе этой же главы хор (или зрители) предлагают следующее описание невесты (церкви), Песня Песней 6:10:

Кто эта, блистающая (или появляющаяся), *как заря, прекрасная, как луна, светлая, как солнце, грозная, как полки со знаменами?*

Хор (этот мир) поражен, видя, как Церковь появляется как армия. Обратите внимание на красоту этого образа:

«(Появляется), как заря» — восходит после темной ночи.

«Прекрасная, как (полная) луна» — как луна отражает солнце, так и Церковь отражает или являет Христа.

«Светлая, как солнце» — имеющая ослепительную чистоту и праведность Христа.

«Грозная, как полки со знаменами» — и вот невеста становится армией, наводя страх на сатану и поражая мир.

Это происходит в таком порядке: сначала Христос видит Свою невесту как армию; затем и она является таковой этому миру. Вот почему нам так важно видеть себя такими, какими нас видит Христос, для чего необходимо смотреть в зеркало Слова Божьего. Когда мы верой начинаем видеть себя именно такими, тогда Дух Святой преобразовывает нас согласно тому, что мы видим.

ХАРАКТЕРНАЯ ЧЕРТА АРМИИ БОЖЬЕЙ

Характерная особенность армии Божьей или цель, ради которой Бог раскрывает этот образ Церкви, заключается в том, чтобы явить Божью победу. Рассматривая эту потрясающую тему, нам, прежде всего, необходимо увидеть, что Господь является Полководцем Своей армии и «мужем брани». Книга Исход 15:3:

Господь муж брани, Иегова имя Ему.

Псалом 23:8-10:

Кто сей Царь славы? Господь крепкий и сильный, Господь, сильный в брани. Поднимите, врата, верхи ваши, и поднимитесь, двери вечные, и войдет Царь славы! Кто сей Царь славы? Господь сил, Он царь славы.

Всем нам знакомо словосочетание «Господь Саваоф», однако лишь немногие знают, что оно означает, поскольку большинству не известно значение слова «Саваоф» (древнееврейское *тцаба*). Этим словом евреи обычно называли армию. Так называется и современная израильская армия. Таким образом, Бог это Господь армий. Кроме того, Он Бог сильный на войне, *«муж брани»*. Он достоин того, чтобы быть нашим Военачальником, и Он может вести за Собой армию. Хорошо бы нам знать об этом. Уверенность в своем командовании — это очень важно на войне. Если солдаты не уверены в своем командире, то это подрывает их боевой дух. Но мы всегда можем укрепить свой боевой дух осознанием того, что Господь знает Свое дело. Он Бог сильный на войне, муж брани, Господь армий.

Кроме того, нам нужно знать, что Христос уже одержал победу. Павел сказал, что Бог во Христе *«отнял силы у начальств и властей»* (Кол. 2:15), т.е. у всего царства сатаны со всеми его правителями и властями. Христос отнял у них оружие и выставил их на всеобщее обозрение, восторжествовав над ними на кресте. Именно на кресте Иисус раз и навсегда одержал победу над сатаной. Отправив Христа на крест, враг обеспечил собственное поражение. Осознав, что он наделал, враг бросил все свои силы на то, чтобы удержать христиан в неведении о том, что было достигнуто на Кресте, потому что через Крест ему было нанесено полное поражение (Евр. 2:14-15).

Глава 9. Образ №7: Армия

Однако Христос не желает быть единственным победителем сатаны. Он хочет, чтобы мы разделили с Ним Его победу и ее плоды. Послушайте эти замечательные слова из Второго послания Коринфянам 2:14:

Но благодарение Богу, Который всегда дает нам торжествовать во Христе и благоухание познания о Себе распространяет нами во всяком месте.

Поразмышляйте, что значит *всегда* и *во всяком месте*. Задумайтесь над этим. Это не оставляет ни времени, ни места для поражения. Бог *всегда* дает нам торжествовать во Христе *во всяком месте*.

Слово «торжествовать» в оригинале буквально означает «триумфовать». В Римской империи слово «триумф» имело ясное, официальное значение. Если римский полководец одерживал значительные военные победы в дальних странах, присоединяя их земли к Римской империи, или побеждал опасных врагов, тогда сенат мог принять решение удостоить этого военачальника триумфом по его возвращению в Рим. Это было наивысшей честью, которая могла быть оказана римскому полководцу. Как правило, триумф проходил так: полководца возводили на колесницу, запряженную двумя белыми конями, и проводили по улицам Рима, в то время как все горожане аплодировали ему, стоя вдоль улиц, по которым он проезжал.

Позади колесницы торжественно несли военные трофеи полководца и другие свидетельства его побед. Например, если в земле, где он воевал, были редкие виды диких животных (например, тигры или слоны), то оттуда привозили в Рим несколько особей и вели их за колесницей. За животными вели царей и военачальников, плененных полководцем. Их вели с позором, в цепях. И завершали процессию ряды военнопленных. Все это символизировало и демонстрировало гражданам Рима военные победы их полководца.

Именно это имел в виду Павел, говоря о триумфе Христа. В духовном мире произошла открытая демонстрация (триумф) победы Христа. Сам Христос впереди на колеснице, а позади Него выставлены на показ все силы зла, которым Он нанес поражение. За колесницей следуют плененные начальства и власти сатаны, а также все силы, враждебные Богу и нам.

Павел сказал: *«...Благодарение Богу, Который всегда дает нам торжествовать во Христе...»*. Где же во время триумфа находимся мы? Некоторые христиане представляют себе, будто они пленники и их на глазах всей Вселенной в цепях ведут за колесницей Победителя, но это место для врагов. Нет, наше место не там, но мы тоже находимся на колеснице. Знаете, как на нее попасть? Я могу раскрыть вам эту величайшую тайну одним простым словом: верой. Вам нужно лишь верить. Вы не сможете заработать это; вы не сможете это вымолить; вы должны только верить в это. Благодарение Богу, Который всегда дает нам разделять триумф Христа. Куда бы мы ни пошли, мы являемся участниками этого торжества, и вся Вселенная выстраивается вдоль нашего пути, аплодируя тому, что сделал Иисус.

БОЖЬИ ТРЕБОВАНИЯ К ЕГО АРМИИ

Теперь давайте посмотрим, что требуется от нас в наших отношениях с нашим Главнокомандующим. В начале этой главы мы уже рассматривали этот стих, но теперь мы прочитаем и последующие. Послание Ефесянам 6:10-11,13:

> *Наконец, братия мои, укрепляйтесь Господом и могуществом силы Его. Облекитесь во всеоружие Божие... Приимите всеоружие Божие.*

Облечься во всеоружие Божье

От нас как воинов армии Христа требуется облечься во всеоружие. Павел очень ясно предупредил нас, что мы находимся на войне. Бог предусмотрел для нас оружие, и в следующих стихах Павел перечисляет шесть видов этого духовного оружия. Послание Ефесянам 6:14-18:

Глава 9. Образ №7: Армия

Итак станьте, препоясав чресла ваши истиною, и облекшись в броню праведности, и обув ноги в готовность благовествовать мир; а паче всего возьмите щит веры, которым возможете угасить все раскаленные стрелы лукавого; и шлем спасения возьмите, и меч духовный, который есть слово Божие. Всякою молитвою и прошением молитесь во всякое время духом...

В одном из своих замечательных гимнов Чарльз Уэсли упоминает *«оружие всякой молитвы»*. Итак, у нас есть шесть видов вооружения плюс *«оружие всякой молитвы»*. Из этих семи видов оружия лишь два используются для нападения, все остальные для защиты. Для нападения применяется меч духовный, который есть Слово Божье, и оружие всякой молитвы.

Внимательно изучив это снаряжение, можно заметить, что вы полностью защищены от макушки головы до пят, кроме одного места — ваша спина остается незащищенной. Вас ничто не защищает со спины, кроме ваших товарищей по оружию. Это указывает на то, что мы не можем позволить себе повернуться к врагу спиной, и что лучше было бы, чтобы кто-то был за нами, кто сможет защитить нашу спину.

Поддерживать дисциплину в своей жизни и учить этому других

Затем мы должны передать свой характер солдата другим, о чем Павел пишет во Втором Послании Тимофею 2:2:

И что слышал от меня при многих свидетелях, то передай верным людям, которые были бы способны и других научить.

Основной принцип наставничества: учить других тому, чему научили вас. В миссионерской организации «Навигейторс» вам скажут, что в этом стихе упомянуты представители четырех духовных поколений: (1) Павел, обучил (2) Тимофея, который должен был обучить (3) верных людей, которые, в свою очередь, должны были обучить (4) других верных людей. Именно так в служении сохраняется истина. Учи людей, которые обучат других людей, которые обучат следующих людей...

Если применить простую математику, то результаты таких действий покажутся почти невероятными. Я не математик, но предлагаю вам взять калькулятор и провести следующее вычисление. Если один человек приведет к Богу одного человека и в течение года обучит его, то к концу этого года у нас будет уже два человека, которые способны научить других. Предположим, каждый из них приводит к Богу еще по одному человеку и обучает его в течение еще одного года. Теперь у нас есть четыре человека, которые способны научить других. По окончании пяти лет у нас будет уже шестнадцать таких человек. А примерно через тридцать лет такого процесса уже некого будет обращать в веру на всей земле! Весь мир будет охвачен Евангелием.

Это геометрическая прогрессия. С другой стороны, если бы вы приобретали для Христа по тысяче человек в день, то за год их было бы 365.000 человек. Это число кажется ошеломляющим. Однако уже через двадцать лет при первом процессе (когда один человек обращает в веру другого и обучает его в течение года) вы получите намного больше обращенных (к тому же наученных), чем если бы вы просто обращали в веру ежедневно огромное количество людей, оставляя их и переходя к новым людям. Математика двумя руками за первый метод. Однако проблема многих из нас состоит в том, что тогда нам придется браться за очень малое. Мы бы хотели делать что-то более великое и возбуждающее. Но хотя первый метод не такой эффектный, зато эффективный.

В связи с этим Павел продолжает и говорит нечто очень важное во Втором послании Тимофею 2:3-4:

Итак переноси страдания, как добрый воин Иисуса Христа. Никакой воин не связывает себя делами житейскими, чтобы угодить военачальнику.

Военная дисциплина требует готовности переносить трудности. Здесь не приходится рассчитывать на удобство и роскошь. Один из признаков опытного солдата в том, что он всегда постарается обустроить максимальный комфорт в любом месте, будь то казарма или окоп, и будет доволен этим. Хороший солдат не зависит от обстоятельств и может приспособиться к любому месту. Он не связан каким-то общепринятым образом жизни, и не стремится жить «как все нормальные люди».

Итак, вот полная картина наставничества в армии Господа: обучайте других и занимайтесь самодисциплиной.

Верность товарищам по оружию

Что же необходимо в наших отношениях друг с другом? *Верность*. В Первой книге Паралипоменон 12:23 перечислены представители всех колен израильских, которые в военном порядке пришли к Хеврону, чтобы поставить Давида царем.

> *Вот число главных в войске, которые пришли к Давиду в Хеврон, чтобы передать ему царство Саулово, по слову Господню...*

Верю, это образ того, как Бог собирается объединить Свой народ. Колена соберутся вместе под предводительством своих лидеров. «Племена» это различные части Тела Христова, которые явятся во главе со своими лидерами с единственной целью: поставить Иисуса Царем.

Затем идет перечисление количества израильтян, пришедших из каждого колена, и имя их предводителя, Первая книга Паралипоменон 12:33:

> *...Из колена Завулонова готовых к сражению, вооруженных всякими военными оружиями, пятьдесят тысяч, в строю, единодушных* (в большинстве англ. переводов: «без раздвоенного сердца»; Еврейский лексикон Стронга: «в евр. языке слово «сердце» включает всего внутреннего человека: разум, волю, мысли, жела-

ния, эмоции» — примеч. переводчика)...

Эти люди могли держать свое место в боевом порядке, плечом к плечу, единодушно, без раздвоенного сердца. Они были верны и посвящены друг другу. В бою нужно знать, что люди справа и слева от вас останутся там, независимо от погодных условии и грозящих опасностей. Необходимо знать, что на этого человека можно положиться.

Именно такое отношение Бог прививает нам, чтобы мы понимали необходимость посвященной верности друг другу. Истинные воины Божьи — это те, кто могут «единодушно» держать боевой строй. Это древнееврейское слово буквально означает «сердце и сердце». Это не такой человек, который льстит вам в лицо и в то же время критикует вас за вашей спиной! С таким человеком нельзя идти в бой; он опаснее врага.

Бог говорит, что мы должны быть верны друг другу. Это не означает, что нужно соглашаться со всем, что делает другой. Однако это означает, что вы его не предадите и не ударите в спину, а будете оставаться рядом и защищать его. Первая книга Паралипоменон 12:38:

Все эти воины; в строю, от полного сердца пришли в Хеврон...

Держать строй и иметь одно сердце — одно всегда сопутствует другому. Если ваше сердце двоится, то вы не будете держать боевой порядок. Вы должны быть таким солдатом, на которого смогут рассчитывать Командующий и товарищи по оружию, что вы будете находиться на своем месте.

Вы должны быть верным воином армии Божьей.

10
СЕМЬ ОБРАЗОВ И ИХ ПРАКТИЧЕСКОЕ ПРИМЕНЕНИЕ

Какое удивительно откровение о Церкви было у апостола Павла! Ранее я уже указывал, что Церковь является проявлением многоразличной или многосторонней мудрости Божьей. Послание Ефесянам 3:10:

Дабы ныне соделалась известною через Церковь начальствам и властям на небесах многоразличная премудрость Божия.

Каждый из семи рассматриваемых нами прообразов народа Божьего раскрывает свою особую грань Божьей мудрости. Мы должны быть осторожны в том, чтобы не сфокусироваться только на каком-то одном аспекте, не воспринимая остальные. Опасно иметь однобокий подход и видеть только одну грань народа Божьего. Мы должны возрастать в полноту понимания и применения всех этих образов, иначе мы упустим очень многое из того, что Бог имеет для нас!

Давайте повторим семь образов Церкви и соответствующие им отрывки из Послания Ефесянам:

1. Собрание (1:22)
2. Тело (1:23)
3. Произведение искусства (2:10)
4. Семья (2:18-19)
5. Храм (2:20-22)
6. Невеста (5:25-32)
7. Армия (6:10-13)

Теперь давайте рассмотрим все эти образы друг за другом, подчеркивая два основных урока, которые мы из них вынесли: (1) характерную, отличительную особенность данного образа и (2) конкретную обязанность, которая ложится на нас, когда мы принимаем этот образ на себя: как индивидуально, так и коллективно.

Собрание

• *Характерная особенность* заключается в том, что мы наделены законной властью Божьей. Церковь является представительским органом Бога на земле, через который Он правит над народами и осуществляет Свои цели, используя духовную силу и власть.

• *Что требуется от нас?* (1) На личном уровне: принятие и соблюдение порядка. Мы не имеем права управлять, если не соблюдаем установленного порядка. Мы не сможем управлять Вселенной, пока не научимся управлять собой. Это означает правильный порядок в нашем поведении, и в наших взаимоотношениях друг с другом. В этой области нам еще предстоит много потрудиться. (2) На коллективном уровне: мы должны признавать служение (или дар) каждого человека в собрании. Бог установил в собрании определенные служения: апостолы, пророки, пастыри, учителя, дары чудотворения, исцеления, языков и так далее. Мы должны признавать служение – *харизму,* в которой функционирует каждый.

Тело

• *Характерная особенность* заключается в том, чтобы быть инструментом исполнения воли Христа. Назначение Тела исполнять волю Того, для Кого оно было предназначено. Назначение нас как Тела Христова исполнять волю Христа. Он Голова, а мы части Тела. От нас, как членов Тела Иисуса, зависит исполнение на земле Его целей, связанных с искуплением человечества. Он уже не будет Сам проповедовать Евангелие; это будем делать мы. Не Он олицетворяет Собой активное служение, а мы. Мы Его руки и ноги.

• *Что требуется от нас?* (1) На личном уровне: мы должны признавать и ценить наши различия. (2) На коллективном уровне: признавать нашу взаимозависимость как частей одного Тела. Нельзя говорить друг другу: «Ты мне не нужен». Мы являемся разными и отличаемся друг от друга, но вместе с тем мы нуждаемся друг в друге и являемся взаимозависимыми частями одного Тело. Оно только тогда будет действовать эффективно, когда мы признаем эту истину. Помните, что не бывает плодоносных «христиан-одиночек»!

Произведение искусства

• *Характерная особенность* состоит в том, что через нас для всей Вселенной должен открыться творческий гений Бога! Мы являемся шедевр Его творческого мастерства. Для начальств и властей на небесах Церковь служит образом многоразличной (многогранной) премудрости Божьей. Она представляет собой высший уровень творческого гения Бога.

• *Что требуется от нас, чтобы быть частью этого шедевра?* (1) На личном уровне: от каждого из нас требуется быть уступчивым или податливым. (2) На коллективном уровне: быть способными к соединению. Если мы слово в стихотворении, то должны быть правильным словом в правильном месте, и должны быть правильно связаны с другими словами. Если мы являемся членом оркестра, то должны играть точно по партитуре. Мы должны соответствовать дизайну Божьему, позволяя Ему изменять и располагать нас по Своей воле.

Семья

• *Характерная особенность* состоит в том, что Бог-Отец является источником жизни для всех нас, и что мы вместе составляем не какое-то учреждение или организацию, а семью. Иисус наш Старший Брат, а все мы члены одной семьи, являющие сущность Бога-Отца.

• *Что требуется от нас?* (1) На личном уровне здесь требуется послушание повелениям нашего Отца.

Иисус научился послушанию, проходя через страдания, и для всех христиан Он является «образцовым страшим Братом». (2) На коллективном уровне: всем нам дана заповедь любить друг друга. Иисус называет нас Своими братьями, потому что Бог называет нас Своими сыновьями. А если Бог называет других верующих Своими сыновьями, то мы должны называть их своими братьями. Это не всегда легко. Как говорится в пословице: «родственников не выбирают». Мы как родственники должны принимать друг друга. В Послании Римлянам 15:7 сказано: *Посему принимайте друг друга, как и Христос принял вас в славу Божию*. Как мы можем прославлять Бога, если не будем настоящей духовной семьей?

Храм

• *Характерная особенность* состоит в том, что мы являемся местом пребывания для Бога. Павел сказал: *«Вы храм Бога живого»* (2 Кор. 6:16). Жилищем Бога является не скиния Моисеева, и не храм Соломона, а *мы*, как коллективно, вместе с другими верующими, так и индивидуально, каждый из нас в отдельности является «живым камнем» в живом храме.

• *Что требуется от нас?* (1) На личном уровне: все мы, как живые камни, должны быть преобразованы и подогнаны под определенную форму, подчиняясь Божьей дисциплине и служителям, которых Бог поместил в Церковь. (2) На коллективном уровне: после того, как мы позволим обтесать нас и придать нам необходимую форму, затем, все мы должны быть готовы занять предназначенное нам место в храме. По одному камню будет слева и справа от нас, два камня под нами и, как правило, еще два камня будет опираться на нас сверху! Это необходимо, если мы хотим быть частью храма.

Невеста

• *Характерная особенность* ее состоит в том, чтобы явить славу Христа. История человечества начинается и завершается браком. Иисус показал Свое безоговорочное посвящение нам, отдав Себя полностью. Церковь должна быть Невестой Христа, с которой Он навеки сочетается на брачной вечере Агнца. Отдав всего Себя безоговорочно Церкви, теперь Он просит Церковь, чтобы и она безоговорочно отдала всю себя Ему.

• *Что требуется от нас?* (1) На личном уровне: каждый из нас должен со всей серьезностью подойти к приготовлению нашего свадебного наряда. *«Праведные дела святых»* (Откр. 19:8) это тот чистый виссон, в который мы будем облачены, бы ведь не хотели бы, чтобы ваш свадебный наряд на брачной вечере был неполным? (2) На коллективном уровне: все мы должны ободрять друг друга своим личным примером. Это часть нашей ответственности поддерживать и поощрять друг друга к любви и добрым делам.

Армия

• *Характерная особенность* — быть демонстрацией непобедимой силы Божьей, проявляя Его победу! Мы вовлечены в тотальную войну с духовным царством сатаны и вооружены духовным оружием, которое делает нас способными ниспровергать твердыни сатаны на основном поле боя. Этим полем боя является человеческое мышление. Мы освобождаем пленных, которых захватил враг, и завоевываем этот мир для нашего Господа и Спасителя Иисуса Христа.

• *Что требуется от нас?* (1) На личном уровне: каждому из нас требуется военная дисциплина. Бог желает, чтобы мы всегда владели собой, особенно в нашем поведении и наших взаимоотношениях. Как с этим обстоит дело у вас сегодня? Каким можно назвать ваше поведение и ваши отношения с людьми? Как вы ведете себя в семье? Как обращаетесь с деньгами? Каким является ваш образ мышления? (2) На коллективном уровне: мы должны быть верны и полностью посвящены друг другу. От нас, как солдат в бою, требуется готовность защитить своих товарищей по оружию, невзирая на опасность.

ИСТИННОЕ ОТРАЖЕНИЕ ЕГО ИСТИННОЙ ЦЕРКВИ

Даже при огромном желании полностью отразить все то, чем Церковь должна быть, сама мысль соответствовать всем этим требованиям кажется невероятной. Запомните ключ: глядя в зеркало Слова Божьего, мы видим свое истинное состояние. И когда мы продолжаем в него смотреть, Дух Святой преобразовывает нас, делая такими, какими нас хочет сделать Бог. Когда мы влюбимся в Него, Он преобразует нас в истинное отражение Его истинной Церкви. Второе послание Коринфянам 3:18:

Мы же все, открытым лицом, как в зеркале, взирая на славу Господню, преображаемся в тот же образ от славы в славу, как от Господня Духа.

Часть третья

СТРУКТУРА ЦЕРКВИ

11
ВСЕЛЕНСКАЯ ЦЕРКОВЬ

В первой части мы рассмотрели Божье видение Церкви. Во второй части семигранную природу Церкви, и что это означает для нас как верующих. Теперь мы переходим к структуре Церкви. Структура важна потому что она является практическим выражением природы Церкви, которую мы раскрыли в предыдущих главах.

Давая определение слову «церковь», я указывал на то, что слово *экклесия* не было придумано людьми, которые писали Новый Завет. Они лишь придали ему особое значение, родственное первоначальному. Церковь это собрание, группа людей, собранных (точнее «призванных») для особой цели. Следует заметить, что нигде в Библии слово «церковь» не означает место для встреч; оно всегда означает *людей,* которые собираются вместе. Это слово никогда не относится к зданию, построенному из камня, кирпича или дерева. Церковь в Новом Завете это собрание, образованное из людей, призванных из мира на основании их личных взаимоотношений с Иисусом Христом.

Вселенскую Церковь составляют все истинные христиане всего мира. Это совокупность всех верующих в Иисуса Христа. Есть слово, которое часто используют для того, чтобы описать всемирную или Вселенскую Церковь, это слово «католическая» или «кафолическая». Многие люди (даже многие римо-католики) не знают, что слово «католическая» происходит от греческого слова, которое означает «всемирная». Таким образом, слова «вселенская» и «католическая» означают одно и то же. Именно такой смысл католическая церковь хотела внести в свое название.

Интересно, что слово «церковь» встречается в Новом Завете всего два раза, и каждый раз Его использует Сам Иисус. В Евангелии от Матфея 16:18 Иисус говорил о Вселенской Церкви, а в Евангелии от Матфея 18:17 о поместной церкви. В этой главе мы начнем исследовать Вселенскую Церковь, и по мере нашего изучения рассмотрим важные различия, которые есть между двумя этими понятиями: между Вселенской Церковью и поместной церковью.

ОТКРОВЕНИЕ О ТОМ, КЕМ ЯВЛЯЕТСЯ ИИСУС

Евангелие от Матфея 16:13-18:

Придя же в страны Кесарии Филипповой, Иисус спрашивал учеников Своих: за кого люди почитают Меня, Сына Человеческого? Они сказали: одни за Иоанна Крестителя, другие за Илию, а иные за Иеремию или за одного из пророков. Он говорит им: а вы за кого почитаете Меня? Симон же Петр, отвечая, сказал: Ты Христос, Сын Бога Живого. Тогда Иисус сказал ему в ответ: блажен ты, Симон, сын Ионин, потому что не плоть и кровь открыли тебе это, но Отец Мой, сущий на небесах; и Я говорю тебе: ты Петр, и на сем камне Я создам Церковь Мою, и врата ада не одолеют ее.

Итак, в этом отрывке впервые в Новом Завете используется слово «церковь», и ситуация, в которой оно использовано, очень показательна и имеет решающее значение. Здесь впервые Иисус поставил перед учениками (которые уже довольно долго были с Ним) вопрос о понимании того, Кем Он на самом деле является: «Что обо Мне говорят другие люди? Кем Меня считает мир?» Ученики дали Ему несколько вариантов ответов: воскресший Иоанн Креститель, Илия, Иеремия или один из пророков.

Затем Иисус обратил этот вопрос напрямую к ним: *«А **вы** за кого почитаете Меня?»* Импульсивный Симон Петр дал смелый и конкретный ответ: *«Ты Христос, Сын Бога Живого»*. Иисус в ответ по-особому благословил Симона Петра: *«Блажен ты, Симон, сын Ионин, потому что не плоть и кровь открыли тебе это, но Отец Мой, сущий на небесах»*. То, Кем действительно является Иисус невозможно распознать через естественный разум, чувства или доказательства. Люди, с которыми Иисус прожил в Назарете тридцать лет, так и не знали, Кем Он является. Они видели в Нем сына плотника. Также и люди, видевшие Его в синагоге, не знали, Кто Он. Истинное откровение о Том, Кем Он является, может прийти только сверхъестественным образом через откровение, дарованное Богом-Отцом.

Затем Иисус сделал заявление относительно Петра: *«Ты Петр, и на сем камне Я создам Церковь Мою»*. Некоторые люди утверждают, что именно Петр является тем *камнем*, на котором строится Церковь, но такое мнение не согласуется с оригинальным текстом этого отрывка. Имя «Петр» на греческом языке это слово *петрос*, означающее камень, который можно поднять руками. Слово, переведенное в этом отрывке как «камень» это *петра*, и оно означает большую скалу, основание которой уходит в землю. Именно так называется город восточнее реки Иордан, потому что все дома его высечены в огромной скале. Сегодня древний город Петра является знаменитым туристическим центром. Этим фактом подтверждается значение данного слова. Слова *петрос* и *петра* означают не одно и то же, хотя, конечно же, они близки по звучанию и значению.

Поэтому Иисус фактически сказал Петру следующее: *«Ты Петр* (*петрос*, маленький камень), *и на сем камне* (*петра*, массивная скала) *Я создам Церковь Мою»*. Явно, что Петр не был этой скалой! Что же является этой скалой? Откровение и исповедание, которое сделал Петр под водительством Духа Святого. Благодаря этому Петр вступил в новые отношения с Иисусом. Обратите внимание, Отец посредством Духа открывает Сына. Это действительно захватывает меня! Вы не войдете в Церковь Иисуса Христа миновав Кого-то из Божественной Троицы. Для того, чтобы вступить в Церковь необходимо иметь взаимоотношения с каждым членом Троицы. Все Они конечно же заинтересованы в том, что за человек вступает в Церковь. И доступ в Церковь можно получить лишь на основании откровения о Сыне, которое дает Бог-Отец через Святого Духа.

ПРИНЯТИЕ ОТКРОВЕНИЯ

Принимая откровение о сущности Иисуса, Петр прошел четыре определенных этапа:

1. Встреча. Произошла непосредственная, личная встреча Иисуса и Петра. Между ними никого не было: никакого посредника или священника.

2. Откровение. Петр принял откровение, которое не было плодом его собственных умозаключений, размышлений или проницательности. Дух Святой даровал ему это откровение сверхъестественно.

3. Признание. Петр признал это откровение, что очень важно. Одно дело принять откровение, а совсем другое признать его.

4. Публичное исповедание. Петр публично исповедал то, что он признал. Он сказал вслух, в присутствии других людей: *«Ты Христос (Мессия), Сын Бога Живого».* Иисус ответил: *«На сем камне (этого признания и исповедания) Я создам Церковь Мою».*

Никто не сможет войти в Церковь Иисуса Христа каким-либо иным путем. Должна произойти прямая встреча с Иисусом, а также прийти откровение о том, Кем является Иисус, которое может даровать только Отец посредством Духа Святого. Должно произойти внутреннее признание этого откровения в сердце, а также внешнее, публичное исповедание этого признания. Этот единственный вход в истинную Церковь Иисуса Христа ревностно охраняют Отец, Сын и Дух Святой. Не почитая, игнорируя, или проявляя неуважительное пренебрежение по отношению к Кому-нибудь из Божественной Троицы, вы просто не сможете войти в Церковь.

Надо снова сказать о том, что вхождение должно быть подтверждено публичным исповеданием. «Тайных христиан» не бывает; это невозможно. В Евангелии от Матфея 10:32-33 Иисус сказал:

Итак всякого, кто исповедает Меня пред людьми, того исповедаю и Я пред Отцем Моим Небесным; а кто отречется от Меня пред людьми, отрекусь от того и Я пред Отцем Моим Небесным.

Когда Бог обращается к вам Духом Святым, вы должны либо признать и исповедать то, о чем Он говорит, либо отвергнуть. Отказ исповедать это, фактически, отречение. Нейтралитета не может быть. В Евангелии от Матфея 12:30 Иисус сказал: *«Кто не со мною, тот против Меня».*

В Евангелии от Матфея 11:25-27 видно, насколько ревностно оберегается это откровение об Отце и Сыне:

В то время, продолжая речь, Иисус сказал: славлю Тебя, Отче, Господи неба и земли, что Ты утаил сие от мудрых и разумных и открыл то младенцам; ей, Отче! ибо таково было Твое благоволение. Все предано Мне Отцем Моим, и никто не знает Сына, кроме Отца; и Отца не знает никто, кроме Сына, и кому Сын хочет открыть.

Сын открывает Отца, а Отец открывает Сына. В обоих случаях это происходит Духом Святым.

Таким образом, вхождение в истинную Церковь Иисуса Христа зависит от сверхъестественного откровения о том, Кем является Иисус. Вступившим в такие отношения с Иисусом нет необходимости в дополнительных способах подтверждения своей принадлежности к Церкви, такие люди сразу становятся членами Его Церкви. На самом деле, когда мы имеем такие взаимоотношения с Иисусом, тогда у нас нет выбора: быть или *не* быть членами Его Церкви. Выбор лишь в том, будем ли мы вступать в личные взаимоотношения с Иисусом Христом или нет. Если мы приняли решение иметь отношения с Иисусом Христом как нашим личным Господом и Спасителем, то мы обязательно становимся членами Его церкви. Невозможно быть действительно связанными с Ним посредством Духа Святого и не принадлежать к Его Вселенской Церкви. Если вы решите перестать быть членом Его Церкви, то вы должны будете отказаться от своих отношений с Ним. Или одно, или другое — третьего не дано.

Позвольте указать на еще нечто важное в Евангелии от Матфея 16:18, где Иисус (если читать в греческом оригинале) особенным образом подчеркнул два слова: *«Я создам **Церковь Мою»***. Церковь, о которой мы говорим, эта именно та Церковь, которую Иисус называет *«Церковь Моя»*. Это *Его* Церковь. Он единственный имеет полное право делать в ней, с ней и через нее все, что Он хочет. Ему не нужно ни у кого просить разрешения. Вот о какой Церкви мы говорим.

ВХОЖДЕНИЕ ЧЕРЕЗ ДВЕРЬ

Теперь обратимся к месту Писания, в котором четко описан особый путь вхождения в истинную Церковь Иисуса Христа, Вселенскую Церковь. Однажды Иисус рассказал притчу, в которой Церковь символически представлена как загон для овец. Иисус представлен как Пастырь, а Церковь как овчарня (как и во многих других местах в Новом Завете), место собрания овец, то есть истинных учеников Иисуса Христа. Евангелие от Иоанна 10:1-9:

> *Истинно, истинно говорю вам: кто не дверью входит во двор овчий, но перелазит инде, тот вор и разбойник; а входящий дверью есть пастырь овцам. Ему придверник отворяет, и овцы*

слушаются голоса его, и он зовет своих овец по имени и выводит их. И когда выведет своих овец, идет перед ними; а овцы за ним идут, потому что знают голос его. За чужим же не идут, но бегут от него, потому что не знают чужого голоса. Сию притчу сказал им Иисус; но они не поняли, что такое Он говорил им. Итак, опять Иисус сказал им: истинно, истинно говорю вам, что Я дверь овцам. Все, сколько их ни приходило предо Мною, суть воры и разбойники; но овцы не послушали их. Я есмь дверь: кто войдет Мною, тот спасется, и войдет, и выйдет, и пажить найдет.

Особенно важен последний стих: «*Я есмь дверь…*», в нем подчеркивается, что дверь есть лишь одна. Это означает: «Я — дверь, и другой двери нет». Затем Иисус говорит, что если кто-то входит в овчарню не через дверь, а как-то иначе, то такой человек является вором и разбойником. Разумеется, Он говорит о собрании народа Божьего на земле, ведь на небеса не будут допущены ни воры, ни разбойники. Иисус не говорит, что невозможно попасть внутрь овчарни на земле каким-либо иным путем, но Он предупредил, что любой, кто войдет в нее не через дверь, тем самым проявит свою истинную сущность. Он покажет, что он является никем иным, как вором и разбойником.

Задумаемся над смыслом этой притчи, и о том, как в ней опять задействованы все три Личности Божества. Бог-Отец является Владельцем всего имения, в том числе овчарни, овец и всего остального. Дух Святой является Придверником или Привратником. Иисус представлен в двух образах: Дверь и Пастырь. Он ясно называет Себя и тем, и другим. Как же Иисус может быть и Дверью, и Пастухом? мои ответ такой: распятый Иисус является Дверью, а воскресший из мертвых Иисус является Пастырем. Иными словами, в овчарню нет иного пути, кроме как через «*Иисуса Христа, и притом распятого*» (1 Кор. 2:2) на кресте за наши грехи. Но Иисус воскрес из мертвых, чтобы быть Пастырем всех, кто придет к Нему через Крест.

В Послании Евреям 13:20-21 подчеркивается тот факт, что Иисус стал Пастырем благодаря Своему воскресению:

Бог же мира, воздвигший из мертвых Пастыря овец великого Кровию завета вечного, Господа нашего Иисуса (Христа), да усовершит вас во всяком добром деле, к исполнению воли Его, производя в вас благоугодное Ему через Иисуса Христа. Ему слава во веки веков!

Великий Пастырь это Тот, Кого Отец воскресил из мертвых. Через кровью завета, пролитую на кресте, мы можем стать совершенными для исполнения Его воли. Опять-таки, *распятый Иисус* это Дверь, единственный способ получить доступ к Богу, а *Иисус, воскресший из мертвых*, это Пастырь, который заботится о душах тех, кто поверил в совершенное Им на кресте.

Если Дух Святой не признает вас, ваши побуждения и сердечную веру, то Он не откроет дверь. Если Дух Святой не откроет вам дверь из-за того, что вы не отвечаете Божьим требованиям, то вам ничего не останется, кроме как проникать в овчарню каким-то другим путем. Если вы это сделаете, то будете вором и разбойником. В связи с этим Иисус сделал чрезвычайно важное заявление: «*Все, сколько их ни приходило предо Мною, суть воры и разбойники; но овцы не послушали их*» (Иоан. 10:8). Эти слова относятся ко всем, кто когда-либо раньше в истории человечества претендовал на то, что может показать человеку путь к Богу. Это включает в себя и все восточные культы и философии, такие как буддизм и индуизм, древнегреческие философские системы, например, платонизм и многое другие.

Новый Завет — это бескомпромиссное послание. Любой, кто до или после Иисуса, претендовал на то, что он может направить душу человека к Богу каким-либо иным путем, минуя крест Христа, является обманщиком, вором и разбойником. Если такой человек заявляет, что имеет благословения христианства, то это ворованные благословения, он заявляет права на то, что ему не принадлежит. Сегодня существуют культы и религиозные группы, в которых говорят о мире, радости и любви, но они не приходят к этому через Иисуса Христа, и притом распятого. Мир, радость и любовь, о которых они говорят, не принадлежат им на законных основаниях. Это воры и разбойники.

Вор не показывает свои намерения и истинную сущность; он действует втайне. Это истинно в отношении тех, кто заявляет, будто могут дать вам истинную радость, мир и спасение, но не указывают на необходимость в Иисусе Христе, распятом на кресте за наши грехи. Иисус сказал о Себе: *«Я есмь путь и истина и жизнь; никто не приходит к Отцу, как только через Меня»* (Иоан. 14:6). Если эти слова не соответствуют действительности, тогда Иисус либо был обманут, либо Сам был обманщиком. Но я верю в истинность этих слов, и что они указывают на единственный путь вхождения в число Божьего народа на земле. Этот путь лежит только через Иисуса Христа. О том, что человек идет именно этим путем, засвидетельствуют Отец, Сын и Дух Святой, но Они не признают того, кто идет каким-либо иным путем.

В современном мире людям не нравится, когда от них требуется полное посвящение, полная самоотдача. Более того, это не нравится некоторым членам церквей. Они не принимают бескомпромиссное требование Всемогущего Бога (Отца, Сына и Духа Святого), о том, что необходимо конкретно, лично и публично заявить о своем посвящении Богу на основании личного откровения.

Современному интеллектуалу тоже не нравится признавать, что он не в состоянии постигнуть извечные истины собственными умозаключениями и не может понять духовные реалии собственным умом, но должен принять их как откровение от Бога. Как правило, интеллектуалам не нравится зависеть от Бога в вопросах познания истины.

ОСНОВАНИЕМ ЯВЛЯЕТСЯ ХРИСТОС

Первое послание Коринфянам 3:11:

Ибо никто не может положить другого основания, кроме положенного, которое есть Иисус Христос.

Все здание Вселенской Церкви будет построено исключительно на одном основание, которое уже заложено. Нам не предлагается его закладывать; нам нужно лишь принять тот факт, что оно уже заложено. Христос является единственным основанием. Говоря об Иисусе как о единственном основании, Петр описывает Церковь, как построенное на Нем здание из живых камней. Первое послание Петра 2:5-6:

И сами, как живые камни, устрояйте из себя дом духовный, священство святое, чтобы приносить духовные жертвы, благоприятные Богу Иисусом Христом. Ибо сказано в Писании: «вот, Я полагаю в Сионе камень краеугольный, избранный, драгоценный; и верующий в Него не постыдится.»

На самом деле здесь Петр процитировал слова из Книги пророка Исаии 28:16:

Посему так говорит Господь Бог: вот, Я полагаю в основание на Сионе камень, камень испытанный, краеугольный, драгоценный, крепко утвержденный.

Петр ясно нам показал, что этим твердым основанием является не кто иной, как Иисус Христос.

Также и Давид в Псалме 61:2-3 утверждает эту же истину:

Только в Боге успокаивается душа моя: от Него спасение мое. Только Он твердыня («скала») моя, спасение мое, убежище мое: не поколеблюсь более.

Спасение исходит только от Бога и ни от кого другого. Только Бог та твердыня или скала, на которой строится спасение. Через несколько стихов Давид повторяет эти же слова, Псалом 61:6-7:

> *Только Он твердыня («скала») моя и спасение мое, убежище мое: не поколеблюсь. В Боге спасение мое и слава моя; крепость силы моей и упование мое в Боге.*

Давид установил четкую и определенную связь между твердыней (букв. «скалой») и основанием, с одной стороны, и спасением, с другой. Он ясно сказал, что и то, и другое находится только в Боге. Если мы будем строить на какой-то другой скале, то тем самым будем утверждать, что спасение есть не только в Иисусе Христе, а и в ком-то еще. Это противоречит Писанию. *Только* Он твердыня (скала) моя и спасение мое. Он является единственным основанием Вселенской Церкви, и никто не может положить иного основания!

Обратите внимание, как особенности Вселенской Церкви соотносятся с образом церкви как храма, который мы рассматривали во второй части книги. Послание Ефесянам 2:19-21:

> *Итак вы уже не чужие и не пришельцы, но сограждане святым и свои Богу, быв утверждены на основании Апостолов и пророков, имея Самого Иисуса Христа краеугольным камнем, на котором все здание, слагаясь стройно, возрастает в святой храм в Господе...*

Церковь подобна строящемуся зданию, где каждый верующий является строительным камнем. Основанием Церкви является Иисус Христос, на Котором верующие созидаются в святой храм. Таким образом, конечная цель Церкви стать жилищем или местом обитания Бога.

ГЛАВА ХРИСТОС

Затем мы видим, как многое во Вселенской Церкви соотносится с образом Тела Христова, Послание Ефесянам 1:22:

> *...(Бог) поставил Его выше всего, главою Церкви...*

Это очень ясное заявление. Христос не является главой над *чем-то*. Он глава *всего*. Все в Церкви находится в Его распоряжении и под Его контролем. Никто не может оспорить Его власть, она дана лишь Ему.

Если мы посмотрим на пророчества о политических системах конца времен, содержащиеся в седьмой главе Книги пророка Даниила, а также в 12-й и 13-й главах книги Откровение, то найдем там образы различных животных. Интересной особенностью их всех является то, что они имеют много голов. Можно сказать, что они уроды. Только у Церкви Иисуса Христа никогда не будет много голов. Она никогда не превратится в урода. Осмелюсь предположить, что нам еще предстоит столкнуться с борьбой в решающем духовном вопросе: кто является главой Церкви. Как мы увидим в последующих главах, именно вокруг этого вопроса будет вестись борьба при окончании человеческой истории. У Вселенской Церкви есть только одна голова, и эта голова Иисус Христос. Она имеет только одно основание и этим основанием является Иисус Христос. Мы не можем дать ей ни какую-то другую главу, и ни какое-то другое основание! Итак, Церковь составляет одно единое Тело, Головой которого является Иисус Христос.

СТАВКА ВЕРХОВНОГО ГЛАВНОКОМАНДОВАНИЯ ЦЕРКВИ

Наряду с тем фактом, что Церковь под руководством Иисуса является личным представителем Бога, в Послании Евреям 12:22-23 раскрывается еще один важный факт о Вселенской Церкви:

Но вы приступили к горе Сиону и ко граду Бога живого, к небесному Иерусалиму и тьмам Ангелов, к торжествующему собору и Церкви первенцев, написанных на небесах.

Состав Церкви зачислен или записан на небесах. Условие для того, чтобы быть записанным на небесах:

рождение свыше через веру в Иисуса. Таким образом, у Церкви есть одна голова (Иисус) и одна командная ставка (небеса).

Мне пришлось наблюдать огромное количество проблем, недоразумений и разочарований, которые возникали из попыток руководить церквями из какого-то центра, находящегося на земле. Я был миссионером в Восточной Африке, в миссии, которая управлялась из Торонто (Канада). Казалось, прежде чем нам получить санкцию на те или действия, проходила целая вечность: нужно было созывать комитет, принимать совместное решение, затем писать в Торонто, ожидать собрания руководства миссии, а затем ждать письма с их решением! К окончанию этого процесса от нас ускользала благоприятная возможность действовать. Все это крайне затрудняло эффективную деятельность. Церковь не сможет быть достойным противником дьявола, пока мы не поймем, что мы имеем лишь одну штаб-квартиру, и она находится на небесах. У каждого верующего, служителя или миссионера есть право прямого доступа в главное управление. Только та Церковь нанесет поражение врагу, которая управляется напрямую из своей главной штаб-квартиры.

Какое-то время я проповедовал в церкви одного проповедника Полного Евангелия. Примерно раз в день он мне говорил: «Нужно пойти позвонить в главный офис». Всякий раз, позвонив в главный офис, он возвращался еще более расстроенным и смущенным, чем до того! После этого случая я задумался: «А где находится мой командный центр?» Помню, как тогда я принял твердое решение: мой командный центр находится на небесах; именно туда мне и нужно обращаться. Когда я туда обращаюсь, то никогда не бываю расстроенным и смущенным.

Есть разница между устройством общества Израильского, центр которого находится в земном Иерусалиме, и церковью Нового Завета, центр которой находится в небесном Иерусалиме. Давайте рассмотрим, как Писание противопоставляет их. Послание Галатам 4:25-26:

Глава 11. Вселенская Церковь

Ибо Агарь (наложница Авраама, родившая Измаила) *означает гору Синай в Аравии* (место, на котором Бог дал народу закон) и соответствует нынешнему Иерусалиму, *потому что он с детьми своими в рабстве; а вышний Иерусалим свободен: он матерь всем нам.*

Каждая истинная церковь Иисуса Христа имеет лишь одну материнскую церковь — вышний Иерусалим, который свободен. Ее штаб-квартира находится не на горе Синай, где был дал закон. Штаб-квартира Вселенской Церкви находится на небесах. Подобное порождает подобное. Свободные церкви порождают свободные церкви, не скованные законничеством, человеческими правилами, званиями или традициями. Удивительно, что могут сделать такие церкви!

Далее мы видим еще один ключевой факт в Послании Ефесянам 4:4: «*Одно Тело и один Дух*». Церковь Иисуса Христа — это одно Тело, под влиянием одного Духа. Этим Духом является Дух Святой. Если бы Церковью управляли разные духи, в результате возник бы хаос. Например, если бы я решил пройти в дверь, но во мне находились бы другие духи, которые были бы не согласны с этим решением, то я бы не смог предпринять необходимые действия. Именно в таком состоянии находится действительно *одержимый* бесами человек. Он теряет способность делать то, что ему хочется, потому что в нем кроме его собственного духа действуют и другие. Но истинной Церковью Иисуса Христа управляет только один Дух, и Дух Святой может действовать только через одно тело — Церковь. Послание Римлянам 12:4-5:

Ибо, как в одном теле у нас много членов, но не у всех членов одно и то же дело, так мы многие составляем одно тело во Христе, а порознь один для другого члены.

Первое послание Коринфянам 12:12,18:

Ибо, как тело одно, но имеет многие члены, и все члены одного тела, хотя их и много, составляют одно тело, так и Христос... Но Бог расположил члены, каждый в составе тела, как Ему было угодно.

В этих местах Писания мы видим, что Бог управляет как отдельными членами Тела, так и всеми ими одновременно. Есть одно Тело, но в этом одном Теле есть много членов. Каждый верующий является каким-то одним членом этого огромного Тела.

Каким я буду членом, и где буду функционировать, решать не мне, а Богу. Далее, в 12-й главе Первого послания Коринфянам мы читаем: *«И иных Бог поставил в Церкви...»* (12:28). Стать членом Тела означает занять свое место в Церкви. И Павел указал, что все члены зависят от других членов. Во Вселенской Церкви нет членов, которые бы не зависели от других.

ПРЕДСТАВИТЕЛИ ИИСУСА

Теперь давайте рассмотрим роль Вселенской Церкви, в качестве личного представителя и посла Иисуса. Посылая на служение группу Своих учеников, Иисус сказал: *«Кто принимает вас, принимает Меня»* (Мф. 10:40). Другими словами: «Вы являетесь Моими представителями. Я могу прийти к людям только через вас. Если вы пойдете, то и Я пойду с вами. А если они примут вас, то примут и Меня».

В конце Евангелия от Матфея (28:18-20) Иисус выразил ту же мысль, но иными словами:

И приблизившись Иисус сказал им: дана Мне всякая власть на небе и на земле. Итак идите, научите все народы, крестя их во имя Отца и Сына и Святого Духа, уча их соблюдать все, что Я повелел вам; и се, Я с вами во все дни до скончания века.

Тем самым Иисус сказал: «Эта власть дана Мне, но чтобы ее применить, должны идти *вы*» Пока мы не начнем применять ту власть, которая передана нам через Иисуса Христа, мир не узнает, что Иисус обладает этой властью! Мир осознает власть, которой наделен Иисус, только когда Церковь, подчинившись Его заповеди, выйдет в мир и будет применять и показывать эту власть. Только так Иисус может совершить Свою волю. Через нас.

В Евангелии от Иоанна 20:21 мы видим еще одно удивительное заявление Иисуса, обращенное к Его ученикам: *«Мир вам! как послал Меня Отец, так и Я посылаю вас»*. Другими словами: «Я посылаю вас точно так же, как Меня послал Отец». Иисус пришел как личный, наделенный властью, видимый представитель Отца. Он сказал: *«Видевший Меня видел Отца»* (Иоан. 14:9). Если мы посланы таким же образом, то должны быть способны говорить людям в мире: «Если вы видели нас, то видели Христа».

Иисус сказал, что Отец давал Ему слова, которые Ему следовало говорить (см. Иоан. 17:8). Подобным образом и Церковь должна быть способна говорить миру: «Иисус дал нам слова, которые мы говорим». Иисус сказал, что «Отец, пребывающий во Мне, Он творит дела» (Иоан. 14:10). Что же мы должны быть способны показать миру? «Христос, пребывающий в нас, творит дела, которые вы видите в наших действиях».

Вот что значит заявление Иисуса в Евангелии от Иоанна 20:21: *«Как послал Меня Отец, так и Я посылаю вас»*. Вселенская Церковь является видимым, наделенным властью, личным и единственным представителем Иисуса Христа. Если Церковь не выполнит возложенную на нее работу, то ее больше никто не сможет выполнить!

ПОДТВЕРЖДЕНИЯ ЧЛЕНСТВА

Есть два официальных, публичных подтверждения членства во Вселенской Церкви — два крещения, свидетельствующие о том, что человек был принят как член Тела Христова. Первое — крещение в воде, а второе — крещение в Духе Святом. Крещение в воде — это признание со стороны человеческого лидера и других верующих, а крещение в Духе Святом это сверхъестественная печать, которую Глава Тела, Иисус Христос, ставит на человеке, подтверждая, что он член Тела.

Оба крещения имеют одну конечную цель, которая состоит в том, чтобы способствовать единству Тела. Давайте заглянем в третью главу Послания Галатам, где сказано о водном крещении, а затем в 12-ую главу Первого послания Коринфянам, где говорится о крещении в Духе. Послание Галатам 3:26-28:

Ибо все вы сыны Божии по вере во Христа Иисуса (мы стали детьми Божьими благодаря простому, основополагающему факту веры в Иисуса Христа); *все вы, во Христа крестившиеся, во Христа облеклись. Нет уже Иудея, ни язычника; нет раба, ни свободного; нет мужеского пола, ни женского: ибо все вы одно во Христе Иисусе.*

Вот что означает водное крещение. Мы теряем свои национальные, расовые и социальные особенности, отличающие нас друг от друга. Мы становимся едиными в одном Теле. У крещения в Духе Святом та же цель. Первое послание Коринфянам 12:13:

Ибо все мы одним Духом (более точный перевод: «в одном Духе») *крестились в одно тело, Иудеи или Еллины, рабы или свободные, и все напоены одним Духом.*

И крещение в воде, и крещение в Духе Святом имеют одну главную цель: помочь нам осознать, проявить на практике и придать законную силу нашему членству в одном Теле и нашим взаимоотношениям друг с другом. Мы уже не должны воспринимать друг друга с точки зрения расовой, классовой или социальной принадлежности. *«Где нет ни Еллина, ни Иудея, ни обрезания, ни необрезания, варвара, Скифа, раба, свободного, но все и во всем Христос»* (Кол. 3:11). В Иисусе Христе мы переживаем новое единство в Его Теле.

Вот что такое Вселенская Церковь.

12
ПОМЕСТНАЯ ЦЕРКОВЬ

Теперь мы рассмотрим, как функционирует часть Вселенской Церкви в той или иной местности, т.е. поместную церковь. В течение многих лет я был крайне ревностным в вопросе членства в поместной церкви, в то же время не имея ясного представления, что такое «поместная церковь» на самом деле! Но затем я пришел к своего рода откровению о том, насколько ясное, четкое и простое определение имеет поместная церковь. Это не было откровение, пришедшее ко мне как видение, но вдруг я ясно понял смысл простых слов Писания, о которых уже много лет знал и проповедовал, но так и не мог правильным образом применить к жизни.

ОСНОВАНИЕ ПОМЕСТНОЙ ЦЕРКВИ

В прошлой главе я упомянул о том, что слово «церковь» встречается в Новом Завете всего два раза. В обоих случаях его использует Иисус, и оба этих случая описаны в Евангелии от Матфея. Мы видели, что в 16-й главе Евангелия от Матфея Иисус сказал: *«На сем камне Я создам Церковь Мою»* (Мф. 16:18), и здесь Он имел в виду Вселенскую Церковь. В 18-й главе Евангелия от Матфея Он снова употребляет слово «церковь», но, судя по контексту, Он говорил о церкви поместной или церкви, расположенной в определенной местности. Он говорил об условиях, при которых верующий обязан сообщить церкви о своем несогласии. Разумеется, мы с вами никогда не сможем обратиться со своей жалобой или проблемой к Вселенской Церкви, потому что она рассеяна по всем странам и континентам. Кроме того, некоторые ее члены уже перешли в вечность. Полагаю, что первое всеобщее собрание *всей* Вселенской Церкви произойдет тогда, когда Господь Иисус Христос сойдет с небес на землю, и все мы встретимся с Господом в воздухе (см. 1 Фес. 4:13-18). Этим действительно первым собранием всей Вселенской Церкви будет руководить не кто иной, как Сам Иисус.

Таким образом, в словах Христа мы видим деятельность церкви в ее поместном варианте. Иисус сказал в Евангелии от Матфея 18:15-20:

> *Если же согрешит против тебя брат твой, пойди и обличи его между тобою и им одним; если послушает тебя, то приобрел ты брата твоего; если же не послушает, возьми с собою еще одного или двух, дабы устами двух или трех свидетелей подтвердилось всякое слово; если же не послушает их, скажи церкви; а если и церкви не послушает, то да будет он тебе, как язычник и мытарь. Истинно говорю вам: что вы свяжете на земле, то будет связано на небе; и что разрешите на земле, то будет разрешено на небе. Истинно также говорю вам, что если двое из вас согласятся на земле просить о всяком деле, то, чего бы ни попросили, будет им от Отца Моего Небесного, ибо, где двое или трое собраны во имя Мое, там Я посреди них.*

Иисус сказал, что первый шаг в улаживании конфликта между вами и другим верующим это разговор с ним наедине (мой опыт свидетельствует, что лишь немногие христиане следуют этому принципу). Если вопрос не был разрешен наедине, привлеките к своей дискуссии еще двух-трех людей в качестве свидетелей. Если он и тогда к вам не прислушается, единственным выходом будет сообщить об этом поместной церкви. Ваш спор должен быть рассмотрен поместной церковью, и ее решение будет окончательным.

Обратите внимание, какой огромной властью наделена поместная церковь, это потрясающе! Часто люди воспринимают суждение поместной церкви всего лишь как хороший вариант помощи или полезную рекомендацию, однако в глазах Бога это как Верховный Суд Соединенных Штатов! Поместная церковь является судом последней инстанции во всех жизненно важных вопросах: в спорах между верующими, вопросах учения или морального поведения. В Божьих глазах поместная церковь имеет невероятное значение. Потому нам крайне необходимо понять, что такое церковь, чтобы занять в ней правильное место и подчиниться ей.

Писание говорит нас, что если поместная церковь собралась вместе и пришла к тому или иному решению по спорному вопросу, то к любому, кто не послушается этого решения и не подчинится ему, нужно относиться, как к язычнику и мытарю; а еврейские общины тех дней, как правило, избегали общения и с теми и с другими. Здесь имеется в виду, что такой человек лишается права считаться христианином до тех пор, пока он не покается и не подчинится власти церкви. Каким образом он лишился этого права? Отказавшись принять решение поместной церкви, и не подчиняясь ей.

Меня пугает эта мысль, потому что я не знаю ни одной поместной церкви, которая была достаточно зрелой, чтобы применять такую меру власти. Тем не менее, если бы я оказался в такой ситуации, то всеми силами старался бы не сопротивляться решению поместной церкви. Мы имеем дело с очень серьезными и действительно важными вопросами!

Поместной церкви дана власть не только разрешать споры между верующими, но и судить вопросы вероучения. В 15-й главе Книги Деяний мы находим невероятной важности спор среди верующих евреев относительно требовании, которые необходимо предъявлять к язычникам, исповедовавшим свою веру в Иисуса Христа. Павел и Сила привели к Господу и крестили многих язычников, но не требовали от них соблюдения закона Моисеева. Часть уверовавших во Христа иудеев Иерусалима, которые продолжали соблюдать закон Моисеев, отнеслись к этому крайне ревностно и возражали против этого. Церкви предстояло принять очень важное решение, последствия которого оказали влияние на всех христиан из язычников всех времен и народов.

Павел и Варнава отправились в Иерусалим, чтобы разрешить этот вопрос со всеми апостолами и пресвитерами. Их решение было представлено всей иерусалимской церкви и затем одобрено ею, причем в то время в ней насчитывалось около тридцати тысяч евреев-христиан. Один мой друг-еврей мне как-то сказал: «Если у вас есть два еврея, то у вас обязательно будет спор. Если у вас три еврея, то вы получите революцию!» Я восхищаюсь благодатью Божьей, ведь тридцать тысяч евреев смогли прийти к полному единству по такому важному вопросу вероучения: «*Тогда Апостолы и пресвитеры со всею церковью рассудили...*» (Деяния 15:22),

Обратите внимание, что в этой ситуации лидеры не действовали независимо от поместной церкви. Они подготовили почву к принятию окончательного решения, но последнее слово было не за ними, и они не взяли всю власть на себя. Далее сказано, Книга Деяний 15:22-28:

Тогда Апостолы и пресвитеры со всею церковью рассудили, избрав из среды себя мужей, послать их в Антиохию с Павлом и Варнавою, именно: Иуду, прозываемого Варсавою, и Силу, мужей, начальствующих между братиями, написав и вручив им следующее: Апостолы и пресвитеры и братия находящимся в Антиохии, Сирии и Киликии братиям из язычников: радоваться. Поелику мы услышали, что некоторые, вышедшие от нас, смутили вас своими речами и поколебали ваши души, говоря, что должно обрезываться и соблюдать закон, чего мы им не поручали, то мы, собравшись, единодушно рассудили, избрав мужей, послать их к вам с возлюбленными нашими Варнавою и Павлом, человеками, предавшими души свои за имя Господа нашего Иисуса Христа. Итак мы послали Иуду и Силу, которые изъяснят вам то же и словесно. Ибо угодно Святому Духу и нам не возлагать на вас никакого бремени более, кроме сего необходимого...

Окончательным решением было решение Духа Святого, проявленное в Теле Христовом. Именно Телу Христову дан ум Христов! В Первом послании Коринфянам 2:16 Павел пишет: *«А мы имеем ум Христов».* Никогда не искажайте этот стих и не говорите: «А я имею ум Христов». Повторяю, именно *все* тело имеет ум Христов, благодаря Духу Святому. Такое важное и далеко идущее решение в отношении доктрины было принято при полном единстве тела поместной церкви. Прочтите еще раз эти замечательные слова из Книги Деяний 15:28: *«Ибо угодно Святому Духу и нам* (собравшимся единодушно) *не возлагать на вас никакого бремени более, кроме сего необходимого...»*

Бог видит поместную церковь не только местом поиска согласия, и судом последней инстанции, но также и судьей морального поведения. Давайте рассмотрим соответствующий пример. Первое послание Коринфянам 1:1-2:

Павел, волею Божиею призванный Апостол Иисуса Христа, и Сосфен брат, церкви Божией, находящейся в Коринфе...

Обратите внимание, что Павел пишет ко всему собранию верующих в Коринфе. Теперь посмотрите, что он им написал, Первое послание Коринфянам 5:1-5:

Есть верный слух, что у вас появилось блудодеяние, и притом такое блудодеяние, какого не слышно даже у язычников, что некто вместо жены имеет жену отца своего. И вы возгордились, вместо того, чтобы лучше плакать, дабы изъят был из среды вас сделавший такое дело. А я, отсутствуя телом, но присутствуя у вас духом, уже решил, как бы находясь у вас: сделавшего такое дело, в собрании вашем (всей поместной церковью) *во имя Господа нашего Иисуса Христа, обще с моим духом, силою Господа нашего Иисуса Христа, предать сатане во измождение плоти, чтобы дух был спасен в день Господа нашего Иисуса Христа.*

В этом собрании был случай крайне аморального поведения — кровосмешения. Один мужчина женился на жене своего отца. Павел сказал, что даже язычники не делают такого. Затем он добавил: «И вот, вы хвалитесь своими духовными дарами, говорением на языках и пророчествами, в то время как среди вас существует такая ужасная аморальность, а вы даже не разбираетесь с этим. Позор вам! Ведь вы как церковь обязаны разбираться с таким аморальным поведением». Вся церковь несет ответственность и власть устанавливать нравственные и этические нормы. Случаи безнравственного поведения нельзя передавать на рассмотрение какого-то комитета, церковного совета, или какой-то группке людей, которые собираются где-то в углу. Их нельзя умалчивать или «заметать под ковер». Новый Завет очень честная и откровенная книга, в ней все вещи названы своими именами. Она называет лопату — лопатой, а не «сельскохозяйственным инструментом»; грех — грехом, а не «психологической проблемой, вызванной моральной травмой в результате неадекватного сексуального поведения», например, и т.д.

Павел говорил: «Меня не впечатляет ваша духовность. Ведь вы миритесь с аморальностью, даже кровосмешением. Разберитесь с этим как церковь. Соберитесь вместе и с властью моего присутствия духом среди вас, а также властью Господа Иисуса Христа исключите того человека из вашего собрания. Он больше не имеет права на общение в Теле Христа. Предайте его сатане, но не для разрушения его духа, а для измождения его плоти, чтобы благодаря суду Божьему во времени, он был спасен от суда Божьего в вечности». Это действительно пугающая власть и ответственность. Первое послание Коринфянам 5:12-13:

Ибо что мне судить и внешних? Не внутренних ли вы судите? Внешних же судит Бог. Итак, извергните развращенного из среды вас.

Здесь Павел сказал, что нам нет смысла судить неверующих. Они находятся вне нашей юрисдикции. Однако верующие должны судить верующих. На церковь возложена коллективная ответственность производить суд над поведением ее членов. Некоторым людям известно лишь одно место Писания о суде: *«Не судите, да не судимы будете»* (Матф. 7:1). Однако в Новом Завете есть много других указании о суде. Церковь должна поддерживать нравственную чистоту своих членов, судя и дисциплинируя их. Обратите внимание на следующие слова Павла, которые полностью согласуются с тем, что в 18-й главе Евангелия от Матфея Иисус сказал о церкви как о суде наивысшей инстанции. Первое послание Коринфянам 6:1-2:

Как смеет кто у вас, имея дело с другим, судиться у нечестивых, а не у святых?...

Павел сказал, что *верующий* не должен подавать в суд на *другого верующего*. Верующие не имеют права разрешать свои споры в мирском суде, какого бы вопроса они не касались. Вопросы должны решаться в церкви (хотя не сказано, что верующему нельзя подавать в суд на неверующего). Павел продолжает:

Разве не знаете, что святые (верующие) *будут судить мир? Если же вами будет судим мир, то неужели вы недостойны судить маловажные дела?*

Современная церковь спит, совершенно не зная о своих обязанностях, правах и власти. Она должна пробудиться и применять их. Книга пророка Исаии 52:1-2:

Восстань, восстань, облекись в силу твою, Сион! Облекись в одежды величия твоего, Иерусалим, город святый! ибо уже не будет более входить в тебя необрезанный и нечистый. Отряси с себя прах; встань, пленный

Иерусалим! сними цепи с шеи твоей, пленная дочь Сиона!

Церкви Иисуса Христа пора встать и отряхнуться! Ей нужна хорошая встряска! Лучше самим встряхнуть себя, чем довести дело до того, что это придется делать Богу, потому что если Бог начнет трясти вас, то вы сами не сможете этого остановить. Вся Церковь Иисуса Христа нуждается в бульдозере. Она нуждается в землетрясении. Она нуждается в Божественной революции, и должен вам сказать, что она уже на пороге! Пришло время нам посмотреть на Церковь глазами Бога, а не человека. Мне нравилась молодежь из «Движения Иисуса» 1960-70-х годов, чьим девизом были слова «Говори так, как это есть!» О, как я хочу видеть и говорить так, как это есть!

ЯДРО ПОМЕСТНОЙ ЦЕРКВИ

Рождение и рост поместной церкви происходит в несколько фаз, и первая фаза — это базисная клетка. Точно так же, как тело человека развивается из одной клетки, так и Тело Христово в определенной местности развивается из одной клетки. Чтобы у нас сформировалось представление о ядре или первоначальной клетке поместной церкви, давайте еще раз прочитаем Евангелие от Матфея 18:20:

Ибо, где двое или трое собраны во имя Мое, там Я посреди них.

Мне конечно больше нравится дословный перевод: «Где двое или трое *сведены вместе* в Мое имя, там Я посреди них». Фраза «сведены вместе» сразу поднимает очень важный практический вопрос: Кем мы должны быть водимы? Ответ ясен. Вы можете найти его в Послании Римлянам 8:14: *«Ибо все, (постоянно) водимые Духом Божиим, суть сыны (дети) Божии».*

Чтобы жить, как дитя Божье, я должен быть постоянно водим Духом Божьим во всем, что я делаю. Вот что отличает дитя Божье в его каждодневной жизни. Следовательно, когда Писание говорит о детях Божьих, которые сведены вместе, очевидно, что их всех ведет именно Дух Святой. Рассматривая все, что касается поместной церкви, давайте постоянно помнить о том, что направляющей силой во всем этом является Дух Святой. Иисус является Главой над церковью, но Он осуществляет Свою власть внутри церкви посредством Духа Святого. Мы должны исповедать Иисуса Христа Господом, но во Втором Послании Коринфянам 3:17 сказано: *Господь есть Дух (Дух Святой); а где Дух Господень (Дух Святой), там свобода*. Господство Иисуса Христа над церковью осуществляется лишь настолько, насколько мы позволяем Духу Святому быть Господом в церкви.

Поэтому, когда мы говорим о формировании ядра поместной церкви, то именно Дух Святой должен свести людей вместе. Если этого не происходит, значит, они не живут как христиане. Вот основное требование: «двое или трое сведены вместе во имя Иисуса», в смысле направления движения к имени (т.е. сущности) Иисуса, а не «в имени», «с именем» или «под именем» Иисуса. (Предлог «во» в данном случае означает достижение чего-то, включение чего-то, переход в новое состояние — примеч. переводчика.) Фраза «во имя Мое» подразумевает ключевую сущность, вокруг которой собираются люди. На чем же сфокусировано это собрание? На имени Иисуса. Дух Святой никогда не станет собирать верующих вместе на каком-либо ином основании. Другими словами, Он никогда не соберет людей на основании какой-либо доктрины или церковного членства. Есть лишь одна установленная Богом точка опоры для истинной поместной церкви, и это имя Иисуса Христа.

Когда мы сведены и собраны вместе в имя Иисуса Христа, то мы на самом деле встречаемся вокруг невидимой личности Иисуса Христа! Он является центром и местом встречи каждой истинной поместной церкви. Она собирается вокруг Него, а не вокруг человеческого лидера или доктрины, и не вокруг каких-то ощущений, но вокруг Личности.

Эта мысль находит яркое подтверждение в книге Второзаконие. Прежде чем позволить израильтянам войти в Землю обетованную, Бог дал им ясно понять, что примет их поклонение и жертвы лишь в одном месте. Он собирается Сам выбрать и указать это место. Бог сказал во Второзаконии 12:15-18:

> *Впрочем, когда только пожелает душа твоя, можешь закалать и есть, по благословению Господа, Бога твоего, мясо, которое Он дал тебе, во всех жилищах твоих: нечистый и чистый могут есть сие, как серну и как оленя; только крови не ешьте: на землю выливайте ее, как воду Нельзя тебе есть в жилищах твоих десятины хлеба твоего, и вина твоего, и елея твоего, и первенцев крупного скота твоего и мелкого скота твоего, и всех обетов твоих, которые ты обещал, и добровольных приношений твоих, и возношения рук твоих; но ешь сие пред Господом, Богом твоим, на том месте, которое изберет Господь, Бог твой, ты, и сын твой, и дочь твоя, и раб твой, и раба твоя, и левит, и пришелец, который в жилищах твоих, и веселись пред Господом, Богом твоим, о всем, что делалось руками твоими:*

Есть только одно место, которое Бог избрал, где Он разрешает людям встречаться с Ним. Все, приносимое Богу как поклонение и жертва, можно было есть только в том месте. Чтобы рассмотреть это более подробно, давайте обратимся к 16-й главе. Возможно, вы помните, что все без исключения евреи мужского пола должны были ежегодно на Пасху приходить в иерусалимский храм. Исключений не было. Книга Второзаконие 16:2:

> *И закалай Пасху Господу, Богу твоему, из мелкого и крупного скота на месте, которое изберет Господь, чтобы пребывало там имя Его.*

Второзаконие 16:2,5-6,11:

> *Не можешь ты закалать Пасху в котором-нибудь из жилищ твоих, которые Господь, Бог твой, даст тебе; но только на том месте, которое изберет Господь, Бог твой, чтобы пребывало там имя Его, закалай Пасху вечером... И веселись пред Господом, Богом твоим, ты, и сын твой, и дочь твоя, и раб твой, и раба твоя, и левит, который в жилищах твоих, и пришелец, и сирота, и вдова, которые среди тебя, на месте, которое изберет Господь, Бог твой, чтобы пребывало там имя Его.*

В дальнейшем, по мере того, как раскрывался Божий замысел, стало ясно, что местом, которое Он избрал, был Иерусалим, а зданием — храм, построенный Соломоном. Бог сказал, что там будет пребывать Его имя. Это было единственное законное место, на котором разрешалось приносить Богу жертвы и поклоняться израильтянам и всем людям, состоявший с Богом в завете, согласно Ветхому Завету.

Тот храм был разрушен, и сегодня прямо на его месте или чуть-чуть в стороне от того места стоит мусульманская мечеть. Вот почему евреи так заинтересованы именно в этом участке Иерусалима. Они не смогут восстановить свою форму богослужения, пока не вернут себе этот участок земли. Согласно Ветхому Завету они не имеют права приносить свои жертвы ни в каком другом месте.

Для верующих в Иисуса Христа ветхозаветный храм был замещен Телом Иисуса Христа. Иисус ясно об этом сказал, когда сравнил с Собой храм, стоявший в Его время на том же священном месте. Евангелие от Иоанна 2:18-20:

> *На это Иудеи сказали: ему в ответ каким знамением докажешь Ты нам, что имеешь власть так поступать? Иисус сказал им в ответ: разрушьте храм сей, и Я в три дня воздвигну его. На это сказали Иудеи: сей храм строился сорок шесть лет* (храм Ирода)*, и*

Ты в три дня воздвигнешь его? А Он говорил о храме Тела Своего.

Иисус говорил о переходе от храма, построенного на священном месте, к храму Его Тела. Теперь законным местом для встреч является имя Иисуса Христа. Верю, что Бог относится к этому ясному и четко установленному требованию Нового Завета так же серьезно, как и к соответствующему предписанию в Ветхом Завете. Нам предписано встречаться ни на каком ином основании, кроме как будучи сведенными вместе Духом Святым в имя Иисуса. Полагаю, что именно такие собрания являются базовыми ячейками или клетками, из которых строится поместная церковь.

ГАРМОНИЧНОСТЬ ПОМЕСТНОЙ ЦЕРКВИ

В Евангелии от Матфея 18:18 Иисус говорил о двух верующих, которые приходят в согласие или в гармонию в молитве:

Истинно говорю вам: что вы (те, кто согласовывают свои молитвы и соглашаются вместе, и которых привел в Мое имя Дух Святой) *свяжете на земле, то будет связано на небе; и что разрешите на земле, то будет разрешено на небе.*

Этой властью наделяется не какая-то непонятная группа верующих, которые случайно заглянули на вечернее собрание. Но собрание, которое образовалось из двоих, троих или более верующих, которые были сведены вместе и находятся под руководством Духа Божьего. Это собрание, которое сфокусировано на имени и личности Господа Иисуса Христа. Эти люди были приведены во взаимоотношения духовной гармонии. Если двое или трое смогут прийти к согласию и быть в единстве, тогда *все*, что они будут решать или о чем молиться, связывать или развязывать, будет иметь такую же силу и власть, как если бы это делал Сам Всемогущий Бог. В этом состоит великая тайна того, что значит быть ведомым Духом Святым во взаимоотношения гармонии.

Поэтому слово «гармония» является одним из ключевых слов, для понимания христианства. Цель Евангелия принести гармонию в семью, в собрание верующих, в общину и всюду, где оно необходимо. Если где-то нет гармонии, значит, там еще не было предоставлено место для действия Евангелия.

Основным свидетельством того, что где-то дано место действию Евангелия, является гармония между Богом и человеком, а также гармония между одним верующим и другим. В этих маленьких клеточках гармонии заключена безграничная Божья сила и власть. Из этих клеток развивается все Тело.

Очень важно понимать, что для того, чтобы иметь здоровое тела, вам надо иметь здоровые клетки. То же самое относится к домашним группам в церкви. Если в этих группах во взаимоотношениях между людьми что-то не так, то мы не можем иметь здоровую поместную церковь или правильные взаимоотношения во всем Теле.

Это одна из основных проблем современного христианства: очень часто мы не имеем правильных личных взаимоотношений в нашей обычной, каждодневной жизни. Например, если муж и жена (верующие в Иисуса Христа и крещенные в Духе Святом) не могут жить в мире, тогда как можно рассчитывать на единство в еще большем собрании людей? Столько лет мы сосредоточиваем все свое старание и силы на попытках построить большие церкви, не принимая во внимание тот простой факт, что они не могут быть здоровыми, пока в них не будут здоровыми личные взаимоотношения между людьми.

Опять-таки, основное требование для такой малой группы можно сформулировать одним словом: «гармония», внутренняя личная гармония. Большинство из нас не в согласии даже с самим собой, не говоря уже о других. Мы должны задать себе вопрос: «Нахожусь ли я в гармонии со своей женой, со своей семьей, со своими ближайшими родственниками, или в этих взаимоотношениях царит раздор, недовольство и разочарование?» Сравните эту гармонию взаимоотношений с музыкальной гармонией. Если музыканты будут фальшивить даже совсем немного, они испортят всю композицию! Евангелие от Матфея 18:19:

> *Истинно также говорю вам, что если двое из вас согласятся на земле просить о всяком деле, то, чего бы ни попросили, будет им от Отца Моего Небесного.*

Однажды Господь побудил меня исследовать корень греческого слова, переведенного в этом отрывке как *«согласятся».* Это слово *симфонос;* именно от него образовано наше слово «симфония». Этот термин означает «быть в гармонии, согласии». Это не просто умственное согласие, но духовное. Когда бы два человека ни пришли к духовной гармонии, они получат все, о чем просят. Нелегко пребывать и жить в духовном согласии, но если нам удастся достичь этого, тогда это будет действительно что-то необыкновенно мощное!

Люди этого мира распознают и ощущают гармонию. Оно является основным «экспортируемым продуктом» Евангелия, и она берет начало с двоих или троих, сведенных вместе в имя Иисуса. Я абсолютно убежден, что не может быть надежного и долговременного средства от хронических проблем церкви, пока не разрешаться проблемы, существующих в наших домах и семьях. Такое понимание абсолютно согласуется с Писанием.

ОПРЕДЕЛЕНИЕ ПОМЕСТНОЙ ЦЕРКВИ

Мы, почему-то упорно отказываемся обращать внимание на то, что Иисус во время Своего земного служения насаждал Евангелие именно в домах людей. Как правило, Он шел в синагогу, общепринятое место для проведения собраний, сегодня это называют «церковью». В синагоге Он давал людям столько, сколько они могли принять. Бывало, что они Его выгоняли, а иногда выслушивали до конца. Куда же

Он шел после этого? Он шел в чей-то дом. Например, в Капернауме Он отправился в дом тещи Петра. Именно туда Он пошел с людьми, которые хотели познакомиться с Ним ближе. В 10-й главе Евангелия от Матфея мы читаем, что, отправляя на служение Своих первых двенадцать учеников, Он сказал: *«В какой бы город или селение ни вошли вы, наведывайтесь, кто в нем достоин, и там оставайтесь, пока не выйдете»* (Матф. 10:11). Где же нужно было насаждать Евангелие? Не в синагоге, а в каком-либо достойном доме в каждом городе. Небольшая группа людей, например, семья, на самом деле является базовым ядром, из которого развивается поместная церковь.

Один город — одна церковь

Картина поместной церкви, которую мы будем рассматривать, можно назвать идеалистической. Тем не менее, я должен сказать, что она содержит Божий взгляд на поместную церковь в городе. Позвольте предложить вашему вниманию мое довольно радикальное определение того, что собой представляет полнота поместной церкви. Если вы согласитесь с этим определением, то это будет революцией, потому что это несовместимо с практикой современного христианства в целом. Итак, вот это определение: *поместная церковь — это часть Вселенской Церкви, расположенная в данной местности*. В дополнительных уточнениях нет необходимости. Вам нет необходимости «присоединяться» к поместной церкви, потому что не вы принимаете это решение. Когда вы становитесь членом Вселенской Церкви, тогда автоматически, без каких-либо дополнительных условий, вы также становитесь членом поместной церкви в том городе, в котором живете. Повторяю, у вас нет выбора. Если говорить о Вселенской Церкви, то вы имеете право выбора лишь в одном вопросе: иметь личные взаимоотношения с Иисусом Христом или нет, а если вы их имеете, то вы член Вселенской Церкви. Вопрос решен.

Мы рассмотрели два примера использования слова «церковь» в Евангелиях, причем и тот, и другой содержатся в Евангелии от Матфея. В связи с этим давайте рассмотрим некоторые интересные статистические данные об использовании слова *экклесия* («церковь») во всем Новом Завете. Вот как используется слово «церковь» и в единственном, и во множественном числе:

церковь (в ед. числе) в городе	— 35 раз
церковь (в ед. числе) в доме	— 4 раза
церкви (во мн. числе) в области	— 36 раз
Церковь Вселенская	— 20 раз
церковь поместная, но неопределенная	— 16 раз
церкви (во мн. числе) в одном городе	— 0 раз
церковь (в ед. числе) в области	— 0 раз
ветхозаветная церковь в пустыне	— 1 раз
собрание (города Ефес)	— 3 раза
ВСЕГО:	115 раз

Очень показательно использование единственного и множественного числа. Новый Завет говорит о «церквях» (множ. число) около сорока раз, но вы не найдете там ни одного намека на то, что в одном городе могло быть *несколько* церквей. В одном компактном месте проживания никогда не было больше одной церкви. Церкви никогда не пересекались друг с другом. В Новом Завете вы просто не могли жить по-соседству с членом «другой церкви». В одной местности не могло быть двух церквей. В то же время, Новый Завет нигде не упоминает одну церковь для целой области или провинции (никогда: «церковь Асии», «церковь Македонии», но всегда: «церкви Асии», «церкви Македонии» и т.д.). Церковь не может перерасти в обширную организацию, которая охватывает людей, живущих в разных местностях. Мы не находим нигде в Новом Завете промежуточной *церкви* (единств, число) между поместной и Вселенской.

Итак, Новый Завет определяет для поместной церкви только два места: дом и город. Важно увидеть, что в одной местности может быть лишь одна поместная церковь. Не может быть так, чтобы в одной местности пересекаются, а уж тем более соперничают друг с другом, две церкви. Это жизненно важный вывод. Совершенно не по-библейски говорить о двух церквах, которые пересекаются или находятся на одной и той же местности. Это совершенно исключено согласно Новому Завету. В пользу этого вывода свидетельствуют все без исключения примеры использования слова «церковь» в Новом Завете. В настоящее время в одном городе, как правило, много поместных церквей, каждая под руководством одного лидера. Однако первоначальный Божий порядок иной: в одном городе одна поместная церковь со многими лидерами. Вот таким является практический и действительно революционный вывод непредвзятого исследования Нового Завета в этом вопросе.

Точка зрения человеческая против Божьей

Когда человек смотрит на церковь в том или ином городе, то он видит баптистов, католиков, пресвитериан и пятидесятников. Он видит много разных церквей, каждая из которых находится под руководством одного лидера. Уверяю вас, Бог смотрит на это совсем не так. Глядя вниз, Он не видит различные деноминационые или неденоминационные группировки. Он видит только Свой народ в этом городе. На самом деле, Он видит нас как различные стада (или собрания), которые составляют *одну* церковь в этом городе.

Это означает, что уже сами наши подходы к поиску единства, неприемлемы Богу. Мы пытаемся объединить всех баптистов, всех пресвитериан или всех методистов в одном городе или регионе. Бог отвергает все наше самое хорошее, потому что у Него есть Свое лучшее. Его церковь в каждом городе состоит из мужчин и женщин из всех этих деноминаций. Необходимо понимать, что ни одна деноминация не представляет собой всю церковь.

Взять, например, город Шарлотт из штата Северная Каролина. Если посмотреть на него с человеческой точки зрения, то там есть более тридцати пресвитерианских церквей, многочисленные баптистские, католические и епископальные церкви, плюс многие другие. Однако, глядя на этот город с небес, Бог видит *одну* церковь. Он видит *церковь* в городе Шарлотт, а не пресвитериан, баптистов, католиков и т.д. Единственным условием для присоединения к церкви являются особые отношения с Иисусом Христом. Поэтому все жители этой местности, имеющие личные взаимоотношения с Иисусом Христом, автоматически являются членами церкви города Шарлотт. Вам не предлагается выбор; это не ваше решение. Единственное решение, которое вы принимаете: вступать ли вам в личные взаимоотношения с Иисусом Христом или нет.

Библейский образец

Позвольте предложить вашему вниманию простой, идеальный пример. Несомненно, только Дух Святой может применить его к тому или иному региону, учитывая всего его культурные особенности и особые нужды.

Представьте себе город, разделенный на четыре основные части, каждая из которых в свою очередь состоит из четырех районов. Всего таких районов шестнадцать.

В городе начинает действовать Дух Божий, и повсюду спасаются люди. Предположим, в северо-западной части города началось настоящее пробуждение, которое затем распространилось и на северо-восточную часть. Так продолжается до тех пор, пока весь город не попал под влияние этого движения Божьего. Сначала появились группы из двух, трех, четырех и пяти человек, а затем по всему городу стали вырастать большие домашние группы.

Потом среди этих новообращенных, которые все сначала были обычными учениками, Дух Святой начнет поднимать естественное поместное лидерство. Это никогда не занимает много времени. В любой группе всегда будут люди, которые начнут проявлять большую ответственность, достигать духовной зрелости быстрее других и вполне естественным образом становиться и признаваться лидерами. Например, если ночью у сестры Джейн резко поднялась температура, она, почти не задумываясь, звонит брату Бобу, и это свидетельствует о том, что она относится к нему как к старшему брату. Вскоре в каждой из частей города проявляется по два местных лидера. Их служение развивается только в пределах их небольших домашних групп, однако у них уже выявились лидерские способности.

Теперь, давайте предположим, что все эти местные группы стали встречаться для молитвы каждый вторник вечером. Люди не могут перепрыгивать из одной группы в другую; они сделали посвящение. Они уже стали связаны друг с другом в общении и гармонии, имея дело со Всемогущим Богом. Итак, каждый вторник вечером по всему городу собираются молитвенные группы, и среди христиан проявилось лидерство. Однако настоящим ключом к плодотворной работе является общение и дружба местных лидеров. Если не будет общения между ними, то и между местными верующими также не может быть эффективного общения. Когда местные лидеры входят в регулярное общение друг с другом, тогда устраняется препятствие к общению верующих. Все зависит от того, войдут ли в общение местные лидеры.

Мы продолжаем рассматривать картину города, который мы условно разделили на четыре главные части. Теперь, поместные лидеры говорят: «Давайте в понедельник вечером собираться на лидерское общение. Каждую группу будут представлять не менее двух лидеров, и мы все вместе будем обсуждать наши проблемы и откровенно говорить друг с другом. Это будет не просто вечер для милых бесед, но мы будем стремиться решать наши личные проблемы, а также проблемы наших прихожан. Мы будем в молитве раскрывать друг перед другом свои нужды, обмениваться откровениями и сверять все, что мы делаем, с мнением всех остальных лидеров».

Итак, в каждой из четырех частей города, каждый

понедельник мы имеем встречу восьми человек — это общение лидеров данной части города. После встречи в понедельник, во вторник они уже готовы ответить на духовные нужды членов своих групп. И с ними они вновь обсуждают проблемы друг друга, делятся своими нуждами, откровениями и наставлениями. Никто не действует в одиночку. Главным арбитром по различным решениям и доктринам является «коллективный ум» членов группы: *«а **мы** имеем ум Христов»* (1 Кор. 2:16).

Теперь можно сделать еще один шаг дальше. В первое воскресенье каждого месяца эти четыре группы местных лидеров собираются в одну большую группу лидеров всего города. Теперь уже проходит собрание тридцати двух лидеров. Каждый второй и четвертый понедельник месяца они встречаются по восемь человек. Каждый вторник они ведут собственные группы, но при этом в Теле Христовом нет разделения. Все они находятся в общении, все признают друг друга, и теперь нет барьера между собранием этой группы и общением с той группой христиан. Сегодня же членам одной церкви почти запрещено общаться с членами другой церкви. Бог ни одному человеку не давал права устанавливать такого рода запреты. Я считаю, что это приносит разделение в Тело Христово.

Теперь эта группа из тридцати двух человек может действовать совместно от имени всего города. Если город нуждается в евангелизации, то могут все вместе пригласить евангелиста. Если в городе необходимо провести учебный семинар, они могут пригласить учителей. Иисус сказал не только: *«Я есмь пастырь добрый»* (Ин. 10:11), но и: *«Я дверь овцам»* (Ин. 10:7). В самом реальном смысле пастыри являются дверью поместной общины. Когда церковь функционирует правильно, тогда представители различных мобильных служений, например, учителя, такие как я, не смогут войти в данную местность иначе, как только через дверь — лидеров-пастырей. Мне нравится входить через эту дверь! Но есть много «волков в овечьей шкуре» (см. стих 12), которые на самом деле являются ворами и разбойниками и во многих городах создают нескончаемые проблемы. Единственное решение состоит в том, чтобы коллективное лидерство города закрыло дверь для подобных «служителей». Тридцать два уважаемых человека могут собраться и сказать: «Не идите на эти собрания. Этот человек проповедует ложное учение и, кроме того, он живет с чужой женой, поэтому его слова не могут быть правильными». Вот там будет настоящая власть.

Волки будут продолжать приходить и расхищать стадо до тех пор, пока лидеры не соберутся вместе. В настоящее время именно эта модель братства и совместного лидерства появляется в некоторых городах Америки, а также других стран.

Однажды я присутствовал на собрании в городе Сиэтл, в котором участвовало около тридцати пяти других служителей. Нас пригласили полноевангельские пресвитера того города. Однако принятие всех этих служителей обошлось организаторам очень дорого, поэтому целью сбора средств для покрытия расходов лидерской конференции каждый вечер в разных частях города мы проводили отдельные собрания. По свидетельству местных служителей, эти дополнительные служения и общее собрание мобильных служителей, оказали большее влияние на город, чем любая другая евангелизационная компания за всю его историю.

Когда я размышлял над тем, что произошло на той конференции, Господь задал мне вопрос: «Скажи, с кем у Меня было больше проблем: с городом Ниневией или с пророком Ионой?» Я ответил: «Господь, когда Ты развернул Иону в правильном направлении, у Тебя не было проблем с Ниневией». И тогда Он сказал: «То же самое и сегодня. Если Мне удастся развернуть лидеров в правильном направлении, у Меня не будет проблем с городами».

Это, как я верю, является Божьим образцом. Поместная церковь начинается как место гармонии. Затем она превращается в суд последней инстанции. Божий порядок такой: единство церкви (в городе одна церковь) и множественность лидерства (в ней много лидеров). Коллективное городское лидерство объединяет и защищает церковь. Однако человек перевернул этот порядок с ног на голову и ввел множественность церквей с единоличным лидерством. Я свидетельствую, что сейчас мы стоим перед важным решением: примет Церковь точку зрения Божью или точку зрения человеческую на жизнь Церкви и ее структуру? Я вижу свидетельства того, что во многих городах смелые сердца принимают этот вызов. А как на это отреагируете вы?

В Книге пророка Иоиля описано восстановление народа Божьего в последние дни, а также суд над теми, кто отверг это восстановление. Посмотрим на картину суда. Книга пророка Иоиля 3:14:

Толпы, толпы в долине суда! ибо близок день Господень к долине суда!

«Долина суда» (в оригинале «долина решения, суда», буквально «долина разреза») это место, в которое Бог вводит людей, из которого они не смогут выйти, пока не примут решение. В этом месте вы должны сказать либо «да», либо «нет» — третьего не дано. Вот куда сейчас входит Церковь в этом вопросе. Церковь должна решить, хочет ли она придерживаться своих путей и установленных порядков, или желает подчиниться четко изложенному в Писании образцу Божьему. Мы не сможем сидеть на двух стульях одновременно. Я свидетельствую, что пришло время принять решение. Я чувствую Божью санкцию на такое утверждение. Вы стоите перед решением. Время хождения в «церковь», протирания штанов на церковных скамьях и проведения времени в милых религиозных занятиях — это время закачивается. Пришло время осознать реальность и действовать.

СТАБИЛЬНОСТЬ И РОСТ ПОМЕСТНОЙ ЦЕРКВИ

Как же поместной церкви оставаться на верном пути, сохраняя свою природу и цель? Ответ на этот вопрос мы найдем в Послании Колоссянам 2:18:

Никто да не обольщает вас самовольным смиренномудрием и служением Ангелов, вторгаясь в то, чего не видел, безрассудно надмеваясь плотским своим умом...

Держитесь за взаимоотношения с Христом

В приведенном выше месте Писания Бог предостерегает нас от того, чтобы мы не уклонялись от веры, обращая внимание на нелепые «откровения», например, на особые формы смирения. Например, изнурение тела или ношение бедной одежды. Такой вид смирения является выражением воли, а не духа. Также мы не должны стремиться проникнуть умом в служение ангелов.

Дословный перевод говорит так: «то, что он видел», что указывает на человека, который сообщает другим людям некое видение, утверждая, что он получил его от Господа. Не будьте обмануты людьми с «супер-откровениями», которые вводят что-то «новое», что на самом деле не имеет никакой ценности, а лишь отвлекает вас от личности Иисуса Христа. Писание говорит, что такой человек «безрассудно надмевается плотским своим умом (англ. «тщеславно раздувается своим плотским умом»)». Такой человек кажется супер-духовным, но в действительности он очень плотской. Впрочем, он сможет стянуть вас в обочину, если вы не «держитесь Главы», т.е. переключаете внимание с Христа Нового Завета.

Если вы потеряете ваши жизненно важные личные отношения с Главой, то будете обмануты и обольщены. Реальной гарантией от заблуждения является поддерживание прямых личных взаимоотношений с Иисусом Христом. До тех пор, пока вы будете это делать, вас никто не сможет обмануть или обольстить. Заблуждаются и сбиваются с верного пути те люди, которые не поддерживали жизненно важных отношений с Иисусом, а ведь именно в этом и состоит условие для пребывания в Церкви!

Далее, в Послании Колоссянам 2:19 («Современный перевод») мы читаем:

> *... Такие люди больше не связаны с Главой, которая питает тело и придает ему благодаря его связкам и суставам единство, чтобы это тело возрастало по замыслу Бога.*

Заметьте, что рост *тела* происходит *от* тела. Эта же мысль утверждается в Послании Ефесянам 4:16: *«Все тело... получает приращение для созидания (построения) самого себя в любви»*. Тело растет именно благодаря самому себе, а не какому-то великому проповеднику. Когда все члены тела правильно функционируют, тогда тело растет естественным образом. Многие люди ищут проповедника или новинку — какой-то новый метод или новое откровение — для роста тела. Но Слово Божье ясно учит о том, что тело возрастает благодаря своему естественному развитию, когда оно правильно функционирует.

Суставы и связки

Обратите внимание, Послание Колоссянам 2:19 говорит о том, что тело: во-первых, *питаемо* благодаря правильным отношениям с Главой, и, во-вторых, *скрепляемо* суставами и связками в единстве и силе. Итак, две вещи держат тело вместе: суставы и связки. Что подразумевается под этим? Эти простейшие анатомические термины были известны уже во времена Ранней церкви. Полагаю, что под суставами подразумевались личные взаимоотношения, прежде всего, с Христом, а затем и с другими верующими. Связки (связи) — это отношения, которые мы имеем к другим верующим, даже если мы не состоим с ними в непосредственных личных отношениях.

Суставы

Задумайтесь, насколько суставы просто жизненно необходимы в теле. Будучи военным санитаром в британской армии, я навсегда усвоил некоторые сведения об анатомии человека. Я узнал, что в руке есть три основные кости: одна от плеча до локтя и две от локтя до запястья. Однако возможно такое, что хотя все эти кости будут совершенно здоровыми, но рука все равно не будет функционировать. Почему? Если не будет действовать локтевой сустав, то и кости не смогут нормально функционировать. Вот что реально и происходит в церкви снова и снова. Каждый отдельно взятый член может быть совершенно здоров, но тело не может функционировать, потому что взаимоотношения между этими членами неправильные. Многие члены не функционируют в церкви, потому что не в порядке «сустав», соединяющий их со следующим членом. Когда один член неправильно связан с другим, это может парализовать все тело.

Вспомните порядок Послания Колоссянам 2:18-19. Во-первых, мы держимся Главы, т.е. Христа. Во-вторых, мы должны быть соединены или иметь правильные отношения с другими верующими, постоянно обращая особое внимание на тех, кто находится к нам ближе всего. Так легко любить людей на расстоянии, но когда мы с ними знакомимся ближе, это уже совсем не так легко!

В нашей лондонской церкви была одна женщина, которая могла ангельской молитвой молится о «бедных африканцах». Но однажды на наше молитвенное собрание пришел один африканец и опустился на колени рядом с той женщиной. Поверьте мне, ей это не понравилось! Чернокожих африканцев она любила на расстоянии, а не вблизи. У многих христиан есть подобные проблемы во взаимоотношениях. Прежде всего и более всего, у меня должны быть правильные отношения с человеком, который находится рядом со мной.

Связки

Давайте рассмотрим второй упомянутый вид соединения: связки. Писание говорит, что есть два рода связей, которые держат вместе все Тело Христово. В Послании Колоссянам 3:14 мы читаем:

Более же всего облекитесь в любовь, которая есть совокупность совершенства.

Словом «совокупность» в этом стихе переведено

слово, которое в Послании Колоссянам 2:19 переведено как «связи» или «связки». Любовь — это связь, которая удерживает в единстве и целостности все тело. Второй род связи упоминается в Послании к Ефесянам 4:2-3 (можете заметить, насколько 4-ая глава Послания Ефесянам схожа со 2-ой и 3-ей главами Послания Колоссянам):

Снисходя друг ко другу любовью, стараясь сохранять единство духа в союзе мира.

Опять-таки слово «союз» здесь это: «связь, связки, сухожилие». Две великие связи, которые охватывают все Тело и держат его в единстве и дают ему возможность функционировать — это любовь и мир. Многие ли протестанты испытывают любовь и мир по отношению к католикам? Сегодня таких людей больше, чем было раньше, но помню, как много лет назад я стоял на «Углу ораторов» в лондонском Гайд-Парке и слушал выступавших под открытым небом проповедников. Это были либо католики, разносящие в пух и прах протестантов, либо протестанты, которые не оставляли камня на камне от католиков. У них просто не оставалось времени, чтобы заниматься кем-то или чем-то другим. Их отношение свидетельствовало о полном отсутствии любви и мира.

Должен заметить, что все эти суставы и связки невидимы: их невозможно увидеть глазами. Это представляет серьезную проблему для многих христиан. Можно провести параллель с Ветхим Заветом, когда израильтяне постоянно подвергались искушению заменить или изобразить невидимого Бога каким-то видимым образом. Бог строго запретил идолопоклонство, однако в плотском человеке постоянно живет желание сделать все видимым. Ему хочется иметь нечто, на что он сможет указать пальцем и сказать: «Вот мой бог. Вот где он стоит, и вот где написано его имя».

Эта проблема не закончилась с Ветхим Заветом. В эпоху Нового Завета Бог (посредством Иисуса Христа и Духа Святого) сотворил Тело, которое держится вместе с помощью невидимых суставов и связок. Но вот уже много столетий христиане никак не могут удовлетвориться невидимым. Они постоянно стремятся заменить невидимые взаимоотношения и невидимую духовную структуру какой-то человеческой, видимой организацией и четко выстроенной структурой, где всем и всему дано свое название и титул. Это явно видно в церковной истории.

Много лет назад, когда я жил в Лондоне, у меня были определенные контакты с одной деноминацией. Чтобы стать ее членом, вы должны были быть записаны в определенную организацию, поставить подпись на особом документе, произнести определенные обещания, а затем занять определенное положение, которому соответствовало определенное воинское звание и униформа. Возможно, вы думаете: «Замечательно! Вот где, наверное, есть единство». Но вы глубоко ошибаетесь. Внутри этой организации (впрочем, не более, чем во всех остальных), были постоянные ссоры, зависть, обиды, неприязнь, отказ признавать служение или власть других людей. Когда ко мне в поисках освобождения приходил тот или иной член этой группы, то, как правило, оказывалось, что корнем его проблемы была абсолютная ненависть по отношению к лидерам организации. Вся эта видимая структура: подписание документа с обязательствами, облачение в форму и посещение определенного места в определенное время не приносили реального результата — внутреннего единства, любви и правильных взаимоотношений. За всей этой бурной деятельностью была потеряна истинная картина поместной церкви.

Люди так увлекаются внешним, что не замечают отсутствия внутреннего. Стало обычным делом, когда люди состоят в одной церкви, верят в одни доктрины, отдают десятины, посещают одно здание, вежливо приветствуют друг друга, но при этом тихо ненавидят друг друга. Вы спросите: «Как такое может быть? Как они, христиане, могут друг друга ненавидеть?» Все дело в том, что эти люди обмануты своими идолами. Видимая структура, которая заменила собой невидимую, ввела их в заблуждение. Кстати, как люди, жившие при Ветхом Завете, которые были свидетелями славы и силы Божьей, могли вырезать идолов из дерева и ставить их по углам своих домов, считая их своими богами? Но именно так они и делали.

Когда-то я читал рассказ о том, как во время войны во Вьетнаме шел бой за одно селение. Американский солдат заметил, что один из жителей деревни выносит из хижины кусок дерева. Этот человек оставил там мебель, одежду, даже своих родственников, но одно он хотел спасти обязательно — этот кусок дерева. Солдат спросил: «Что это?» Вьетнамец ответил: «Это мой бог. Я его спасаю». Разве не трагично это? Представьте, что у вас есть бог, которого *вы* должны спасать! Тем не менее, так живут миллионы людей во всем мире. Можно с твердой гарантией сказать, что истинный Бог не нуждается в защите, и Его нет необходимости спасать. То же самое можно сказать об истинной церкви, она не нуждается в защите. Она нуждается в том, что ходить в истине!

Как люди оказались настолько обмануты? Они так до сих пор и не поняли, что христиане объединяются (становятся едиными членами одного тела) прежде всего невидимыми связями. Правильные ли у меня отношения с Иисусом Христом? Правильные ли у меня отношения с другими верующими? Правильные ли у меня отношения с женой, детьми и родителями? Вот с чего все начинается.

Я хочу еще раз подчеркнуть эту истину, основываясь на многолетнем опыте служения людям: они нуждаются в Божьем освобождении чаще всего из-за чувства обиды или ненависти по отношению к жене, мужу или родителям. Людей, считающих себя хорошими христианами, действительно могут переполнять горечь и обида. Именно так они обманываются, когда невидимое заменяют видимым. Они держатся за что-то видимое, вместо того, чтобы быть привязанным к вечному. Они похожи на того несчастного вьетнамца, который нес в руках своего бога, не понимая, что оставляет позади то, что имеет *настоящую* ценность.

ОСНОВНАЯ ЦЕЛЬ ПОМЕСТНОЙ ЦЕРКВИ

В завершение этой главы давайте рассмотрим основную цель поместной церкви. Возможно, вы удивитесь, узнав, что главная цель поместной церкви это *общение*. Многие люди об этом даже не догадываются. Однако я убедился, что именно это Новый Завет ставит на первое место. Первостепенной задачей поместной церкви является именно общение, а не благовествование, возведение церковных зданий и больниц или миссионерская деятельность. Все эти задачи второстепенны. И они являются *результатом* истинного общения. Если среди нас не будет общения, то мы никогда не достигнем того, чего от нас ожидает Бог.

Призваны в общение

Первое послание Коринфянам 1:9:

Верен Бог, Которым вы призваны в общение Сына Его Иисуса Христа, Господа нашего.

Вы, наверное, помните, что церковь это «вызванные с определенной целью люди». Мы уже рассмотрели то, *откуда* мы были призваны: из мира. А теперь задумаемся: *куда* мы были призваны? Церковь была «сведена» в имя Иисуса, и что теперь делают люди? Они разделяют Христа друг с другом. Павел сказал об этом так: *«Вы призваны в общение Сына Его Иисуса Христа, Господа нашего»*. Таким образом, конечная цель — это *общение*.

Греческое слово, переведенное в Новом Завете как «общение», является таким же интересным, как и *экклесия*. Оно также заимствовано из мирского языка и приобрело особый смысл. Это слово образовано от другого однокоренного с ним слова, означающего «иметь что-то общее» или «владеть чем-то совместно». Следовательно, эту фразу можно перевести так: «разделение Христа друг с другом». Это и есть главная цель и предназначение поместной церкви.

Давайте прочитаем, как об этом пишет апостол Иоанн в Первом послании Иоанна 1:1-3:

О том, что было от начала, что мы слышали, что видели своими очами, что рассматривали и что осязали руки наши, о Слове жизни, ибо жизнь явилась, и мы видели и свидетельствуем, и возвещаем вам сию вечную жизнь, которая была у Отца и явилась нам, о том, что мы видели и слышали, возвещаем вам, чтобы и вы имели общение с нами: а наше общение с Отцем и Сыном Его, Иисусом Христом.

Это место Писания объясняет, для чего было дано описание Иисуса в Ветхом Завете. Апостол Иоанн, автор одного из Евангелий и непосредственный свидетель жизни и служения Иисуса, сказал: «Мы говорим вам о том, что мы видели и слышали. Мы узнали об этом не откуда-то издалека. Нам это известно не просто теоретически. Мы прикасались к Нему. Мы наблюдали за жизнью Его — Господа Иисуса Христа. Он является Словом жизни. Он явился; Он стал плотью и обитал с нами. Все это мы видели, слышали и наблюдали, а теперь заявляем об этом вам из первых уст».

Для чего же был записан этот рассказ из первых уст? Для чего вообще нам дан весь Новый Завет? «*...О том, что мы видели и слышали, возвещаем вам, чтобы и вы имели общение с нами*» (1 Иоанна 1:3). Он дан для того, чтобы привести нас к общению с апостолами! Что же это за общение? Во второй половине этого стиха сказано: «*...а наше общение с Отцем и Сыном Его, Иисусом Христом*».

Цель написания Нового Завета состояла в том, чтобы привести услышавших Слово Божье и поверивших в него к общению с Богом: к общению между Отцом, Сыном и всеми верующими через Духа Святого!

Рассмотрим еще два места Писания, связанных с этой темой. Второе послание Иоанна 1:2:

Многое имею писать вам, но не хочу на бумаге

Глава 12. Поместная Церковь

чернилами, а надеюсь придти к вам и говорить устами к устам, чтобы радость ваша была полна.

Первое послание Иоанна 1:4:

И сие пишем вам, чтобы радость ваша была совершенна.

Что приносит полноту радости, как не общение лицом к лицу? «Общаться» означает встречаться друг с другом, с Богом и Иисусом Христом. Именно ради этой цели Бог и призвал нас из мира в церковь.

Рассмотрим последний стих, в котором Иисус показывает принцип. Это Евангелие от Иоанна 3:6:

Рожденное от плоти есть плоть, а рожденное от Духа есть дух.

Плоть рождает плоть, а Дух рождает дух. Всегда! Верю, здесь раскрывается секрет: *только там, где есть общение, происходит духовное рождение*. Вот почему общение стоит на первом месте. До тех пор, пока мы вместе не войдем в общение в Духе, которое вращается вокруг личности Иисуса Христа, все что мы делаем, будет лишь плотью. А уже из этого общения рождаются духовные цели Бога: свидетельство, проповедь, посещение больных и миссионерство. Все это является продуктом общения; это рождено Духом из общения.

Где нет истинного общения, там есть всего лишь программы и мероприятия, которые являются плотью, рожденной от плоти. Все рожденное от плоти не может быть ничем иным, как только плотью! Опять-таки, духовное рождение происходит лишь там, где есть общение. Эта истина подтверждается описанием жизни Ранней церкви в Книге Деяний 2:1:

При наступлении дня Пятидесятницы все они были единодушно вместе.

Церковь появилась (или родилась) в месте общения: «*Все они были единодушно вместе* (в полном единстве и на одном месте)». Затем, давайте обратим внимание на то, что происходило в церкви Антиохии, где было пятеро пророков и учителей, которые общались, служили Господу и постились. Книга Деяний 13:1-2 (выделено автором):

> *В Антиохии, в тамошней церкви были некоторые пророки и учители: Варнава, и Симеон, называемый Нигер, и Луций Киринеянин, и Манаил, совоспитанник Ирода четвертовластника, и Савл. Когда они служили Господу и постились, Дух Святый сказал: отделите* **Мне** *Варнаву и Савла ж дело, к которому Я призвал их.*

Первое описанное в Библии полноценное миссионерское путешествие родилось в общении людей, которые ожидали Господа в молитве, поклонялись и служили Ему. Мы вернемся к этому месту Писания позже, когда будем изучать различные аспекты служения церкви.

Сейчас необходимо запомнить следующий принцип: нет общения — нет духовного рождения. Вы можете сколько угодно свидетельствовать, проповедовать, прилагать старания, чтобы привести людей к Богу, но без общения в этом не будет Духа. Общение — вот место духовного рождения. Когда мы общаемся, объединившись вокруг личности Иисуса Христа, тогда истинные Божьи дела рождаются Духом Святым.

13

КОМАНДЫ АПОСТОЛОВ И ПРЕСВИТЕРЫ: ДВЕ НОГИ ОДНОГО ТЕЛА

Ранее в этой книге я упоминал поговорку: «Из-за деревьев леса не видно!». Другими словами, полностью погрузившись в детали, можно упустить из виду целое. За многие годы изучения Церкви у меня иногда появлялось такое чувство. В какой-то момент я решил выйти из леса и изучать лес, а не группу деревьев. Я принял решение рассмотреть Церковь как единое целое. Приложив усилия в таком направлении, я обнаружил одну истину, которая полностью перевернула как мой подход к церкви, так и мое понимание Церкви.

Давайте начнем со слов Самого Иисуса, записанных в Евангелии от Луки 6:47-48:

Всякий, приходящий ко Мне и слушающий слова Мои и исполняющий их, скажу вам, кому подобен: он подобен человеку, строящему дом, который копал, углубился и положил основание на камне; почему, когда случилось наводнение и вода наперла на этот дом, то не могла поколебать его, потому что он основан был на камне.

Надежный дом может быть построен только на крепком основании. Этот образ очень понятен тем, кто жил в Израиле. В Иерусалиме я построил один дом прямо на другом доме, который был сооружен более чем за сто лет до того. Так как первый дом стоял на каменном основании, я смог надстроить три этажа над уже существующими двумя.

Поэтому в шестой главе Евангелия от Луки Иисус говорил о том, с чем были хорошо знакомы Его слушатели. Прежде чем начать строить, вам необходимо докопаться до скалы. То же самое относится и к нам. Если мы хотим построить настоящую церковь, то нам придется упорно работать, чтобы докопаться до Библейской скалы. Необходимо убрать слои предвзятости, традиций и ошибочных учений, чтобы заложить чистый фундамент. Надеюсь, что данная книга будет этому способствовать.

ДВЕ ОСНОВНЫЕ КАТЕГОРИИ ЛИДЕРСТВА

В Новом Завете (который является нашим крепким основанием) существуют две основные формы лидерства в Церкви: (1) мобильная — апостольские команды, и (2) поместная — пресвитерии или группы пресвитеров, действующие по несколько человек. Мне нравится слово «пресвитер», которое, по сути, является транслитерацией греческого слова *пресбутерос*, что означает «старший» или «старейшина». На Западе с старейшинах мало известно, но в странах Ближнего Востока и Африки они являются основой общества. Поэтому правление старейшин в Новом Завете не было чем-то новым. Божий народ на протяжении многих веков знал, что это такое. Собственно говоря, старейшины представляют собой неизменную форму руководства, начиная с Бытия и заканчивая Откровением.

Фраза «апостольская команда» лишь недавно стали употреблять в Церкви. Тем не менее, апостольские команды являются в Новом Завете столь же основополагающими, как и пресвитерии. Фактически, апостольские команды появились даже раньше пресвитерий. Интересно, что Новый Завет уделяет больше внимания деятельности апостольских команд, чем работе пресвитерии. Во всех четырех Евангелиях основное внимание направлено на апостольскую команду, которой руководил Иисус, тогда как слово «церковь» встречается лишь дважды (см. Мф. 16:18; 18:17). Книга Деяния описывает прежде всего служения Петра, Филиппа и Павла, которые были или евангелистами или членами апостольской команды. В книге Деяния очень мало сказано о том, что делали старейшины. О старейшинах много говорится в новозаветных посланиях, но все- таки и там большее ударение делается на апостольских командах.

В возрождении этих двух форм лидерства (мобильного и стационарного) церковь найдет истинную силу и настоящий порядок. Однако эти главные составляющие лидерства Церкви очень мало понимаемы сегодня. Поэтому мы начнем рассмотрение структуры Церкви с «взгляда на лес» — с общей картины. Если мы получим правильную общую картину, тогда сможем иметь правильное представление и о деталях.

Множественность

Первая характерная черта как апостольских команд, так и пресвитерий, заключается во *множественности*, они всегда состояли из нескольких человек. Вы будете долго исследовать Новый Завет, чтобы найти хотя бы одного апостола, который действовал в одиночку. Как правило, апостолы действовали в командах, и в этих командах было гораздо больше людей, чем мы готовы предположить. Верю, что пресвитерии (т.е. пресвитерские управления) всегда было множественными. Само греческое слово «пресвитерия» указывает на множественное число, поскольку это собирательное существительное.

Суверенность

Вторая характерная черта заключается в том, что и те, и другие были *суверенными*, но не независимыми. Надеюсь, вы понимаете, что можете быть суверенным, но не независимым. На самом деле, каждый член Тела Христова суверенен. Он несет ответственность за свою собственную жизнь, и есть сферы, в которых никто не имеет права что-то навязывать и диктовать ему. В то же время, никто из нас не является независимым от других членов Тела.

Взаимозависимость

Это подводит нас к третьей характеристике: оба служения *взаимозависимы*. В качестве примера давайте, прежде всего, рассмотрим тот факт, что апостолы назначали пресвитеров. В Книге Деяний 14:14 сказано: *«Но Апостолы Варнава и Павел...»* Варнава и Павел были апостолами, и в 23- м стихе о них же сказано следующее:

> *Рукоположив же им пресвитеров к каждой церкви, они помолились с постом и предали их Господу, в Которого уверовали.*

Итак, пресвитеров назначали именно апостолы. В Новом Завете нет свидетельств тому, что пресвитеров назначали не апостолы, а кто-то другой. Павел написал в Послании Титу 1:5:

> *Для того я оставил тебя в Крите, чтобы ты довершил недоконченное и поставил по всем городам пресвитеров, как я тебе приказывал.*

Пока не назначены пресвитеры, чего-то не хватает. Не верю, что церковь будет церковью, если не будет пресвитеров. Более того, как мы видели в 14-й главе Книги Деяний, назначение пресвитеров является ключевым моментом в превращении групп учеников в церкви. Тит, как уполномоченный представитель Павла, назначал старейшин на Крите, и это снова указывает на то, что назначение пресвитеров является обязанностью апостолов. Схема ясна: апостолы назначают пресвитеров.

С другой стороны, именно пресвитеры посылали апостолов. Книга Деяний 13:1-3:

> *В Антиохии, в тамошней церкви были некоторые пророки и учители: Варнава, и Симеон, называемый Нигер, и Луций Киринеянин, и Манаил, совоспитанник Ирода четвертовластника, и Савл. Когда они служили Господу и*

постились, Дух Святым сказал: отделите Мне Варнаву и Савла на дело, к которому Я призвал их. Тогда они, совершив пост и молитву и возложив на них руки, отпустили их.

Эти люди составляли лидерство данной поместной церкви и, по всей вероятности, функционировали в качестве старейшин. Являясь старейшинами, они от Духа Святого получили водительство на то, чтобы послать Савла (Павла) и Варнаву на служение за пределами поместной церкви. С этого момента Павел и Варнава стали называться «апостолами». Интересно, что Павел не был апостолом, пока не был послан церковью Антиохии. Я вернусь к этой теме, когда мы подойдем к определению слова «апостол».

Эту взаимную власть апостолов и старейшин я называю «циклом воспроизводства», о чем мы будем подробнее говорить в 15-й главе. Апостолы назначают старейшин, а старейшины посылают апостолов; нет независимых служений. Я верю, что такой порядок установил Бог, а также считаю, что Бог всегда создает такие связи в Теле. Он не хочет, чтобы кто-либо был полностью независимым.

Зависимость от благодати Божьей

Как апостольские команды, так и пресвитерии *зависят от благодати Божьей*. Люди постоянно стремятся найти некую систему, которая избавит их от необходимости полагаться на благодать Божью, но без благодати Божьей разрушится даже самая лучшая система. Поэтому, когда появляются проблемы, не всегда в этом виновата система, не обвиняйте во всем ее, а лучше проверьте, пребывают ли люди в благодати Божьей. Даже благополучие в семьях христиан зависит от благодати Божьей. Опять-таки, Бог именно так все устроил, потому что не хочет, чтобы мы были независимы от Него.

Направляемые Духом Святым

Кроме того, каждая из этих групп служителей может эффективно действовать только будучи *направ-*

ляемы Духом Святым. Чтобы пресвитерии и апостольские команды действовали правильно, необходима не только благодать, но и Дух Святой. Быть направляемыми Духом и находиться под благодатью — понятия, которые очень тесно связаны друг с другом, поскольку именно Дух Святой является Духом благодати. Книга Деяний 13:2:

Когда они служили Господу и постились, Дух Святый сказал: отделите Мне Варнаву и Савла на дело, к которому Я призвал их.

Обратите внимание на важную деталь: когда они служили Господу, Дух Святой сказал: «Отделите Мне...» Мы редко думаем о Духе Святом как о «Господе». Иисус является Господом *над* Церковью, а Дух Святой Господь *в* Церкви. Поэтому все в ней зависит от Духа Святого.

О втором миссионерском путешествии Павла мы читаем в Книге Деяний 16:6-10:

Пройдя через Фригию и Галатийскую страну, они не были допущены Духом Святым проповедывать слово в Асии. Дойдя до Мисии, предпринимали идти в Вифинию; но Дух не допустил их. Миновав же Мисию, сошли они в Троаду. И было ночью видение Павлу: предстал некий муж, Македонянин, прося его и говоря: приди в Македонию и помоги нам. После сего видения, тотчас мы положили отправиться в Македонию, заключая, что призывал нас Господь благовествовать там.

Апостолы всегда получали направление от Духа Святого, даже в том, чего им *не* следовало делать! Кроме того, заметьте, что это видение Павлу, надо понимать, пришло от Духа Святого. Это был важный момент в истории Церкви, ведь именно тогда Евангелие впервые пришло из Азии в Европу! Дух Святой показал Павлу, в каком направлении теперь должно распространяться Царство Божье, которое, в конечном итоге, охватило всю Европу и Запад.

Принцип нахождения под водительством Духа

Святого находится в Послании Римлянам 8:14, которое является одним из ключевых мест Писания в моей жизни:

Ибо все, водимые Духом Божиим, суть сыны Божии.

Греческое слово, переведенное как «сыны», означает зрелых сыновей, а не детей. Вы становитесь дитем Божьим благодаря рождению свыше, однако затем вы взрослеете и становитесь зрелым сыном через водительство Духа Святого. Многие люди, которые были рождены Духом Святым, не подчиняются водительству Духа Святого и потому никогда не достигнут духовной зрелости. В греческом оригинале слово «водимые» стоит в настоящем продолжительном времени: «Ибо все, *постоянно и регулярно водимые* Духом Божиим, суть сыны Божии». Недостаточно водить «шапочное знакомство» с Духом Святым, ограничивающееся утренним служением в воскресном собрании. Чтобы быть сынами Божьими, мы должны иметь постоянные и круглосуточные взаимоотношения с Духом Святым.

Упрощенно историю Церкви можно представить таким образом: мы потратили девятнадцать столетий пытаясь найти безопасную систему, при которой нам не нужно было бы зависеть от Духа Святого. Однако мы не должны быть водимы какими-то принципами и понятиями. Мы должны быть водимы Духом Святым. Возможно, вы спросите: «А разве у Бога нет принципов и понятий?» Конечно, есть. Но мы не настолько умны, чтобы знать, какой принцип или понятие применять в той или иной ситуации. Мы должны полагаться на Дух Святой, однако наша ветхая природа всегда болезненно воспринимает это. Закон или система это как карта, которая говорит, куда двигаться дальше. Ветхая природа говорит: «Дайте мне карту, и я доберусь сам, куда надо. Я сам неглупый». Однако спустя некоторое время, темной, дождливой ночью, когда вы запутались в своей карте, вам в ухо шепчет мягкий голос: «Можно тебе помочь?» Это Дух Святой хочет провести вас туда, куда вы никогда не попадете с помощью одной лишь картой.

Взаимодействие с пророками

Наконец, апостольские команды и пресвитерии *взаимодействуют с пророками*. Ранее мы уже обращали внимание на то, что старейшины, описанные в книге Деяния 13:1, были пророками и учителями. В Послании Ефесянам 2:19-20 мы читаем:

> *Итак вы уже не чужие и не пришельцы, но сограждане святым и свои Богу, быв утверждены на основании Апостолов и пророков, имея Самого Иисуса Христа краеугольным камнем..,*

Здесь говорится не о ветхозаветных пророках, поскольку первыми упомянуты апостолы. Павел осознавал, что для рождения церкви необходимы как апостолы, так и пророки. Пророки участвуют в основании церкви и поэтому взаимодействуют как с апостольской командой, так и с группой пресвитеров. В одной из последующих глав мы подробно рассмотрим служебный дар пророка.

ОСНОВНЫЕ ЗАДАЧИ И МЕСТО ДЕЯТЕЛЬНОСТИ ГРУПП СЛУЖИТЕЛЕЙ

Есть некоторые важные различия в задачах и поле деятельности, которые стоят перед апостольскими командами, и в задачах и поле деятельности пресвитерий. Прежде всего, пресвитерии действуют в определенной местности. Если какой-то человек был старейшиной в Коринфе, и переселился в Рим, то он не становится автоматически старейшиной в Риме. Церковь в Риме не обязана предоставлять ему статус старейшины. Однако если человек является апостолом, то он будет апостолом везде. Это же относится и к другим мобильным служениям: пророкам, евангелистам и учителям. Апостольские команды могут действовать в любой части Тела Христова, и их церковный приход — это весь мир. Это действительно так, поскольку основная задача апостола — это расширять границы Царства Божьего.

Основная задача пресвитерий состоит в поддержании порядка в поместной церкви и ее защите через управление, как об этом написано в Первом послании к Тимофею 5:17:

Достойно начальствующим пресвитерам должно оказывать сугубую честь, особенно тем, которые трудятся в слове и учении.

Старейшины начальствуют, управляют и ведут за собой. Апостольские команды вносят свой вклад в пресвитерию, но, опять-таки, их основной упор сделан на расширении границ Царства Божьего. Старейшина призван к тому, чтобы привести своих людей к духовной зрелости, миру и порядку. Апостол призван к тому, чтобы распахивать для Евангелия новые поля. В каждом из них живут совершенно разные стремления: апостол думает о расширении, а старейшина о сохранении.

Чтобы описать сердце апостола, позвольте мне привести несколько мест Писания. Книга Деяний 1:1-2:

Первую книгу написал я к тебе, Феофил, о всем, что Иисус делал и чему учил от начала до того дня, в который Он вознесся (на небеса), дав Святым Духом повеления Апостолам, которых Он избрал...

Обратите внимание, кому Христос дал повеления. Он дал повеления не всей Церкви. Он дал их конкретным людям — апостолам. Теперь давайте рассмотрим эти повеления, и вы поймете сущность апостольского служения. Евангелие от Матфея 28:18-19 (выделение добавлено автором):

*И приблизившись Иисус сказал им: дана Мне всякая власть на небе и на земле: **итак идите**, научите все народы.*

Служение апостолов — это «идущее» служение. Иисус сказал: «Идите ко всем народам», а затем добавил: «и се, Я с вами во все дни до скончания века» (стих 20). При каком условии Христос будет с нами? Если мы *пойдем!* Он не обещал быть с нами, если же мы будем сидеть. Более того, слова «до скончания века» означают, что у Него нет другой программы или запасного плана! В параллельном месте в Евангелии от Марка 16:15-17 говорится об этом же:

Идите по всему миру и проповедуйте Евангелие всей твари. Кто будет веровать и креститься, спасен будет; а кто не будет веровать, осужден будет. Уверовавших же будут сопровождать сии знамения...

Наверное, вы слышали такие жалобы: «Господь, нас не сопровождают знамения!» Дело в том, что Иисус обещал это только тем, кто будет идти! Возможно, вы слышали поговорку: «Трудно сопровождать припаркованную машину». Значительная часть Тела Христова это «припаркованная машина». Она стоит на автостоянке у церковного здания и не движется ни к какой цели.

Сердца апостолов должны стремиться к новым полям!

Послание Римлянам 15:20:

Притом я старался благовествовать не там, где уже было известно имя Христово, дабы не созидать на чужом основании...

Первое послание Коринфянам 3:10:

Я, по данной мне от Бога благодати, как мудрый строитель, положил основание, а другой строит на нем.

Заметьте, в этих местах Писания указано, что Павел закладывал основание там, где еще не было известно имя Христово. Затем старейшины строили на этом основании среди тех, кто был поручен их опеке в их собственном городе. В этом и заключается различие между апостолами и пресвитерами.

ПОРЯДОК ВЛАСТИ В ПОМЕСТНОЙ ЦЕРКВИ

В Первом послании к Коринфянам 12:28 четко описывается порядок власти в поместной церкви:

И иных Бог поставил в Церкви, во-первых, Апостолами, во-вторых, пророками, в-третьих, учителями; далее, иным дал силы чудодейственные, также дары исцелений...

Есть много церквей, которые никогда не видели чудес или даров исцелений, и одна из причин этого в том, что у них нет апостолов. Относительно апостолов, пророков, учителей говорится «во-первых... во-вторых... в-третьих...» — эти три служения указаны в порядке власти. А наделены этой властью эти три служения в первую очередь потому, что им вручено Слово Божье. Тем, кто вовлечен в служение чудес или исцелений, необязательно слишком много пребывать в служении Слова. Честно сказать, некоторым людям, имеющим дар чудотворений, лучше было бы вообще не пытаться учить.

Апостолы являются старшими служителями Церкви. Однако в большинстве случаев им не следует переступать суверенность власти поместных пресвитерий. Даже тот факт, что они являются старшими членами Тела, совсем не означает, что они могут входить в любую поместную церковь и наводить порядки среди ее членов. Это противоречит духу и этике Нового Завета. На самом деле, апостолы Нового Завета намного чаще увещевали людей сделать что-то, чем повелевали.

Кроме того, обратите внимание, что апостолы, посылаемые от церквей на служение, после выполнения своей задачи возвращались в церкви, которые их послали, и отчитывались перед ними. Они находились под властью этих поместных церквей. Они были не повелителями над церквями, а их уполномоченными посланниками. В 13-й и 14-й главах Книги Деяний описано первое миссионерское путешествие Павла и

Варнавы, завершив которое они (14:26)...

...отплыли в Антиохию, откуда были преданы благодати Божией на дело, которое и исполнили.

Как они были преданы благодати Божьей? Возложением рук братьев, которые были лидерами в церкви города Антиохии. Обратите внимание, что апостолы были преданы Богу на дело или для определенного задания. Выполнив задание, для которого они были преданы Богу, они вернулись в поместную церковь, чтобы отчитаться в проделанной работе. Книга Деяний 14:27:

Прибыв туда и собрав церковь, они рассказали все, что сотворил Бог с ними, и как Он отверз дверь веры язычникам.

Это очень отличается от той картины апостольского служения, которую сегодня некоторые пытаются нам навязать. Апостол это не духовный диктатор и не царь, который не дает отчет в своих действиях никому. Это не тот, кто возлагает люди на людей и говорит, что им следует делать. Напротив, он является, так сказать, результатом движения Духа Божьего в поместной церкви. Его посылает поместная церковь с возложением рук лидеров. Он идет для выполнения определенного задания, а затем возвращается в посылавшую его церковь и отчитывается перед ней о своей работе. Он подчиняется дисциплине Тела Христового, которое представлено поместной церковью, которая посылала его. Это жизненно важный принцип. Полностью противоречит Писанию то, когда люди ходят сами по себе, там где им захочется, когда их никто не посылал, когда их никто не уполномочивал, когда они никому не подотчетны, и заявляют, что они апостолы и имеют власть. Это полностью противоречит духу и букве Писания. Для меня ясно, что эта ситуация требует изменения, и я в Новом Завете нахожу образец как делать это.

Заметьте, принцип взаимозависимости членов Тела Христова применим и к власти апостолов. Поместная церковь посылает апостола, наделяя его большой властью, однако этот же апостол подотчетен в своих действиях перед теми, кто знает его лучше всего. Он уезжает в отдаленные города и страны, однако он имеет свой «базовый духовный дом», который обязывается осуществлять опеку над ним. Апостол является «высоким» даром, который Христос напрямую даровал Церкви, но, тем не менее, ему следует ходить в смирении, служа людям. Он действует с огромной властью, однако никогда не в одиночку, и всегда корректируем и подотчетен своим братьям. Такому человеку можно доверять!

ЧЕТКИЙ БАЛАНС

Различия между группой пресвитеров и апостольскими командами можно суммировать так: местные/мобильные, сохранение/расширение и руководить/идти.

Большая часть процесса наставничества, описанного в Новом Завете, происходила среди апостольских команд во время практического служения, как например в командах, которые были у Иисуса или у Павла. Это крайне важно увидеть, поскольку обучение, в отрыве от реалий повседневной жизни, может не принести таких плодов, какие были у Ранней церкви в Новом Завете. Сначала церковь появилась в передвижном виде, и только потом в стационарном. Это действительно революционная мысль, но я считаю, что Церкви нужна именно революция! Мы привыкли воспринимать церковь как группу людей, которые пару раз в неделю встречаются в одном особом здании, а сами живут в своих домах. Однако в самом начале Иисус явил людям церковь как мобильную апостольскую команду. Нам нужно вернуться к первоначальному представлению о церкви, прежде всего как о мобильной, и только затем как о стационарной, и тогда произойдет великая революция.

В современной Церкви, как правило, 95 процентов внимания и сил обращены на сохранение, а только 5 процентов на расширение. Таким образом, даже если бы все запланированные мероприятия современной Церкви увенчались полным успехом, общий результат был бы ничем иным, как явным провалом. Вас это не шокирует? Надеюсь, что да! Например, я бы не хотел заниматься программой, которая явно обречена на провал. Нам следует распределить силы пополам: 50% на расширение и 50% на сохранение, тем самым приводя в баланс выполнение Великого поручения и заботу о своих городах и семьях.

Позвольте поделиться образом, который, как я верю, мне дал Господь. Апостольские команды и пресвитерии являются двумя ногами, с помощью которых передвигается Тело Христово. Если одна нога короче другой, то тело не может действовать успешно. Конечно, в теле есть много других членов, но ни один не может заменить ноги. Две эти ноги должны быть одинаковой длины, неся на себе одинаковую тяжесть.

14
АПОСТОЛЫ И СТАРЕЙШИНЫ, А НЕ БЮРОКРАТИЯ

Мы рассматриваем две ноги, на которых перемещается Тело Христово: апостольские команды и пресвитерии. Понимание этой истины стоило мне много напряженного молитвенного изучения Нового Завета, но в результате я получил более четкую общую картину «леса», т.е. Церкви. Видение более широкой картины структуры Церкви стало большим благословением для меня. Верю, что восстановление этих двух ног Тела откроет такие огромные возможности для Церкви, о которых мы, скорее всего, даже не подозреваем.

Однако в этой главе я должен попытаться принести правильный баланс в вопросе власти в Церкви. Часть из того, что я буду говорить, основывается на моем личном (порой достаточно болезненном) опыте попыток применить эти принципы на практике. Однако теперь, когда мне за восемьдесят, я оглядываюсь на некоторые свои опыты и благодарю Бога за то, что после некоторых неправильных шагов я все же находил верный путь!

Фактически те выводы, которыми я сейчас поделюсь вами, являются результатом исследования одного церковного движением, в котором я сам принимал прямое участие. В конечном итоге это движение приобрело искаженные формы, и я покинул его. Но я получил некоторые уроки, которыми сейчас с вами поделюсь в надежде, что мы, как Церковь, учимся на своих ошибках.

Вот та суть, которую мне бы хотелось подчеркнуть: мы должны сбалансировать учение о власти в Церкви (которое действительно является истинным и основанным на Библии) всеми мерами безопасности, которыми Библия окружает человеческую власть. Неограниченной властью обладает только Сам Бог; у всей остальной власти есть Богом данные ограничения.

МЕРЫ БЕЗОПАСНОСТИ ПРОТИВ ЗЛОУПОТРЕБЛЕНИЯ ВЛАСТЬЮ

Первая глава книги Бытие четко показывает истину о том, что человек был сотворен, чтобы править (1:26,28):

> *И сказал Бог: сотворим человека по образу Нашему; по подобию Нашему; и да владычествуют они над рыбами морскими, и над птицами небесными, и над скотом, и над всею землею, и над всеми гадами, пресмыкающимися по земле... И благословил их Бог, и сказал им Бог: плодитесь и размножайтесь, и наполняйте землю, и обладайте ею, и владычествуйте над рыбами морскими, и над птицами небесными, и над всяким животным, пресмыкающимся по земле.*

В современных переводах вместо слова «владычествовать» применяются слова «править» или «управлять». Человек имеет врожденное стремление к руководству. Но вся проблема в том, что после грехопадения человек склонен руководить неправильно. Его плотская природа побуждает его руководить либо с неправильными мотивами, либо при помощи незаконных методов, либо и с тем, и с другим. Результат этого обычно проявляется в манипуляции или доминировании. Где-бы вы не встретили эти вещи, знайте, что вы встретились с дьяволом! Бог никогда не манипулирует и не подавляет.

Множественность, как мера безопасности

Очевидно, учитывая склонность человека злоупотреблять властью, Новый Завет предусматривает определенные меры безопасности для духовной власти, включая апостольские команды и пресвитерии. Первой такой мерой, как мы уже убедились, является *множественность.* Никто из людей не имеет права говорить: «Вот, я — вы все должны подчиняться мне». Множественность лидерства не говорит о том, что не существует позиция лидера среди лидеров, которая была ясно продемонстрирована в Новом Завете. Однако эта позиция основана в первую очередь на уважении и признании со стороны других лидеров, и не должна превращаться в какое-то особое узаконенное звание или официальную должность, что как раз и случилось в христианском мире. Позиция лидерства приобрела настолько узаконенный и обязательный характер, что даже когда на это место нет достойных кандидатур, мы все равно кого-то на нее назначаем!

В пресвитерии ответственность за принятие решений и избрание позиции должна быть *совместной.* Я всегда в это верил, однако иногда позволял людям уклониться от этого принципа, и это приводило к настоящей беде. В такой ситуации может легко проникнуть манипулирование. Человек, знающий как манипулировать теми, с кем он находится на одном уровне, также способен манипулировать и теми, кто осуществляет надзор над ним, и в конечном результате происходит беспорядок. Обращаясь к пресвитериям, я всегда говорю: «Вы несете коллективную ответственность за каждое ваше решение и избранную вами позицию. Вы не можете прятаться за чьей-либо спиной. Вы должны принимать свою долю ответственности». Очень опасно преступать этот принцип.

В апостольской команде признанный лидер может иметь большой объем личной власти. Очевидно, что Павел вел свою апостольскую команду, так же как футбольную команду ведет ее капитан. У команды должен быть какой-то лидер. Тем не менее, она остается командой. Кроме того, состав апостольских команд не были постоянным. Они действовали в течении определенного времени, а затем кто-то покидал ее, а кто-то присоединялся. Одна из наших больших проблем состоит в том, что мы пытаемся все в этом мире сделать постоянным, тогда как в нем почти нет ничего постоянного. Все будет носить постоянный характер, только когда мы перейдем в мир иной.

Взаимозависимость, как мера безопасности

Вторая мера защиты это *взаимозависимость* между апостольскими командами и пресвитериями. Они нуждаются друг в друге. Апостол не может войти в церковь и самодовольно заявить: «Так, слушайте меня, я апостол, и вы должны все делать, что я вам говорю». Старейшины имеют право встать и сказать: «Мы несем ответственность перед Богом и людьми за все, что происходит на этом месте. Если вы нас убедите, то мы сделаем так, как вы нам советуете. Но вы не имеете права миновать нас и идти к овцам». В книге Откровение 2:2 Иисус похвалил церковь, которая испытала тех, которые называли себя апостолами, и нашла, что они лжецы. Стоять на страже своего стада — это прямая ответственность поместных старейшин.

Однако, как я указывал ранее, исторически так сложилось, что Церковь имеет склонность слишком много внимания уделять сохранению, оставляя мало внимания расширению. Она отдает первенство пастырскому служению надзора за стадом, воплощением которого являются люди, которых принято называть пасторами или епископами. Пустила глубокие корни традиция наделять этих людей особой властью, поскольку лишь им было дано право проводить причастие или евхаристию, особенно это касается тех групп, где утверждается, что от участия в причастии, проводимом в церковных стенах, зависит спасение. Все рычаги правления оказались в руках этих фигур церковной власти, ставших ключевыми, в то время как апостолам и пророкам места, в сущности, не осталось.

Должен сказать, что главное не в апостольской преемственности (на которой делают ударение некоторые ветви христианства), но в апостольском служении. Я с подозрением отношусь к апостолам, которые претендуют на апостольскую власть, однако не осуществляют апостольского служения. История вашей церкви важна, но скажите, что вы производите сегодня! То же самое произошло во времена Ветхого Завета с израильтянами, когда священники взяли в свою руки чрезмерную власть. Поскольку только священникам разрешалось приносить жертвы, они пользовались огромной властью, и иногда Богу приходилось поднимать пророков, чтобы обличить и призвать к ответу священников. Например, почитайте Книгу пророка Малахии 1:6-10; 2:1-3. Прямее, чем там, сказать невозможно! Уверен, что в истории христианской Церкви были целые поколения священников, виновных в этом же.

Одну вещь нам необходимо осознавать, что организационную работу, как правило, проводят люди с пастырским даром служения. Я благодарен Богу за них, однако думаю, что часто они, не осознавая этого, склонны к тому, чтобы все организовать под себя. Поэтому, скажем, человек с призванием евангелиста получает недостаточно внимания.

За многие годы моего служения у меня была возможность наблюдать за некоторыми сильными мужами Божьими: например, А.А. Алленом, Т.Л. Осборном, Гордоном Линдси и другими. Почти все они без исключения были «выдавлены» из своих прежних деноминаций. Возможно, порой и у них было неправильное отношение, тем не менее, истина такова, что пастырское служение с трудом дает место для служения евангелиста или апостола. Все служители формируются по очень узкому образцу, а если кто-то этому образцу не соответствует, то к нему относятся с подозрением. Но если вы попробуете загнать Духа Святого в тесный ящик и указывать Ему, где Он должен действовать, то можете быть уверены в одном: Он будет действовать в каком-то другом месте! Никто не может указывать Духу Святому, где Ему действовать.

НЕВИДИМОЕ БОЖЬЕ ПРАВЛЕНИЕ

Сейчас, когда мы рассматриваем структуру Церкви и меры безопасности для человеческой власти, мы должны заложить очень важное основание, о котором я уже упоминал ранее. Это то, что я называю «невидимым правлением». Иисус является Главой Церкви *на небесах*. Павел учит в Послании Ефесянам 1:20-23:

> *...(Бог) воздействовал во Христе, воскресив Его из мертвых и посадив одесную Себя на небесах, превыше всякого начальства, и власти, и силы, и господства, и всякого имени, именуемого не только в сем веке, но и в будущем, и все покорил под ноги Его, и поставил Его выше всего, главою церкви, которая есть тело Его, полнота Наполняющего все во всем.*

Из этого отрывка совершенно ясно, что Христос является *единственным* Главой над всем, что есть в Церкви. Если бы я решил узнать, где находится моя «штаб-квартира», мне нужно было бы лишь выяснить, где находится мой «командующий!» Так же и «главное управление» Церкви находится там, где расположена ее Голова (Христос): *на небесах*. Иисус, действительно, управляет Своей Церковью с небес Духом Святым. У нас нет никакого земного главного управления!

Это невидимое руководство мы видим в апостольском служении Павла. Первое послание Тимофею 1:1:

> *Павел, Апостол Иисуса Христа по повелению Бога, Спасителя нашего, и Господа Иисуса Христа, надежды нашей...*

Заметьте, откуда произошло апостольство Павла: от Бога-Отца, через Своего Сына Иисуса Христа. Вся власть, связанная с управлением, исходит *от* Отца *через* Сына, Которому Бог передал всю власть на небе и на земле. Нет иного источника власти во Вселенной. Чтобы эта власть перешла к Церкви, необходима еще одна — Личность Дух Святой. Книга Деяний 13:2:

> *Когда они служили Господу и постились, Дух Святый сказал: отделите Мне Варнаву и Савла на дело, к которому Я призвал их.*

Кто играет роль исполнительного администратора в Троице? Дух Святой. Как я уже говорил ранее,

Иисус является Господом *над* Церковью, а Дух Святой является Господом *в* Церкви. Опять-таки, Павел стал называться апостолом лишь после того, как церковь признала его призвание и послала его на служение. Согласно вечному замыслу Божьему, он был апостолом еще до начала времен. Бог-Отец принял это решение и направил его через Иисуса, а Дух Святой управлял этим на земле. Однако только когда *церковь* приняла это откровение и действовала согласно нему, только тогда апостольство Павла было официально признано. Это образец того, как должны вестись все дела в церкви. Все исходит от Бога-Отца через Иисуса Христа, Который является Главой над всем в Церкви, а Дух Святой управляет этим. Для того чтобы Божье руководство было эффективным, Его лидеры на земле должны восприимчивы к Духу Святому, принимать Его откровения и практически воплощать их. Второе послание Коринфянам 3:17:

Господь есть Дух; а где Дух Господень, там свобода.

Никакая система не может заменить Духа Святого. Большинству христианских общин необходимо начать в первую очередь искать совета и направления Духа Святого. На практике верующие часто имеют такое отношение: следовать водительству Духа Святого — это очень «рискованно». Такое отношение оскорбляет Его. Должен сказать, что все как раз наоборот: гораздо рискованнее *не* следовать водительству Духа Святого! Дух Святой, Автор Священного Писания, по сути, говорит: «Если хочешь быть сыном Божьим, тогда ты должен быть водимым мной. У тебя нет выбора» (см. Рим. 8:14).

Думать, что Дух Святой является непредсказуемым и беспорядочным, значит рисовать очень неприглядный образ Духа Божьего. В то время как настоящая проблема состоит в том, что мы не уделяем достаточно времени и внимания поискам истинного *водительства* Духа Святого.

Вопрос невидимого руководства Христа на земле посредством Духа Святого имеет огромное значение для тех из нас, кто хочет понять истинную сущность Церкви. Действительно ли мы осознаем, что у нас нет «главного управления» на земле, что мы не имеем постоянных должностей и системы управления, и что наш Командир пребывает на небесах? Сколько церковных лидеров живет, осознавая это? Легче всего это заменить деноминационным управлением, лидером-человеком или церковной традицией, самыми замечательными, какими они только могут быть. Помните: мы говорим о революции в нашем мышлении! Только Дух Святой, Господь *в* Церкви, может кардинально изменить наше мышление.

Небесная власть над апостольскими командами и пресвитериями

На земном уровне ни один человек не имеет власти над апостольскими командами и пресвитериями. Можете исследовать весь Новый Завет, чтобы найти упоминание о таком виде власти, но вы там не найдете даже намека на это. Иисус управляет ими непосредственно с небес через Дух Святой. Исторически сложилось так, что люди почти всегда ставили над апостольскими командами и пресвитериями еще кого-то, и таким образом препятствовали руководству Иисуса. Никакая бюрократия не сможет ответить на нужды этой земли. Мы живем в изменяющемся мире, наполненном кризисами, революциями и войнами, где люди открываются для Евангелия в особые моменты при уникальных обстоятельствах, а затем их сердца опять закрываются. Только у Духа Святого есть такой «компьютер», который сможет учесть все и показать, где и когда нам нужно быть!

Как правило, человек, который процветает в бюрократии и административной работе не подходит для того, чтобы указывать курс апостольской команде. И, наоборот, вы можете иметь человека, которого угнетает бюрократическая работа — и это тот, кто должен руководить апостольской командой. Однако бывает, что человек процветает в роли чиновника, обладает властью, которую ему не следовало бы иметь. Насколько часто такое случается в современной Церкви? Полагаю, что очень часто.

Изучая жизнь Авраама, я понял, насколько действительно рискованно делать больше, чем говорит Бог. Вспомните о том, что Бог повелел Аврааму оставить своих родственников, однако он взял с собой Лота (см. Быт. 12:1-5). Лот стал отцом моавитян и аммонитян, которые и до сих пор создают проблемы для Израиля и для Ближнего Востока. Затем, вспомните, как двенадцать лет Авраам ждал рождения сына от Сарры и, в конце концов, решил получить сына от Агари (см. Быт. 16:15-16). В результате появился Измаил, его потомки, и вот уже четырех тысячелетняя проблема для Израиля. Пожалуй, это самое сильное предупреждение в Писании о том, чтобы не делать больше того, о чем просит Бог. Это относится и к созданию лишней бюрократической надстройки в Церкви.

В этой связи приходит на память пример из Ветхого Завета, когда израильтянам показалось трудным жить под невидимым руководством Бога, и они просили себе видимого земного царя.

Первая книга Царств 8:4-7:

И собрались все старейшины Израиля, и пришли к Самуилу в Раму, и сказали ему: вот, ты состарился, а сыновья твои не ходят путями твоими; итак поставь над нами царя, чтобы он судил нас, как у прочих народов. И не понравилось слово сие Самуилу, когда они сказали: дай нам царя, чтобы он судил нас. И молился Самуил Господу. И сказал Господь Самуилу: послушай голоса народа во всем, что они говорят тебе; ибо не тебя они отвергли, но отвергли Меня, чтоб Я не царствовал над ними.

Как видите, когда мы не принимаем невидимое правление Бога и просим о человеческой замене, то тем самым отвергаем Самого Бога!

Первая книга Царств 8:8-9:

Как они поступали с того дня, в который Я

вывел их из Египта, и до сего дня, оставляли Меня и служили иным богам, так поступают они и с тобою. Итак послушай голоса их...

Если вы являетесь лидером в народе Божьем, то рано или поздно вы обнаружите, что люди пытаются заменить Бога вами. Как бы там ни было, Бог сказал Самуилу: «*Послушай голоса их*». В этом мудрость. Не сражайся с людьми, когда они желают чего-то неправильного. Позволь им получить это. Только так они и смогут чему-то научиться.

Первая книга Царств 8:9-18:

(Бог сказал:) *Только представь им и объяви им права царя, который будет царствовать над ними. И пересказал Самуил все слова Господа народу, просящему у него царя, и сказал: вот какие будут права царя, который будет царствовать над вами: сыновей ваших он возьмет и приставит их к колесницам своим и сделает всадниками своими, и будут они бегать пред колесницами его; и поставит их у себя тысяченачальниками и пятидесятниками, и чтобы они возделывали поля его, и жали хлеб его, и делали ему воинское оружие и колесничный прибор его; и дочерей ваших возьмет, чтоб они составляли масти, варили кушанье и пекли хлебы; и поля ваши и виноградные и масличные сады ваши лучшие возьмет, и отдаст слугам своим; и от посевов ваших и из виноградных садов ваших возьмет десятую часть и отдаст евнухам своим и слугам своим; и рабов ваших, и рабынь ваших, и юношей ваших лучших, и ослов ваших возьмет и употребит на свои дела; от мелкого скота вашего возьмет десятую часть, и сами вы будете ему рабами. И восстенаете тогда от царя вашего, которого вы избрали себе; и не будет Господь отвечать вам тогда.*

Самуил дал четкое описание человеческого правления. Бюрократия и лабиринты человеческого правления поглощают очень много сил и средств. В Новом Завете есть описание Библейского прецедента срочного церковного совета, однако это не было постоянным органом. Также все большие советы и съезды в истории Ранней церкви были собираемы для поиска выхода из определенной важной ситуации, но как только проблемы решались, они тотчас распускались. Существующий на сегодняшний день образец постоянных комитетов, советов и деноминаций уже сам по себе представляет реальную проблему вековой давности.

Конечно, в работе Божьей можно и нужно созывать комитеты, совещания и тому подобное, однако нельзя допускать, чтобы они захватили место ясных полноправных представителей Божьего правительства на земле: апостольские команды и пресвитерии. Однако чаще всего именно так и происходит.

Действие Божьего правительства на земле

Давайте подробнее рассмотрим отношения между апостолами и пресвитерами в осуществлении Божьего руководства на земле, а также установленные Богом меры предосторожности против злоупотребления властью. Совершенно необходимо понять следующее: *Бог часто направлял апостолов к той или иной группе людей, в тот или иной народ, однако они никогда не претендовали на власть ни над одной поместной церковью.* Я был знаком с одним человеком, которого считал апостолом в Восточной Африке, на основании плодов его служения. Есть исторический пример этому: перед Первой Мировой войной двое мужчин, Джеймс Сальтцер и Уильям Бартон, отправились из Англии в Бельгийское Конго. В течение последующих сорока лет они основали более тысячи автономных поместных церквей. В их служении присутствовали все признаки апостолов, описанные в Новом Завете. Они были апостолами в Бельгийском Конго. На мой взгляд, апостолы посылаются, скорее, к определенной группе людей, чем в географическую местность, как это видно в сравнении Павла и Петра в Послании Галатам 2:6-8:

> *И в знаменитых чем-либо, какими бы ни были они когда-либо, для меня нет ничего особенного: Бог не взирает на лице человека. И знаменитые не возложили на меня ничего более. Напротив того, увидев, что мне вверено благовестие для необрезанных, как Петру для обрезанных, ибо Содействовавший Петру в апостольстве у обрезанных содействовал и мне у язычников...*

По сути, Петр и Павел поделили древний мир согласно бременам, которые получили от Бога. Тем не менее, эти апостолы не претендовали на исключительную власть над *конкретными* церквями. В качестве примера давайте рассмотрим отношения Павла с церквями в Галатии и Коринфе. Послание Галатам 4:19:

> *Дети мои, для которых я снова в муках рождения, доколе не изобразится в вас Христос!*

Первое послание Коринфянам 4:14-15:

> *Не к постыжению вашему пишу сие, но вразумляю вас, как возлюбленных детей моих. Ибо, хотя у вас тысячи наставников во Христе, но не много отцов; я родил вас во Христе Иисусе благовествованием.*

Павел был духовным отцом церквей в Галатии и Коринфе. Это бесспорно. Какие же взаимоотношения он устанавливает с ними? Он сердился на обе эти церкви за то, что они позволили лжеучителям убедить их в том, что новообращенным верующим из язычников, прежде чем спастись, необходимо стать иудеями. Однако Павел не говорил: «Почему вы пригласили этих проповедников, не спросив сначала моего разрешения?» Напротив, он сказал: «Вы должны были узнать их лучше, прежде чем верить им». Павел не устанавливает над ними свою власть. Явно, что он никогда не претендовал на свою безраздельную полную власть над какой-нибудь церковью, даже если он был ее «отцом». Вместо этого он просит их в Послании Галатам 4:12-17:

Глава 14. Апостолы и старейшины, а не бюрократия

Прошу вас, братия, будьте, как я, потому что и я, как вы. Вы ничем не обидели меня: знаете, что, хотя я в немощи плоти благовествовал вам в первый раз, но вы не презрели искушения моего во плоти моей и не возгнушались им, а приняли меня, как Ангела Божия, как Христа Иисуса. Как вы были блаженны! Свидетельствую о вас, что, если бы возможно было, вы исторгли бы очи свои и отдали мне. Итак, неужели я сделался врагом вашим, говоря вам истину? (Лжеучителя) *ревнуют по вас нечисто, а хотят вас отлучить, чтобы вы ревновали по них.*

Как мы реагируем, когда сбиваются с пути люди, над которыми мы можем применить власть? Лично я никогда не навязываю им своего мнения. Надавив на людей, вы сможете на какое-то время добиться подчинения, но в конечном итоге это не будет сколько-нибудь действенным. Оказавшись в таких ситуациях, я чувствую побуждение дать людям совет, а затем оставить их и позволить им во всем самим разобраться. Послание Галатам 4:18-21:

Хорошо ревновать в добром всегда, а не в моем только присутствии у вас. Дети мои, для которых я снова в муках рождения, доколе не изобразится в вас Христос! Хотел бы я теперь быть у вас и изменить голос мой, потому что я в недоумении о вас (вот его основная реакция). *Скажите мне вы, желающие быть под законом: разве вы не слушаете закона?*

Он говорил: «Неужели вы сами не видите, что в действительности говорит Библия?» Он обращает галатов к Писанию, как к высшему авторитету и взывает к их пониманию, духовной зрелости и здравомыслию.

Мы видим, что к проблемам в Коринфе Павел имел точно такой же подход. Первое послание Коринфянам 3:1-4:

И я не мог говорить с вами, братия, как с духовными, но как с плотскими, как с младен-

цами во Христе. Я питал вас молоком, а не твердою пищею, ибо вы были еще не в силах, да и теперь не в силах, потому что вы еще плотские. Ибо если между вами зависть, споры и разногласия, то не плотские ли вы? и не по человеческому ли обычаю поступаете? Ибо когда один говорит: «я Павлов», а другой: «я Аполлосов», то не плотские ли вы?

Хотел ли он, чтобы они все сказали: «Мы — Павловы»? Конечно, нет. Павел был расстроен теми, кто говорил: «Я — Павлов», точно так же, как и теми, кто заявлял: «Я — Аполлосов»! Первое послание Коринфянам 3:5-13:

Кто Павел? кто Аполлос? Они только служители, через которых вы уверовали, и притом по скольку каждому дал Господь. Я насадил, Аполлос поливал, но возрастил Бог; посему и насаждающий и поливающий есть ничто, а все Бог возращающий. Насаждающий же и поливающий суть одно; но каждый получит свою награду по своему труду. Ибо мы соработники у Бога, а вы Божия нива, Божие строение. Я, по данной мне от Бога благодати, как мудрый строитель, положил основание, а другой строит на нем; но каждый смотри, как строит. Ибо никто не может положить другого основания, кроме положенного, которое есть Иисус Христос. Строит ли кто на этом основании из золота, серебра, драгоценных камней, дерева, сена, соломы, каждого дело обнаружится.

Говорил ли Павел: «Без моего разрешения никто другой не должен строить»? Нет. Он лишь призвал их к тому, чтобы они были внимательны к тому, *как* они строят. Затем он предупредил, что если они будут строить из дерева, сена и соломы, то все это сгорит. Он не сказал: «Вы не должны вообще строить», а лишь предупредил о том, что произойдет, если они будут строить так.

В конечном итоге, нашим самым эффективным

инструментом является истина. Меня захватывают слова Павла, написанные им во Втором послании Коринфянам 13:8: *«Ибо мы не сильны против истины, но сильны за истину»*. Я полностью в этом убеждён. Даже не пытайтесь бороться с истиной. Постарайтесь не быть упрямыми. Когда вы встретитесь с истиной, то склонитесь перед ней. Возможно, это не всегда нравится мне, но я благодарен любому человеку, который скажет мне истину. Подход Павла был таким: он просто говорил истину, и пусть эта истина сделает то, что сделает. Первое послание Коринфянам 1:11-13:

Ибо от домашних Хлоиных сделалось мне известным о вас, братия мои, что между вами есть споры. Я разумею то, что у вас говорят: «я Павлов»; «я Аполлосов»; «я Кифин»; «а я Христов». Разве разделился Христос? разве Павел распялся за вас? или во имя Павла вы крестились?

Павел не хотел, чтобы они были «его людьми», и это очень мудро. Чем больше у вас людей, тем больше у вас их проблем. Зачем создавать самому себе проблемы? Кроме того, я заметил, что Петр направил письмо галатам независимо от Павла (см. 1 Пет. 1:1). Нет никаких сведений о том, что они согласовывали друг с другом свои действия. Они оба служили галатам согласно тому, как их вел Дух Святой. Отсюда снова следует вывод: *Бог направлял апостолов к той или иной группе людей, но они никогда не претендовали на власть в каких-то церквах.* Я понимаю, каким спорным это заявление покажется тем людям, которые работают с апостольскими сетями или в церковных ассоциациях. Я не критикую ничьи методы работы. Однако позвольте подчеркнуть, что к тем, кому мы служим, мы должны приходить, как слуги, а не как господа.

ОБЩАЯ КАРТИНА

Библия рисует довольно простую картину Тела Христа, движущегося вперед на двух ногах: на апостольских командах апостолов и на пресвитериях. Чтобы Тело функционировало не как бюрократический аппарат, а как живая Церковь, необходимо иметь Библейский баланс между этими двумя служениями. Связанные друг с другом, эти оба служения находятся под прямым, невидимым правлением Христа на небесах и осуществляют свою деятельность Духом Святым на земле. До тех пор, пока не начнут действовать апостольские команды, Церковь обязана рассматривать себя находящейся «на достижении».

Да созидает Христос Свою Церковь!

15
ВОСПРОИЗВОДСТВО, А НЕ ПРЕЕМСТВЕННОСТЬ

Поместная церковь, картину которой я стараюсь нарисовать, на самом деле очень естественна и органична. В действительности, она имеет мало общего с той искусственностью, которую можно наблюдать во многих современных церквях. На Ближнем Востоке гораздо больше, чем на Западе ценятся взаимоотношения и верность. Я жил и в том, и в другом обществе, и поэтому могу сказать, что в западных странах намного сложнее найти естественную, органичную жизнь, построенную на взаимоотношениях людей, которая соответствует новозаветному образцу. Однако этот образец дается в Писании. Прожив более восьмидесяти лет, я пришел к неизбежному выводу, что мы не сможем улучшить Божью модель!

«ЦИКЛ ВОСПРОИЗВОДСТВА»: АПОСТОЛЫ И СТАРЕЙШИНЫ

Один из Божьих образцов, который уже был упомянут в 13-й главе, я называю «циклом воспроизводства». Необычайно интересно, что Бог всегда творит живые организмы со способностью к воспроизводству. Его повеление Адаму и Еве, записанное в книге Бытие 1:28, было очень ясным: *«Плодитесь (англ. «будьте плодоносны») и размножайтесь»*. Это верно как в физической, так и в духовной сфере. Бог предопределил метод самовоспроизводства для двух основных служений: апостолов и старейшин. Как и все остальные творения, эти служения в Церкви воспроизводятся очень «естественно-сверхъестественным» способом.

Сначала в каком-то новом регионе появляется апостольское служение, что вполне логично, ведь это служение *распространяет* Царство Божье на новые регионы. Апостолы назначают старейшин, чтобы *сохранить* плоды своего труда, и впоследствии из среды этих групп пресвитеров появляются новые *апостолы*. Этот цикл может длиться бесконечно. Он гораздо лучше духовных семинарий и Библейских школ, потому что зависит от трех вещей: близкое общение, взаимозависимость и долговременные отношения. Это не какое-то искусственное обучение; все «куется» в горниле непрерывной миссионерской работы и церковной жизни. Все проверяется в деле, и все происходит естественным образом, ничему искусственному просто нет места.

Мы сможем увидеть этот образец, когда еще раз прочитаем четыре стиха из книги Деяний 13:1-4:

В Антиохии, в тамошней церкви были некоторые пророки и учители (Варнава, Симсон, Луций, Манаил и Савл)... *Когда они служили Господу и постились, Дух Святый сказал: отделите Мне Варнаву и Савла на дело, к которому Я призвал их. Тогда они, совершив пост и молитву и возложив на них руки, отпустили их. Сии, быв посланы Духом Святым, пришли в Селевкию, а оттуда отплыли в Кипр...*

Прежде чем Дух Святой открыл волю Божью, Павел и Варнава были пророками и учителями. После того, как проговорил Дух Святой, другие лидеры церкви возложили на них руки и послали их как представителей церкви Антиохии. В Новом Завете указаны шесть основных целей возложения рук:

- Служение исцеления больным.
- Помощь желающим креститься в Духе Святом.
- Передача духовных даров.
- Отправка апостолов.
- Назначение старейшин.
- Назначение дьяконов.

Возложение рук — это не просто формальность. Всегда высвобождается духовная власть и сила, когда по водительству Духа Святого правильные люди возлагают руки на других людей.

Следующая глава обнаруживает для нас, кем стали Павел и Варнава после того, когда их таким образом выслали на служение. Книга Деяний 14:4,14:

Между тем народ в городе разделился: и одни были на стороне Иудеев, а другие на стороне Апостолов... Но Апостолы Варнава и Павел, услышав о сем, разодрали свои одежды и, бросившись в народ, громогласно говорили...

Эти пророки и учителя стали апостолами, вследствие того, что они были посланы на служение лидерством поместной церкви. Мы видим принцип образования апостольских команд и в других местах Нового Завета. Например, в Послании Галатам 2:1 Павел писал:

Потом, через четырнадцать лет, опять ходил я в Иерусалим с Варнавою, взяв с собою и Тита.

Здесь мы уже видим Павла, Варнаву и Тита. В Послании Галатам 2:9 упоминается, что в Иерусалиме у них произошла встреча с другой апостольской командой: Иаковом, Петром и Иоанном. Две команды встретились, рассмотрели спорные вопросы, подали друг другу руку общения и после этого расстались. Обратите внимание, что там была всеобъемлющая система общения, которая охватывала все Тело Христово, однако внутри этого Тела отдельные команды имели особые задачи. Петр, Иаков и Иоанн были апостолами иудеев, тогда как Павел, Варнава и Тит были апостолами язычников. Апостольские команды имеют свои определенные задачи и приоритеты. Они могут иметь различную благодать, которая делает их способными выполнить свои особые задания.

Далее в Книге Деяний 15:37-41 мы встречаемся с еще одной командой апостолов:

> *Варнава хотел взять с собою Иоанна, называемого Марком. Но Павел полагал не брать отставшего от них в Памфилии и не шедшего с ними на дело, на которое они были посланы. Отсюда произошло огорчение, так что они разлучились друг с другом; и Варнава, взяв Марка, отплыл в Кипр; а Павел, избрав себе Силу, отправился, быв поручен братиями благодати Божией, и проходил Сирию и Киликию, утверждая церкви.*

Поскольку Иоанн-Марк оставил двух апостолов в их предыдущем путешествии, Павел не хотел, чтобы он шел с ними в следующем. В результате образовалась новая пара апостолов: Варнава и Иоанн-Марк. А Павел отправился в свое второе миссионерское путешествие с еще одним апостолом — Силой. Этот же принцип командного служения прослеживается по всему Писанию. Мы видим, что апостолы никогда не действовали в одиночку. Книга Деяний 15:40:

> *А Павел, избрав себе Силу, отправился, быв поручен братиями* (из антиохийской церкви) *благодати Божией.*

Полагаю, из этого можно сделать вывод, что Павел и Сила (как перед этим Павел и Варнава) через возложение рук получили свои апостольские полномочия, как официальные представители церкви Антиохии. Теперь посмотрим, как проходило это путешествие. Книга Деяний 16:1-3:

> *Дошел он* (Павел) *до Дервии и Листры. И вот, там был некоторый ученик, именем Тимофей, которого мать была Иудеянка уверовавшая, а отец Еллин, и о котором свидетельствовали братия, находившиеся в Листре и Иконии. Его пожелал Павел взять с собою.*

Здесь упоминаются три города: Дервия, Листра и Икония. Поскольку Листра упоминается дважды, то, возможно, именно в этом городе Тимофей был воспитан своей верующей матерью, состоявшей в поместной церкви. Тимофей получил от своей поместной церкви свой первый «духовный аттестат» начального уровня: положительную характеристику со стороны местных братьев. Никто не имеет права вступать в служение, не имея хорошего отзыва от своей поместной общины. Первое необходимое требование: докажите свою состоятельность у себя дома. Если вы не сможете этого сделать там, то не сможете нигде, и точка.

Поскольку Тимофей, образно выражаясь, «успешно сдал экзамены первого уровня», Павел решил «записать его на следующий» — привлечь его к служению. Павел никогда бы не пошел на риск в том вопросе, чтобы взять в свою команду непроверенного человека. Но Тимофей сдал экзамены там, где это действительно чего-то стоит — он был проверен в условиях в поместной церкви. Другие верующие знали его и наблюдали за ним с самого детства, несомненно, эти люди знали его намного лучше, чем преподаватели университетов знают своих студентов. Будучи в прошлом профессором университета, я кое-что знаю об академической жизни. Когда вы идете вперед и не знаете, что вас там ожидает и с какими трудностями вам придется встретиться, тогда лучше возьмите с собой человека, который прошел воспитание в тесных отношениях с другими людьми у себя дома и в церкви, чем того, кто прошел обучение в классе Библейской школы.

Итак, в этом путешествии участвовали Павел, Сила и Тимофей. Кем стал Тимофей после того, как присоединился к Павлу и Силе? Ответ на этот вопрос содержится в Первом послании Фессалоникийцам, где упоминаются события, происходившие как раз во время этого путешествия. Сначала заметьте, кто написал это послание. Первое послание Фессалоникийцам 1:1:

Павел и Силуан (т.е. Сила) *и Тимофей — церкви Фессалоникской...*

Затем обратите внимание, как они описывают себя. Первое послание Фессалоникийцам 2:6-7 (выделено автором):

Не ищем славы человеческой ни от вас, ни от других: мы могли явиться с важностью, как **Апостолы Христовы** ...

Все трое были апостолами. Как же Тимофей стал апостолом? Он был послан, должным образом уполномоченный старейшинами церкви Листры. Это возложение полномочий затем упоминается в Первом послании Павла Тимофею 1:18:

Преподаю тебе, сын мой Тимофей, сообразно с бывшими о тебе пророчествами, такое завещание, чтобы ты воинствовал согласно с ними, как добрый воин...

Тимофею были даны пророчества, в которых описывалась основная сущность его служения и сражение, которое Бог предназначил ему пройти. Подробнее это описано в Первом послании Тимофею 4:14:

Не неради о пребывающем в тебе даровании («харизме»), которое дано тебе по пророчеству с возложением рук священства (пресвитерии).

Сравните эти стихи из Первого послания Тимофею с Книгой Деяний 16:13. Предлагаю вам мое толкование этих мест Писания. Мое понимание можно поставить под сомнение, однако я считаю, что «харизма», о которой здесь говорится, это апостольское служение, которое передается человеку через пророчество с возложением рук старейшин его поместной церкви. Тимофей стал апостолом, когда старейшины под водительством Духа Святого послали его на служение. Некоторые люди считают, что «дарование», о котором здесь идет речь, это крещение в Духе Святом, но скорее всего здесь речь идет о другом даровании, поскольку крещение в Духе Святом входит в «обязательную программу» для всех верующих: покайтесь, креститесь, примите Духа Святого. Здесь говорится о каком-то другом «духовном даровании» («харизме»). Все пять основных служебных дара (апостолы, пророки, евангелисты, пастыри и учителя) являются дарами Духа («харизмами»), поэтому я верю, что дарование, о котором здесь говорит Павел, это апостольское служение, которое Тимофей принял через пророчество и возложение рук.

Итак, мы видим Библейский образец: Павел и Сила пришли в Листру и вошли в общение с местными братьями. Там был юноша с выдающимся христианским характером и знанием Писаний, которого звали Тимофей. В этом духовном общении звучит и обсуждается пророчество о том, что Тимофею следует присоединится к команде Павла. Старейшины соглашаются с этим и вместе с апостолами возлагают на Тимофея руки, уполномочивая его на служение как своего апостольского представителя в команде старших апостолов Павла и Силы. Согласно Библейскому образцу, начинающий служитель трудится вместе с более опытными служителями. Постепенно он приходит к тому, что может действовать самостоятельно.

В свое время Павел и Тимофей пришли в город Ефес. Там Павел оставил Тимофея как своего представителя, чтобы тот закончил то, что необходимо было сделать для этой церкви. Посмотрим, как об этом сказал сам Павел в Первом послании Тимофею 1:3:

Отходя в Македонию, я просил тебя пребыть в Ефесе...

Павел отправился в Македонию, оставив Тимофея в Ефесе, чтобы тот продолжил там апостольское служение. Он был сотрудником Павла. Быв проверен во время совместного служения с Павлом, Тимофей теперь был признан компетентным для самостоятельного служения под общим руководством Павла. Что же он должен был сделать в Ефесе? В третьей главе мы читаем об одной из основных задач Тимофея. Павел писал в Первом послании Тимофею 3:1-2:

Верно слово: если кто епископства желает (т.е. хочет быть пресвитером, старейшиной, пастырем — можно назвать это служение по-разному), *доброго дела желает. Но епископ должен быть...*

Напомнив Тимофею требования к епископу, Павел затем дал следующие указания в Первом послании Тимофею 5:17-22:

> *Достойно начальствующим пресвитерам должно оказывать сугубую честь, особенно тем, которые трудятся в слове и учении. Ибо Писание говорит: не заграждай рта у вола молотящего; и: трудящийся достоин награды своей. Обвинение на пресвитера не иначе принимай, как при двух или трех свидетелях. Согрешающих (старейшин) обличай перед всеми, чтобы и прочие страх имели. Пред Богом и Господом Иисусом Христом и избранными Ангелами заклинаю тебя сохранить сие без предубеждения, ничего не делая по пристрастию. Рук ни на кого не возлагай поспешно.*

В обязанности Тимофея в Ефесе входило назначение и рукоположение старейшин церкви Ефеса. *Теперь мы имеем полный цикл воспроизводства*: поместные пророки и учителя церкви Антиохии через рождение от Духа производят на свет апостольское служение. Апостолы выходят на служение и приходят в город Листра. Совместно со старейшинами они опять же через рождение от Духа, производят на свет еще одного апостольское служение, которое переходит в город Ефес. Это апостольское служение назначает поместных старейшин, и вновь возникает возможность появления апостольского служения из среды этих старейшин.

Вы видите, двумя ключевыми служениями являются служения апостолов и старейшин. Новый Завет говорит об апостолах и старейшинах больше, чем обо всех остальных служениях, вместе взятых. Но как они появляются? Из среды пророков и учителей. Вот какая глубокая взаимозависимость существует в Теле Христовом!

АПОСТОЛЬСКАЯ ПРЕЕМСТВЕННОСТЬ?

Обратите внимание, что *Библия не подтверждает доктрину апостольской преемственности*. Эта доктрина утверждает, что апостол (или епископ) должен быть назначен кем-то, кто в свою очередь был назначен апостолом кем-то еще. Павел и Варнава были в Антиохии, которая находится недалеко от Иерусалима. Несомненно, в то время в Иерусалиме были несколько апостолов, которые были назначены Самим Господом, пока Он был на земле. Если бы Господь считал необходимым, чтобы новый апостол был назначен уже существующим апостолом, то Он легко мог бы устроить так, чтобы один или несколько апостолов пришли из Иерусалима в Антиохию и рукоположили Павла и Варнаву. Однако, как говорят факты, Он этого не сделал.

Доктрина апостольской преемственности в действительности находится за пределами Нового Завета. Вместо нее существует принцип духовного рождения из среды духовного общения в поместной церкви. На самом деле, старейшины поместных церквей посылали апостолов, а апостолы назначали старейшин. Апостолы подотчетны церквам и старейшинству, которые их направили, однако именно они участвуют в образовании новых групп старейшин!

Мы уже увидели, что Павел был назначен апостолом через рукоположение других служителей антиохийской церкви. Однако обратите внимание на то, как сам Павел описывал свое апостольское служение в Послании Галатам 1:1:

Павел Апостол, избранный не человеками и не через человека, но Иисусом Христом и Богом Отцем, воскресившим Его из мертвых...

В Первом послании Тимофею 1:1:

Павел, Апостол Иисуса Христа по повелению Бога, Спасителя нашего, и Господа Иисуса Христа, надежды нашей...

Здесь снова видна взаимосвязь между Божьим и человеческим.

Я, как учитель Библии, рисую идеальную, совершенную картину. При этом я прекрасно осознаю, что этот идеал труднодостижим. Много лет назад я понял, что даже когда мы имеем четкий проект Церкви согласно Новому Завету, у нас зачастую нет материалов, необходимых для этого строительства, а именно: истинных верующих Нового Завета! Новозаветную Церковь можно построить только из новозаветных стройматериалов. Но я продолжаю верить, что Бог будет двигать Тело Христово к поистине Библейскому образцу Церкви. Я отказываюсь сдаваться! Сейчас мне за восемьдесят, и вот уже более шестидесяти лет я наблюдаю за тем, как Церковь проходит процесс освящения и очищения. Я был свидетелем удивительных изменений в строении Тела Христова. За последние десятилетия прошло несколько волн восстановления истины во многих сферах, в том числе: в сфере власти, веры, освобождения, миссионерства и любви. Я очень хочу увидеть Церковь, которая действительно живет как Церковь, ведущая тот образ жизни, который соответствует ее природе.

Часть четвертая

ЦЕРКОВНОЕ ЛИДЕРСТВО

16

МОБИЛЬНОЕ СЛУЖЕНИЕ: АПОСТОЛЫ

В первой части этой книги мы рассмотрели сущность Церкви как Божьего удела и особенного народа. Во второй части мы изучили семь образов Церкви, изложенных Павлом в Послании Ефесянам. Затем, в третьей части мы рассмотрели общую структуру Церкви, как Вселенской, так и поместной. Прежде всего, я посчитал необходимым разобраться в том, *кто* и *что* является Церковью. Перед тем как изучать методы, образцы и принципы руководства, по которым строится Церковь, мы должны убедиться в том, что знаем, что именно мы строим. Мы должны строить мудро на правильном основании, о чем предупреждал Павел в третьей главе Первого послания к Коринфянам.

Теперь мы переходим к изучению основных служений или лидерства Церкви. Конечно, здесь будут некоторые совпадения между функциями апостолов и старейшин, рассмотренных нами ранее. Однако теперь мы будем их изучать, в основном в контексте природы этих особых призваний и в контексте повседневной церковной жизни.

Изучая лидерство, я нашел, что его удобно разделять на две группы: мобильные и стационарные служения. Начнем с мобильных служений.

МОБИЛЬНЫЕ СЛУЖЕНИЯ

Возможно, вы удивитесь, узнав, что большинство служений в Церкви являются мобильными. Церковь никогда не предназначалась к тому, чтобы обустроиться и стать солидной организацией, какой она зачастую становится сегодня. Служители Ранней церкви постоянно приносили Евангелие в новые земли и в духовные пустыни. Частично это происходило благодаря особому вниманию и поддержке, которые оказывались мобильным служениям. Есть определенные служители, которые никогда не познают оседлого, спокойного существования, в котором находит удовольствие большинство из нас, потому что в их сердце Бог сделал их мобильными. Чтобы оставаться в одном месте, нужны посвящение и сила, однако и для того чтобы следовать за видением, которое постоянно движется за горизонт, тоже необходимы посвящение и сила, только иного рода.

Церковь без мобильных служений не оказывает влияния на мир, потому что они не привязаны к той или иной местности, а могут действовать повсеместно во Вселенской Церкви. Они доступны всем частям Церкви повсюду. Давайте снова посмотрим на главный перечень этих служений, данный в Послании Ефесянам 4:11:

> *И Он* (Иисус) *поставил одних Апостолами, других пророками, иных Евангелистами, иных пастырями* (буквально «пастухами») *и учителями*.

По сути, из пяти служений, перечисленных здесь, стационарным является лишь пастырское, а остальные главные служения являются мобильными: апостолы, пророки, евангелисты и учителя. В этой главе темой нашего исследования будут апостолы.

Когда я, будучи ребенком, в течение десяти лет учился в частной школе, то был обязан посещать церковь ежедневно: один раз в рабочие дни и дважды в воскресенье. Всего выходило восемь раз в неделю. Из моей памяти никогда не изгладятся витражи из цветного стекла, изображающие разных Библейских персонажей. Например, Иисус в плотницкой мастерской и двенадцать апостолов. Судя по изображению, никому из них не было менее пятидесяти лет. У них были всклокоченные бороды, длинные седые волосы и морщинистые лица. Когда вы посещаете такие церкви, то у вас складывается впечатление, что место в церковном лидерстве есть лишь для тех, кто вот-вот должен перейти в жизнь иную. Это совершенно искаженное представление. Внимательно изучив Новый Завет, вы сможете убедиться, что все апостолы, которых Иисус призвал во время Своего земного служения, были молодыми людьми, они еще даже не достигли среднего возраста.

Однако, в церкви, которую я регулярно посещал, все было именно так. Поэтому мое представление о Боге было примерно такое же. Я представлял Его довольно сердитым и ворчливым стариком с длинной седой бородой, сидящим в Своем кабинете в конце длинного коридора. Кто бы захотел, крадучись на цыпочках, пройти по скрипучему полу этого коридора, постучать в дверь и попасть в тот кабинет?! Человек, оказавшийся там, действительно имеет большие неприятности!

Понадобились годы, чтобы я смог избавиться от некоторых религиозных представлений, сложившихся у меня еще в детстве. Полагаю, что и вам придется произвести много поправок, чтобы получить правильную, Библейскую картину апостола. Вообще говоря, у слова «апостол» есть традиционные религиозные ассоциации, из-за которых в нашем воображении возникает образ хмурого, угрюмого человека из далекого прошлого, с которым лучше не встречаться. Можно с определенностью сказать, что 90 процентов христиан связывают существование апостолов с определенный историческим периодом времени, который был примерно девятнадцать веков назад. Они не готовы к самой мысли, что апостола можно встретить в наше время. Надеюсь, сказанное мною поможет исправить это неверное представление.

КТО ТАКОЙ АПОСТОЛ?

Давайте поразмышляем над значением слова «апостол», начиная с того, откуда оно взялось в Новом

Завете и что оно означало на греческом языке, на котором он был написан. Это греческое слово *апостолос*, которое имеет очень конкретное значение: «посланный». Многие люди не подозревают, что в некоторых известных местах Нового Завета в оригинале стоит слово «апостол». Например, Иисус сказал в Евангелии от Иоанна 13:16 (выделено автором):

*Истинно, истинно говорю вам: раб не больше господина своего, и **посланник** («апостолос») не больше **пославшего** («апостолос») его.*

«Посланник» или «тот, кто направлен» это и есть апостол. Это место Писания подчеркивает тот факт, что основное значение слова «апостол» — это «направленный». В некоторых переводах Библии слово *апостолос* иногда переводится как «несущий послание». В дальнейшем я покажу, что это довольно неудачный вариант перевода, который несколько вводит в заблуждение. Значение слова *апостолос* практически соответствует значению более распространенного в современном христианстве слова: «миссионер». Слово «миссионер» происходит от латинского слова, означающего «тот, кто послан». Поскольку слово «апостол» означает «направленный», очевидно, что эти слова очень близки по смыслу. Чтобы лучше понять сущность апостолов, хорошо их соотносить с миссионерами, хотя не все апостолы являются миссионерами, так же, как и не все миссионеры являются апостолами.

Интересно увидеть, сколько раз в Новом Завете встречается слово «апостол». Мы без всяких колебаний используем слово «евангелист» (или «благовестник»), хотя оно встречается в Новом Завете всего три раза. На самом деле в Новом Завете «евангелистом» был назван только один человек — Филипп. В то время как «апостолами» были названы двадцать восемь человек. Многие христиане не допустят даже мысли о том, чтобы назвать так кого-нибудь из ныне живущих служителей.

Когда я только начал свое международное служение, посещая с проповедями разные страны, люди спрашивали меня: «Чем вы занимаетесь?» Я отвечал: «Путешествую и проповедую». Тогда они говорили: «Значит, вы евангелист». Я отвечал: «Вовсе нет!» «Ну, как же? Ведь вы путешествуете и проповедуете». Считалось, что тот, кто путешествует и проповедует — это евангелист. Если же вы не путешествуете и проповедуете, значит, вы пастырь! Было всего два варианта, и, конечно же, такое понимание не соответствует Писанию.

КЕМ БЫЛИ НОВОЗАВЕТНЫЕ АПОСТОЛЫ?

Четырнадцать человек были названы апостолами до дня Пятидесятницы, и еще четырнадцать человек были названы апостолами в Новом Завете после дня Пятидесятницы.

Первый и Совершенный Апостол

Первой Личностью, Которая была названа Апостолом, был Сам Господь Иисус Христос, и это совершенно уместно. Я понимаю так, что Иисус являет совершенный образец любого из пяти основных типов служителей. Он совершенный Апостол, совершенный Пророк, совершенный Евангелист, совершенный Пастырь и совершенный Учитель. В Послании Евреям 3:1 Иисус не только назван Апостолом, но здесь также проливается свет на значение этого слова:

Итак, братия святые, участники в небесном звании, уразумейте Посланника («Апостола») *и Первосвященника исповедания нашего* (или провозглашения веры), *Иисуса Христа.*

Иисус назван Апостолом и Первосвященником нашего исповедания. Это разные стороны Его служения. Как Апостол Он был послан Богом в мир для выполнения особого задания, которое никто кроме Него не мог выполнить. Как Первосвященник Он вернулся в присутствие Божье, чтобы представлять тех, кто принял Его земное служение. Как Апостол Он был послан Богом, чтобы нас искупить, как Первосвященник Он вернулся к Богу, чтобы ходатайствовать за нас. Какое замечательное описание труда Христа!

В Евангелии от Иоанна несколько раз упоминается о том, что Иисус был послан, начиная со стиха 10:36. В этом стихе Иисус обращался к иудеям, которые хотели убить Его за заявление о том, что Он является воплощением Бога. Евангелие от Иоанна 10:36 (выделено автором):

Тому ли (Иисусу), *Которого Отец освятил и **послал в мир**, вы говорите...*

Отец освятил Иисуса и послал Его в мир. Глагол «послал» по-гречески это *апостелло*, от которого образовано слово «апостол». Отец освятил (отделил) Иисуса, а затем послал Его в мир, чтобы Он стал нашим Апостолом (т.е. «Направленным к нам»).

Ученики как апостолы

В Евангелии от Иоанна 20:21 то же самое говорится о первых учениках:

Иисус же сказал им (Своим ученикам) *вторично: мир вам! как послал Меня Отец, так и Я посылаю вас.*

Во фразе *«послал Меня Отец»* использовано слово *апостелло*. Тем самым Иисус сказал: «Отец Мой послал Меня как Апостола. А теперь Я посылаю вас так же, как Меня послал Отец». Таким образом, произошла передача апостольства.

Давайте порассуждаем об этих первых двенадцати учениках, которые стали апостолами. Мы рассмотрим, как произошло их назначение и что при этом было сказано. Евангелие от Матфея 9:36-38:

Видя толпы народа, Он (Иисус) *сжалился над ними, что они были изнурены и рассеяны, как овцы, не имеющие пастыря. Тогда говорит ученикам Своим: жатвы много, а делателей мало; итак молите Господина жатвы, чтобы выслал делателей на жатву Свою.*

Была нужда в людях, которых можно было бы выслать на жатву, как работников. Именно это Иисус затем и сделал. Евангелие от Матфея 10:1-2,5:

И призвав двенадцать учеников Своих, Он дал им власть над нечистыми духами, чтобы изгонять их и врачевать всякую болезнь и всякую немощь. Двенадцати же Апостолов имена суть сии... Сих двенадцать послал Иисус.

Здесь мы снова видим существительное *апостолос*, переведенное как «апостолы». Кроме того, мы видим глагол *апостелло*, переведенный как «послал». Обратите внимание, что в первом стихе они названы учениками, но потом они уже названы апостолами. Они были переведены из статуса учеников в статус апостолов, когда были посланы.

Кстати, первая апостольская команда Иисуса вероятно состояла не менее, чем из тридцати человек, включая женщин. Евангелие от Луки 8:1-3:

После сего Он проходил по городам и селениям, проповедуя и благовествуя Царствие Божие, и с Ним двенадцать (учеников), *и некоторые женщины, которых Он исцелил от злых духов и болезней: Мария, называемая Магдалиною, из которой вышли семь бесов, и Иоанна, жена Хузы, домоправителя Иродова, и Сусанна, и многие другие* (в греческом оригинале сказано в женском роде: «многие другие женщины»), *которые служили Ему имением своим.*

Когда команда Иисуса приходила в то или иное селение, его жители видели Церковь в миниатюре, которая состояла из людей обоих полов и из разных социальных и экономических слоев. В миссионерских группах и организациях должно быть максимально возможное разнообразие, чтобы, когда их команды прибудут в чужие страны, местные жители видели истинную церковь. Мне самому довелось быть частью апостольской команды в Замбии с сотрудниками из различных рас и слоев общества, куда входила и моя чернокожая приемная дочь Джессика. Насколько эта команда отличалось от других, когда большинство приезжающих в Африку миссионеров являются белыми! Это произвело совершенно иное впечатление на местное население. Если бы мы не имели такого смешанного состава, то местные жители могли подумать, что христианство это религия Запада или белого человека. Но когда они видят вас, как Вселенскую Церковь в миниатюре, это находит отклик в их сердцах.

Итак, первых апостолов было двенадцать. Но всем нам известно, что Иуда стал предателем. В Писании сказано, что он отпал от апостольства (см. Деян. 1:25). Ожидая движения Божьего в горнице накануне дня Пятидесятницы, апостол Петр заявил собравшимся ста двадцати ученикам о необходимости восстановления этого числа двенадцать. Книга Деяний 1:21-22:

Итак надобно, чтобы один из тех, которые находились с нами во все время, когда пребывал и обращался с нами Господь Иисус, начиная от крещения Иоаннова до того дня, в который Он вознесся от нас, был вместе с нами свидетелем воскресения Его.

Обратите внимание, что эти первые апостолы должны были быть свидетелями всего земного служения Иисуса со дня Его крещения Иоанном до времени Его распятия и воскресения. Ученики избрали двух человек, которые отвечали всем необходимым требованиям: Иосифа и Матфия. Затем они помолились и бросили жребий, попросив Господа указать того, на кого пал Его выбор. Книга Деяний 1:26:

И бросили о них жребий, и выпал жребий Матфию, и он сопричислен к одиннадцати Апостолам.

Таким образом, Матфий стал двенадцатым апостолом. У многих людей сложилось впечатление, что это назначение было недействительным, однако в Писании нет ни одного отрывка, которое ставило бы под сомнение законность этого выбора. Напротив, когда Петр собирался произнести свою знаменитую речь в день Пятидесятницы, мы читаем: *«Петр же, став с одиннадцатью...»* (Деян. 2:14). Остальные одиннадцать были собраны в одну группу, и все они названы апостолами. Итак, мы видим, что Писание подтверждает назначение Матфия. Таким образом, мы имеем Иисуса, первых двенадцать, а затем Матфия — в общем четырнадцать апостолов перед днем Пятидесятницы.

Апостолы после вознесения Иисуса

Все остальные назначения, которые мы рассмотрим в дальнейшем, были сделаны после вознесения Иисуса, а также после дня Пятидесятницы. Это очень важный момент. Павел имел в виду именно эти события, когда в Послании Ефесянам 4:8 цитировал Псалом 67:18:

> *«Посему и сказано: восшед на высоту, пленил плен и дал дары человекам».*

Обратите внимание, что Иисус дал эти дары людям именно после Своего вознесения. Эти дары перечислены двумя стихами ниже, после вступления, которое мы увидели в начале этой главы. Послание Ефесянам 4:11:

> *И Он поставил одних Апостолами, других пророками, иных Евангелистами, иных пастырями и учителями...*

К этому списку не относятся первые двенадцать апостолов. В данном случае речь идет об апостолах, пророках и остальных служителях, поставленных после вознесения Иисуса. Смысл слов ясен и недвусмыслен.

Теперь посмотрим, кого Новый Завет называет апостолами уже после дня Пятидесятницы. Книга Деяний 13:1-2,4:

> *В Антиохии, в тамошней церкви были некоторые пророки и учители: Варнава, и Симеон, называемый Нигер, и Луций Киринеянин, и Манаил, совоспитанник Ирода четвертовластника, и Савл (Павел). Когда они служили*

Господу и постились, Дух Святым сказал: отделите Мне Варнаву и Савла на дело, к которому Я призвал их... Сии, быв посланы Духом Святым...

Поиск в Новом Завете апостолов напоминает работу сыщика. Это захватывающий процесс, требующий внимательного изучения, умозаключений и дедукции. Заметьте, что Павел и Варнава были посланы Богом. Затем, в следующей главе, они уже названы «апостолами». Книга Деяний 14:4,14:

Между тем народ в городе разделился: и одни были на стороне Иудеев, а другие на стороне Апостолов...

Но Апостолы Варнава и Павел, услышав о сем...

Павел и Варнава стали апостолами в результате того, что они были рукоположены и посланы на выполнение особого задания поместными старейшинами, под водительством Духа Святого. Когда-то у меня было представление, что апостол должен загадочным образом спуститься с небес, уже полностью совершенным. Он должен появиться на сцене, уже полностью готовый к служению. Это представление не соответствует Писанию. Служение должно проходить совершенствование. В Библии описаны многие люди, которые не начинали как апостолы, однако после этого, пройдя испытания в других служениях, они были выдвинуты на уровень апостольства. Это очень здравый и практический метод продвижения вверх.

Итак, Павел и Варнава стали двумя новыми апостолами после Иисуса и двенадцати. Затем мы видим упоминания еще о двух других апостолах. Павел пишет в Послании Римлянам 16:7:

Приветствуйте Андроника и Юнию, сродников моих и узников со мною, прославившихся между Апостолами и прежде меня еще уверовавших во Христа.

Здесь еще о двух других братьях, Андронике и Юнии, которые были выдающимися апостолами. Наверное лучшим переводом будут слова «известный», «видный». Они были не просто апостолами, а апостолами выдающимися и известными. Кроме того, по всей видимости, они были родственниками Павла, и пришли ко Христу раньше него.

Обратившись к Первому посланию Коринфянам 9:5, мы находим упоминание о других апостолах Нового Завета:

Или не имеем власти иметь спутницею сестру жену, как и прочие Апостолы, и братья Господни, и Кифа?

Мы знаем, что Кифа являлось одним из имен Петра. Но заметьте, что в число апостолов Павел включает и «братьев Господних», т.е. братьев Иисуса, состоящих с ним в физическом родстве. Подтверждение этого факта содержится в Послании Галатам 1:18-19:

Потом, спустя три года, ходил я в Иерусалим видеться с Петром и пробыл у него дней пятнадцать. Другого же из Апостолов я не видел никого, кроме Иакова, брата Господня.

Эти слова указывают на то, что Иаков, брат Господень, признавался апостолом. В Евангелии от Матфея можно найти, сколько физических братьев было у Иисуса. В Евангелии от Матфея 13:55 описано, как жители Назарета, родного города Иисуса, обсуждали Его личность и семью, говоря:

Не плотников ли Он сын? не Его ли Мать называется Мария, и братья Его Иаков и Иосий, и Симон, и Иуда?

Иаков больше известен как автор Послания Иакова; а Иуда, как автор Послания Иуды. Послание Иуды начинается так, как тогда было принято начинать письма, с имени и характеристик автора. Послание Иуды 1:1:

Иуда, раб Иисуса Христа, брат Иакова...

Очень интересно, что ни один из физических братьев Иисуса, не ссылался на свое родство с Ним, после Его воскресения. Таким образом, назвавшись «братом Иакова», т.е. второго по старшинству брата в семье после Иисуса, Иуда называет себя «рабом Иисуса Христа». Иаков свое послание начал со слов: «Иаков, раб Бога и Господа Иисуса Христа» (Иак. 1:1). И действительно, во Втором послании Коринфянам 5:16 Павел пишет:

Если же (мы) и знали Христа по плоти, то ныне уже не знаем.

После воскресения и вознесения Иисуса кровные отношения «по плоти» не считались важными или дающими какие-то привилегии. Это учит нас о том, какое огромное значения имеют наши теперешние отношения с воскресшим Христом!

Об остальных двух братьях Иисуса не так много известно, но я верю, что, сопоставив эти четыре отрывка Писания, нам станет ясно, что Иаков, Иосий, Симон и Иуда были признаны в ранней Церкви апостолами. Теперь апостолов становится на четыре больше. Теперь рассмотрим примеры Тита и других. Второе послание Коринфянам 8:23:

Что касается до Тита, это мой товарищ и сотрудник у вас; а что до братьев наших, это посланники церквей, слава Христова.

Здесь то же самое греческое слово *апостолос* переведено словом «посланники». Думаю, что переводчики Библии считали, что было лишь двенадцать первоначальных апостолов, ну еще Павел, и на этом все. Что-то удержало их от использования слова «апостолы», однако я не вижу реальной причины не делать этого. Этот отрывок следует читать так: «Это апостолы церквей, слава Христова». Они так названы, потому что каждый из них был послан той или иной церковью. Имена этих людей не названы, однако они упомянуты во множественном числе. Это значит, что их было как минимум двое. Таким образом, у нас есть названный по имени Тит и еще, по крайней мере, двое апостолов.

Что касается Тита, то мы видим в адресованном

ему послании, что он выполнял функцию именно апостола. Павел пишет ему в Послании Титу 1:5:

Для того я оставил тебя в Крите, чтобы ты довершил недоконченное и поставил по всем городам пресвитеров («старейшин»), как я тебе приказывал.

Как мы видели ранее, Тит исполнял апостольское служение в назначении старейшин в каждом городе. Таким образом, последнее место Писания, вместе со Вторым посланием Коринфянам 8:23, указывает на то, что Павел и другие верующие признавали Тита апостолом. Опять-таки, сопоставив два этих стиха, мы делаем вывод, что речь идет о Тите и, по крайней мере, еще о двух апостолах.

Обратившись к Посланию к Филиппийцам 2:25, мы находим еще одного апостола:

Впрочем я почел нужным послать к вам Епафродита, брата и сотрудника и сподвижника моего, а вашего посланника («апостола») и служителя в нужде моей...

Фразу «вашего посланника» следует переводить как «вашего апостола». Епафродит был послан как апостол церковью города Филиппы. Все это ясно указывает на то, что каждый апостол был послан той или иной поместной общиной, и что эти апостолы были связаны различной ответственностью с пославшими их поместными общинами. Например, Павел и Варнава были посланы из церкви Антиохии, Епафродит из церкви Филипп, а «посланники», упомянутые во Втором послании Коринфянам 8:23, были посланы из реальных, но неназванных поместных церквей.

В Первом послании Фессалоникийцам 1:1 мы находим еще двух апостолов. В те времена довольно часто одно письмо писали двое, трое или более людей, указывая свои имена в качестве соавторов.

Павел и Силуан и Тимофей церкви Фессалоникской...

Силуан — это другой вариант написания имени Сила. Таким образом, это послание было написано тремя авторами: Павлом, Силой и Тимофеем. Обратите внимание еще раз на то, что они сказали о своем коллективном служении. Первое послание Фессалоникийцам 2:6-7:

Не ищем славы человеческой ни от вас, ни от других: мы могли явиться с важностью, как Апостолы Христовы.

По сути, они сказали: «Мы могли бы господствовать над вами и предъявлять к вам требования, потому что мы апостолы, однако мы так не поступили». Мы уже внесли в список апостолов Павла, но здесь мы добавляем туда еще и Силу с Тимофеем. Если мы сложим общее количество всех, кто был упомянут как апостол после вознесения Иисуса, то получим как минимум четырнадцать человек. Вероятно, их было больше, поскольку нам неизвестно, сколько было неназванных апостолов, когда мы посчитали лишь двое, т.е. минимальное количество.

Для многих людей тот факт, что после дня Пятидесятницы в Новом Завете были названы апостолами еще как минимум четырнадцать человек, эта мысль является просто потрясающей! Мы можем видеть, насколько традиционное понимание Писания продолжает доминировать в нашем сознании.

ВЛАСТЬ АПОСТОЛЬСКОГО СЛУЖЕНИЯ

Чтобы детально рассмотреть власть апостольского служения, давайте еще раз вернемся к Евангелию от Матфея 10:1,5:

И призвав двенадцать учеников Своих, Он дал им власть... Сих двенадцать послал Иисус...

Необходимо подчеркнуть, что апостольская власть исходит от Самого Бога. Иисус дал Своим ученикам власть и силу, а затем послал их как апостолов. Подобным образом и Дух Святой сказал пяти пророкам и учителям в антиохийской церкви в Книге Деяний 13:2:

«Отделите Мне Варнаву и Савла на дело, к которому Я призвал их».

После поста и молитвы лидеры церкви в Антиохии возложили руки на Павла и Варнаву и «отпустили их» (см. Деян. 13:3). После этого они также стали «посланными», «направленными с определенной целью» или апостолами.

Думаю, будет правильно сказать, что Бог использовал людей как Свои инструменты, чтобы отправить Павла и Варнаву на служение в качестве апостолов. Однако перед этим каждый из них уже получил от Бога свое личное призвание: «*Отделите Мне Варнаву и Савла на дело, к которому Я призвал* (т.е. уже призвал) *их*». Они получили личное призвание от Господа еще до того, как о них помолились и послали на служение. В тот момент Дух Святой, скажем так, «обнародовал» их призвании и поставил на них печать Своей власти. Хотя церковь может признать и официально одобрить то или иное служение, однако само это служение исходит от Бога.

Полагаю, что эта истина содержит очень важный урок, который касается не только апостольства. За людьми, которые используются в качестве Божьих инструментов, стоит власть Духа Божьего, а за Духом Божьим стоит Глава Церкви, Господь Иисус Христос. Поэтому конечная власть в каждом назначении в Церкви, сделанном людьми под вдохновением от Духа Святого, принадлежит Самому Богу. Между Богом и людьми существует взаимозависимость. Кто-то сказал о говорении на иных языках замечательную фразу, которую можно применить и к другим случаям: «Вы не сделаете этого без Бога, а Бог не сделает этого без вас». Это относится ко многим служениям. Мы не можем выполнять их без Бога, а Бог не совершит их без нас. Бог добровольно сделал Себя зависимым от людей в исполнении Своей воли. Поэтому мы смотрим людей, которые являются «Божьими инструментами», и осознаем, что они всего лишь люди, однако мы также должны видеть Всемогущего Бога, Который обладает конечной властью.

Таким образом, в вопросе признания и высвобождения мобильных служений, Бог и церковь должны сотрудничать. Думаю, это явно даже из названия книги: «Деяния апостолов». Некоторые люди скажут, что лучше бы было назвать ее: «Деяния Духа Святого». Мы знаем, что за всеми этими деяниями стоял Дух Святой, но если бы Он не нашел людей, согласных их выполнить, ничего бы не произошло.

У Господа Иисуса есть огромное желание благословлять, исцелять, освобождать и приносить мир, но Он сможет это сделать лишь при условии, что члены Его Тела, Церкви, будут готовы для того, чтобы выполнить это. Церковь заставляла Господа Иисуса Христа ждать на протяжении многих веков, пока, наконец, не начала готовить себя исполнять то, что Он хочет. Моя молитва и мое стремление, чтобы и эта книга помогла нам стать более послушными инструментами в руках Иисуса Христа, для исполнения Его воли. Но, опять-таки, нам следует видеть, что за этими инструментами, которые являются всего лишь слабыми и склонными к ошибкам людьми, стоит Бог, Который наделяет Своей властью Свой народ. Люди являются Божьими инструментами, через которых Он действует на земле.

Интересно, что Павел всегда особым образом подчеркивал, что его апостольство произошло не от человека. Действительно, современники Павла часто ставили под сомнение его апостольство. Мы с вами, наверное, в последнюю очередь стали бы сомневаться в апостольстве Павла! Наверное никто другой, а именно Павел для нас несомненный апостол! Тем не менее, во Втором послании Коринфянам 10:10 критики Павла говорили, что его личное присутствие было «слабым», а речь «незначительной» (буквально «ничтожной»). Он не был проповедником. Могу представить, что Петр был выдающимся проповедником, но Павел не был таким. Многие современники Павла в христианской Церкви пренебрегали им и недооценивали его, и время от времени ему приходилось занимать очень жесткую позицию, заявляя, что он является апостолом не от людей, но от Бога. Давайте рассмотрим всего два таких примера. В Послании Галатам 1:1 он описал себя так:

Павел Апостол, избранный не человеками и не через человека, но Иисусом Христом и Богом Отцем, воскресившим Его из мертвых.

Обратите внимание, он был абсолютно уверен в этом факте, говоря, по сути: «Меня назначил апостолом не какой-то человек. Мое апостольство происходит от Иисуса Христа и Бога-Отца». Кроме того он писал в Первом послании Тимофею 1:1:

Павел, Апостол Иисуса Христа по повелению Бога, Спасителя нашего, и Господа Иисуса Христа, надежды нашей.

Возможно, мы никогда не найдем служителя, который не ошибается и которого не за что критиковать, но, в конечном итоге, мы имеем дело не со слугой, а с Богом, Которому он служит. Я вспоминаю, как в 1964 году я оставил пасторство в Сиэтле. Членам нашей церкви было жаль с нами расставаться. В последнее воскресенье один из дьяконов спонтанно предложил: «У меня возникло такое чувство, что нам следует пригласить брата и сестру Принс выйти вперед, чтобы мы могли возложить на них руки и отпустить». Ни я, ни кто-то другой этого не планировали. Но я всегда с благодарностью вспоминаю это событие, потому что так наши прихожане одобрили наше решение, возложили на нас руки и отправили нас на дальнейшее служение. Я почувствовал, что Бог хотел сделать это именно так. И не то, что это сделали какие-то «выдающиеся» лидеры. Честно говоря, это была не слишком хорошая компания дьяконов! В течение двух лет они проходили через молотилку самых серьезных проблем, через которые только может пройти церковь. Тем не менее, в той ситуации они были Божьими инструментами, и мы почитали их как таковых.

Можно сказать, что об отношении церкви к Богу можно судить по отношению церкви к служителям, данным ей Богом. По сути, христиане ценят Бога не больше, чем они ценят служителей, которых Бог по-

Глава 16. Мобильное служение: апостолы

ставил в церкви. Мы видим этот принцип в Книге Судей. Бог через пророчицу Девору призвал Варака, чтобы освободить Израиль от иноземных захватчиков. Он же сказал Деворе: «Я пойду, только если ты пойдешь со мной». В те дни было не принято, чтобы мужчины так себя вели. Девора сказала: «Если я с тобой пойду, то тебе это не принесет славы, потому что Бог использует вместо тебя другую женщину». Так и произошло: Бог использовал Иаиль, жену Хевера Кенеянина, чтобы убить вражеского военачальника (см. Суд. 4:4-22). В Книге Судей содержится широко известная песня Деворы, которую она воспела после победы. В ней есть такой стих, Книга Судей 5:23:

Прокляните Мероз, говорит Ангел Господень, прокляните, прокляните жителей его за то, что не пришли на помощь Господу, на помощь Господу с храбрыми.

Это очень серьезное заявление: «Прокляните, прокляните Мероз». Мероз был селением в Израиле. Очень страшно, если в Библии провозглашено и записано проклятие той или иной общине. За что же было это проклятие? *«За то, что не пришли на помощь...»* не Бараку, а *Господу*. Другими словами, Господь отождествляет Себя с теми, кто Ему служит. Те, кто не отозвался на призыв Варака и не пришел ему на помощь, не оказали помощь не Вараку, а Господу.

Это же самое не менее справедливо и сегодня. Человек, призванный Богом и действующий в том служении, которое ему дал Бог, является Божьим представителем. То, как к нему относятся верующие, лучше всего показывает их отношение к Богу. Даже если они очень красиво говорят о Боге, их истинное отношение к Нему будет видно в том, как они относятся к служителям, которых Он послал. Нам неизвестны все планы Господа. Апостолу Павлу приходилось постоянно доказывать, что ему дал власть именно Бог, однако Бог использовал его так, как ни одного другого апостола.

АПОСТОЛЬСКИЕ ФУНКЦИИ

Теперь давайте перейдем к двум основным функциям апостолов: (1) основывать правильно организованные церкви и (2) наводить порядок в уже существующих церквах. Это подтверждается в Послании Титу 1:5, где ему дано задание навести порядок в церквах, находящихся на острове Крит, для чего нужно было назначить пресвитеров. Я бы сказал, что служение апостола включает в себя одно или более служений из других четырех главных служений: пророка, евангелиста, пастыря и учителя. Чтобы навести порядок на таком большом острове, апостолу требовался большой спектр даров, и это показывает нам, насколько широкой должна быть апостольская мантия. Действительно, ему необходимо было действовать во многих ролях!

Рождение церквей

Как мы уже видели, задание апостола, как «посланного» или «направленного», состоит в том, чтобы расширять границы Царства Божьего. Человек считающий себя апостолом (т.е. «посланным идти»), который продолжает сидеть на месте, противоречит сам себе. Сущность апостольского служения в движении на новые поля. Я не говорю о том, что апостолу вообще никогда нельзя осесть где-то на длительный срок, но тогда он функционирует уже в роли старейшины. В Первом послании Петра 5:1 написано следующее:

> *Пастырей ваших умоляю я, сопастырь и свидетель страданий Христовых...*

Словом «со-пастырь» переведено сложное греческое слово, которое было бы лучше перевести как «со-старейшина». В руководстве поместной церкви никто не выше старейшин. Поэтому апостол является лишь «со-старейшиной». Это не означает, что он не имеет власти. Если апостол, находясь в своем служении, говорит что-то, а вы не прислушиваетесь к нему, то вы горько пожалеете о своем непослушании. Однако это тот род власти, которая действует только тогда, когда другие люди ее признают в своей совести, а не когда она превращается в безоговорочную власть «духовного сверх-начальника».

Новозаветные апостолы шли туда, где еще не проповедовалось Евангелие. Там они приводили людей к Господу и основывали церкви, которые затем самостоятельно функционировали. Они практически повсюду, где проповедовали, оставляли после себя утвержденные церкви. Книга Деяний 14:23:

Рукоположив же им пресвитеров к каждой церкви, они помолились с постом и предали их Господу, в Которого уверовали.

Они оставляли за собой не просто группы учеников или молитвенные группы, а утвержденные, организованные поместные церкви.

Но, кроме того, апостолы дают направление церквам, которые появились не в результате их служения. Например, апостол Павел писал римлянам, с которыми лично никогда не встречался (Рим. 1:10-11). В этом послании он дал им много важных и авторитетных наставлений. То же самое мы видим и в письме Павла колоссянам, в котором он указал направление и преподал наставление группе верующих, с которыми он тоже никогда не виделся (Кол. 2:1,5).

Помните, что и Петр, и Павел писали церквам в Галатии. Они не принимали никакого участия в основании этих церквей, но как апостолы они оба применяли в них свою власть. Говоря об этом, я хочу подчеркнуть, что апостол действительно имеет власть в поместных церквах и, прежде всего, в тех из них, которые появились благодаря его служению. Но, кроме того, он обладает властью во всех церквах, в которые его направит Дух Святой.

Во второй главе Послания Галатам мы читаем, что Петр и Иоанн встречались с Павлом и Варнавой, чтобы обсудить суть их проповедей и служения, которое Бог им доверил, а также, чтобы прояснить некоторые непонятные моменты. Послание Галатам 2:7-8:

> *Напротив того, (Петр и Иоанн) увидев, что мне вверено благовестив для необрезанных, как Петру для обрезанных, ибо Содействовавший Петру в апостольстве у обрезанных содействовал и мне у язычников...*

В 14-й главе книги я говорил, что, по моему мнению, апостолы посылаются скорее к группе людей, чем в географическую местность. Обратите внимание, что апостольство Петра распространялось, в основном, на обрезанных (евреев), а апостольство Павла распространялось прежде всего на язычников, и выходило за пределы церквей, основанных Петром или самим Павлом. Таким образом, истинный апостол обладает властью во всей Вселенской Церкви, независимо от того, были ли он тем, кого использовал Бог для образования данной поместной церкви или нет. Я считаю, это очень правильно, однако нам было необходимо убедиться, что именно так сказано в Писании.

В Первом послании Коринфянам 12:28 перечислены некоторые основные служения в поместной церкви:

> *И иных Бог поставил в Церкви, во-первых, Апостолами, во-вторых, пророками, в-третьих, учителями; далее, иным дал силы чудодейственные, также дары исцелений, вспоможения, управления, разные языки.*

Очевидно, что Павел говорил не о Вселенской Церкви, потому что он не включил в этот список служение евангелистов, которые свое основное служение несут за пределами поместной церкви. Таким образом, в поместной церкви установлен определенный порядок власти. Первые — апостолы, вторые — пророки, третьи — учители, четвертыми являются те, кто действует в чудотворении, и пятыми являются те, кто действует в дарах исцелений. Если в поместной церкви присутствует апостол, то его служение имеет преимущество; за ним следуют пророк и учитель. Эти три главных служения являются служениями Слова. Это говорит о том, что служение Слова Божьего имеет преимущество над всеми остальными формами служения. Конечная власть заключена в Слове Божьем и в тех, кто представляют Слово.

Кроме того, обратите внимание, что есть разные уровни апостольства. Это очень важно. Павел сказал: *«Но я думаю, что у меня ни в чем нет недостатка против высших Апостолов»* (2 Кор. 11:5). Затем, он еще раз использовал этот термин: *«У меня ни в чем нет недостатка против высших Апостолов»* (2 Кор. 12:11). Ранее мы уже видели, что Андроник и Юния были *«прославившимися между Апостолами»* (Рим. 16:7). Итак, апостолы бывают «высшими» и «прославившимися» (или «выдающимися»), поэтому очевидно, что есть апостолы «не такие высокие» и «не особо известные». Мы склонны думать, что все апостолы должны быть такими, как Петр или Павел, но это не так. Например, какой-то человек может быть евангелистом от Бога, но масштабы его служения не будут такими, как у Билли Грэма. Однако это совсем не означает, что он не имеет права называться настоящим евангелистом от Бога. То же самое относится и к апостолам.

Распознание лже-апостолов

В заключение этой главы, давайте рассмотрим последний важный момент. Павел говорит об определенных людях, которые появились в церкви Коринфа и выдавали себя за апостолов во Втором послании Коринфянам 11:13-15:

> *Ибо таковые лжеапостолы, лукавые делатели, принимают вид Апостолов Христовых. И неудивительно: потому что сам сатана принимает вид Ангела света, а потому не великое дело, если и служители его принимают вид служителей правды; но конец их будет по делам их.*

Некоторые люди могут заявлять, что они апостолы, однако на самом деле являться служителями сатаны, а не Христа! Это очень важный и отрезвляющий факт. Эти люди не просто заблуждаются или ошибаются, но действительно являются служителями сатаны. Мы должны научиться их распознавать, иначе мы серьезно пострадаем. Заявки на апостольство должны пройти серьезное испытание. Вспомните о том, как в книге Откровение 2:2 Иисус похвалил церковь Ефеса именно за это:

Знаю дела твои, и труд твой, и терпение твое, и то, что ты не можешь сносить развратных, и испытал тех, которые называют себя апостолами, а они не таковы, и нашел, что они лжецы.

На каждой поместной церкви лежит ответственность испытывать апостолов и принимать только тех, которые соответствуют Писанию. Выдержало ли их служение испытание на практике? Какой образ жизни они ведут? В эти последние дни как никогда важно научиться различать истинное апостольское служение!

В следующей главе я изложу некоторые признаки истинного апостола, знание которых поможет нам испытывать и принимать настоящее служение.

17
ПРИЗНАКИ ИСТИННОГО АПОСТОЛА

Существует семь ключевых признаков истинного апостола: (1) сердечное стремление достичь еще недостигнутых; (2) способность выполнять все особые апостольские задачи; (3) создание церквей, отражающих апостольское сердце; (4) желание работать в команде; (5) подотчетность церкви, которая послала его; (6) чудеса и знамения; и (7) терпение.

СЕРДЕЧНОЕ СТРЕМЛЕНИЕ ДОСТИЧЬ ТЕХ, КТО ЕЩЕ НЕ ДОСТИГНУТ

Отличительной чертой истинного апостола является то, что она всегда нацелен на те регионы, в которых еще нет утвержденных церквей. Совершив свою работу в том региона, который был ему дан до сегодня, завтра он думает о том, как «катапультироваться» в следующий. Апостол не может быть стационарным по самому своему определению! Павел писал во Втором послании Коринфянам 10:13-16 (Современный перевод Международного Библейского Общества):

Мы не будем хвалиться перед вами сверх меры, а только в пределах того, что дано нам Богом, а это включает в себя и нашу работу среди вас. Ведь мы не вышли за эти пределы, когда пришли к вам, а мы на самом деле были первыми, кто принес вам Евангелие Христа. Мы не хвалимся без меры, потому что то, что мы делали, - это наша, а не чужая заслуга. Мы надеемся, что ваша вера будет расти, а вместе с тем будут расширяться и пределы нашей деятельности у вас. И тогда мы сможем идти дальше с проповедью Евангелия, а не хвалиться тем, что сделано другими в их собственных пределах.

Обратите внимание, что здесь четыре раза упоминаются «пределы». Это в полной мере передает сознание апостола! Прежде всего, он чувствует, где находятся его пределы, т.е. географические и духовные границы его власти. Если человек, обладающий значительной властью во всем Теле Христовом, не имеет (и не знает) своих границ, то это очень опасно. Но когда апостол будет действовать в четко определенных географических пределах, Бог позволит ему приносить замечательные плоды, как это было в случае с Павлом. Лже-апостол же захватывает новые территории, чтобы там властвовать и распространять свое влияние. В то время как истинный апостол верно и преданно достигает Божьих целей в своем уделе. Затем Бог переводит его в новый удел, через церкви, которые он основал в уделе нынешнем.

При таком подходе осуществляется чудесный контроль над качеством духовного «экспорта». Только достигший успеха апостол имеет право переходить в новый регион. Но сегодня случается так, что ложный апостол или служитель, сеявший смуту в своей местности, вдруг появляется в другом городе, чтобы принести беды и туда. Подобные проблемы можно исключить, если бы служитель мог ехать в другое место только при условии, что его нынешняя церковь достаточно здорова, чтобы послать его.

СПОСОБНОСТЬ ВЫПОЛНЯТЬ ВСЕ ОСОБЫЕ АПОСТОЛЬСКИЕ ЗАДАНИЯ

В Первом послании Коринфянам 9:2 Павел пишет:

Если для других я не Апостол, то для вас (церкви в Коринфе) *Апостол; ибо печать моего апостольства вы в Господе.*

Глава 17. Признаки истинного апостола

Верующие в Коринфе были печатью или подтверждением апостольского служения Павла, потому что они служили свидетельством того, что он может исполнять то, что положено апостолу. Павел смог приехать в Коринф, где до него еще не было проповедано Евангелие, привести людей ко спасению, крестить их в воде и в Духе Святом, привести их к применению даров Духа Святого и утвердить их в поместной церкви, в которой у них есть местные пресвитеры. Другими словами, Павел мог выполнить всю работу от «а» до «я». Способность выполнять это выделяла, или утверждала, его в апостольском служении. Если бы Павел был лишь евангелистом, то он смог бы только привести коринфян к Господу, но для завершения работы понадобились бы другие служители. Будь он лишь учителем, он, возможно, не смог бы привести их ко спасению. Доказательством апостольства служит способность выполнять все эти задания.

Задачу апостола можно определить так: он «мудрый строитель» (буквально: «умелый и опытный руководитель стройки»), который устанавливает и поддерживает церковный порядок. Первое послание Коринфянам 3:10:

Я, по данной мне от Бога благодати, как мудрый строитель, положил основание.

Апостол является, так сказать, главным подрядчиком и прорабом, который разбирается во всех этапах строительства от фундамента до крыши. Не забывайте, что до Павла в городе Коринфе еще никто не проповедовал Евангелие. Там не было верующих. Сначала Павел там благовествовал, а затем помог развить полноценную, самостоятельно действующую поместную церковь. Это было сверхъестественное задание! Я уже несколько десятилетий тружусь с верующими на разных континентах и могу подтвердить, что действующую церковь на новом месте способен организовать только апостол.

Печать апостольства является внешним свидетельством, который сможет рассмотреть каждый, кто захочет. У нас бы осталось гораздо меньше людей, которые носят звание апостола, если бы люди проверяли их свидетельство, прежде чем принять их власть. Чтобы проверить плод служения апостолов, нам следует посетить церковь или церкви, которые они основали. Павел мог предложить сомневающимся в его власти зайти в его церковь, чтобы проверить его работу, а не на его веб-сайт! Настоящие апостолы стремятся иметь плод, который будет постоянно пребывать. Пусть церкви, которые они могут показать, небольшие, но зато построены «мудрым строителем».

ОРГАНИЗАЦИЯ ЦЕРКВЕЙ, ОТРАЖАЮЩИХ СЕРДЦЕ АПОСТОЛА

Апостол страстно влюблен в поместную церковь. Больше всего он желает, чтобы поместные церкви утверждались и исполняли свое призвание. Я выделил несколько признаков церквей, основанных истинным апостолом:
- они нацелены на миссионерство;
- в них большое внимание уделяется молитве;
- они привлекают людей разных национальностей;
- они стремятся помогать бедным.

Другими словами, в них отражается сердце их апостола-основателя, мечтающего распространить Царство Божье во все уголки своего города и всего мира.

СТРЕМЛЕНИЕ К СЛУЖЕНИЮ В КОМАНДЕ

Говорить, что апостол трудится самостоятельно, значит противоречить Писанию. Нет ни одного примера этому нигде в Новом Завете. Истинный апостол не боится *командного служения* (теперь эта фраза стала достаточно популярной в христианской среде). Будет здраво для тех, кто обладает значительной властью, войти в глубокие, личные взаимоотношения с другими. Из пяти основных служений, перечисленных в

Послании Ефесянам 4:11, три всегда упоминаются во множественном числе: апостолы, пророки и пастыри. Нигде в Новом Завете вы не найдете одного апостола, пророка и пастыря. Лишь два служителя могут действовать самостоятельно: евангелист и учитель. В чем же разница между этими двумя группами? Апостолы, пророки и пастыри заботятся об устройстве в церкви, и это настолько важная обязанность, что Бог не поручает ее одному человеку. Ключом к тому, чтобы найти апостольское служение, является командное служение.

Не могу не сравнить евангелиста и апостола. Вспомните историю Филиппа в восьмой главе Книги Деяний. Этот человек отправился в Самарию, в один из довольно больших городов того времени. Он пришел туда один. Там не было комитета по подготовке городской евангелизации. Его не встречали с оркестром, его не приветствовал мэр города или начальник полиции. У него не было ничего подобного! Он в одиночку пришел в Самарию и просто перевернул весь этот город! Однако этот первый евангелист не окончил строительство церкви. Он привел людей лишь к двум переживаниям: спасению и водному крещению. Он даже не привел их ко крещению Духом Святым. Продолжение этой истории описано в Книге Деяний 8:14:

Находившиеся в Иерусалиме Апостолы, услышав, что Самаряне приняли слово Божие, послали к ним Петра и Иоанна...

Там был лишь один евангелист, но два апостола. Евангелист является Божьим «десантником», он «спускается с неба» на территорию врага и приносит его царству огромный ущерб, прежде чем враг узнает о его присутствии. Апостол же обычно сочетает в себе все пять основных служений. Он может заложить фундамент, как евангелист, но также и завершить строительство всего здания. А поскольку он работает над самыми трудными вопросами, связанными с устройством церкви, то выполняет свою работу в команде.

ПОДОТЧЕТНОСТЬ ПОСЛАВШЕЙ ЦЕРКВИ

Апостол не является апостолом до тех пор, пока он не послан. Чтобы быть посланным, должен быть кто-то, кто вас вышлет. Как мы уже увидели, поместная церковь ответственна за апостолов, которых она посылает. Она отвечает за их нравственность, мораль и учение. Если апостол собьется с правильного пути, поместная церковь обязана отозвать назад свое подтверждение его апостольского служения.

Если апостол будет оставаться в выделенных ему географических и духовных пределах, то он сможет принести невероятное благословение. Если же он попытается «прыгнуть выше своей головы» в то, на что Бог не наделил его Своей благодатью, то последует катастрофа. В истинном апостоле сочетаются, с одной стороны, острое чувство правомерности, уважения к другим и страх Господень, которые сбалансированы апостольской смелостью и уверенностью. Пожалуйста, не забывайте, что есть истинные апостолы и ложные. Мы должны их испытывать. Многие из нас даже не представляют себе, что человек несущий служение может быть лжецом, но такое происходит. Склонность привирать, нечистоплотность в финансовых вопросах, сексуальные грехи и доктринальные заблуждения все это нередкие пороки в мобильных служениях.

ЗНАМЕНИЯ И ЧУДЕСА

Кроме того, апостол доказывает свое апостольство знамениями, чудесами и силами. Апостол — это больше чем просто очень успешный пастырь или евангелист. Это очень важно понимать, поскольку иногда термин «апостол» применяется именно к таким людям. Слава Богу, за успешное служение того или иного пастыря, однако это само по себе еще не делает его апостолом. В служении апостола должны присутствовать сверхъестественные проявления. Второе послание Коринфянам 12:12:

Глава 17. Признаки истинного апостола

Признаки Апостола оказались перед вами всяким терпением, знамениями, чудесами и силами (букв. *«могущественными делами»*).

Думаю, из этого стиха становится совершенно ясно, что апостол без чудесных проявлений является неполноценным. Возможно, он только становится апостолом или готовится им стать, но пока он не является апостолом, согласно Новому Завету.

В 1964 году я служил на одном собрании вместе с братом Кеннетом Хейгином, которого знают многие христиане. Тогда он произнес пророчество, которое я запомнил навсегда. Предсказывая то, что Бог собирается сделать в Церкви, он сказал примерно следующее: «Бог восставит в полный рост апостола и в полный рост пророка». Это пророческое слово было основано на стихе: *«Доколе все придем... в меру полного возраста (в Переводе Короля Якова: «в полноту роста») Христова»* (Ефес. 4:13). Некоторое время назад Бог очень ясно сказал мне, что вскоре Он проявит в Теле Христовом апостолов и пророков так, что им не надо будет носить официальное звание, поскольку их служение и их плоды будут служить достаточным доказательством того, кто они есть.

Я столкнулся с тем, что многие люди в Церкви имеют несколько негативное отношение к сверхъестественному. Если какой-то человек увидит видение, то его считают «ненормальным». Что ж, в таком случае ненормальными были Павел и Петр. Кроме того, я слышу, как некоторые говорят: «Какая разница, что в служении этого человека происходят сверхъестественные проявления, если его характер оставляет желать лучшего?!» На основании этого они принимают крайне нелогичное решение, что не хотят иметь со сверхъестественным служением ничего общего. Да, верно, бывает так, что один верующий творит чудеса, в то время как другой проявляет богоугодный характер, но разве это причина, чтобы человеку с благочестивым характером чуждаться сверхъестественного и со своей стороны не действовать в чудесах?

Подумайте о тех героях Нового Завета, чьим характером мы восхищаемся: Иисус, Петр, Иоанн, Стефан, Филипп и Павел. Иисус и все остальные из этого списка имели потрясающее сверхъестественные служения. Несомненно, новозаветные герои с положительным характером также творили и чудеса.

ЦЕЛИ СВЕРХЪЕСТЕСТВЕННЫХ ЯВЛЕНИЙ В АПОСТОЛЬСКОМ СЛУЖЕНИИ

У сверхъестественных явлений, усиливающих апостольское служение, есть две основные цели:

1. Производить повиновение

Говоря об Иисусе Христе, Павел пишет в Послании Римлянам 1:5:

> *... Через Которого мы получили благодать и апостольство, чтобы во имя Его покорять вере все народы...*

Бог дал им апостольское служение, чтобы «покорять вере» людей. Но как это должно осуществиться? Послание Римлянам 15:18-19:

> *Ибо не осмелюсь сказать что-нибудь такое, чего не совершил Христос через меня, в покорении язычников вере, словом и делом, силою знамений и чудес, силою Духа Божия...*

Послание Римлянам 15:18-19 (Современный перевод):

> *Я не буду говорить о том, что сделал сам, а только о том, что свершил через меня Христос, приведя язычников к повиновению Богу, благодаря тому, что я говорил и делал с помощью знамений и чудес и силой Духа Божьего...*

У сверхъестественных явлений есть очень важная практическая цель: побуждать людей, видящих проявление Божьей силы и могущества, приходить к вере во Христа. Я очень хорошо усвоил эту истину, когда руководил колледжем в Восточной Африке и служил молодым студентам-африканцам. Как правило, эти студенты всегда были очень покладистыми и со всем соглашались. Я проповедовал и учил их всему, чему мог. Я всяческими способами забивал их головы Писанием, и они говорили: «Да, сэр... Хорошо, сэр...», но результаты этого обучения были удручающими. Чего-то не хватало. Наконец я сказал Господу: «Я собираюсь перестать пытаться сделать их такими, какими хочу, и начну о них молиться». Примерно через полгода к нам пришел какой-то не очень образованный молодой африканец. У него была гитара, на которой он умел играть очень плохо. Он сказал: «Я хочу проповедовать вашим студентам».

Если мои студенты чем-то и гордились, так это своим образованием. Я подумал: »В чем может убедить этих студентов человек, который окончил лишь пять классов школы?» Но моя жена Лидия предложила с присущей ей мудростью: «Давай помолимся вместе с ним и посмотрим, что он собой представляет». Молясь с ним, мы почувствовали, будто находимся у врат небесных, и поэтому решили: если он так молится, то мы разрешим ему проповедовать.

Сошла сила Божья, начались чудеса, и через несколько недель всех тех студентов было не узнать. Видите ли, есть огромное различие между душой и духом. Я пытался достучаться до душ студентов учением, консультациями и дисциплиной. Все это очень хорошо, но этого недостаточно. Чудеса же проникают в *дух*, потому что их творит сверхъестественная сила Духа Святого. Можно очень долго рассуждать с людьми, но это не достигнет желаемого результата. Должно произойти нечто абсолютно сверхъестественное.

Эта истина стала особенно ясной для меня, потому что в прошлом я занимался развитием логического мышления. Прежде чем стать христианином, я мог разбираться в очень сложных книгах. Я читал на разных языках: английском, древнегреческом, на латыни и даже на русском, но не мог понять Евангелия! Меня это очень расстраивало. Я не понимал его, пока со мной не произошло одно чудесное событие. После этого я уже мог понимать Евангелие без посторонней помощи. Итак, я хочу подчеркнуть, что чудеса — это не что-то необязательное и излишнее.

Однажды я был в Майами в составе группы замечательных служителей. Перед нами выступал один приглашенный проповедник, говоря о том, что ему открылось относительно водного крещения. Это был прекрасный человек, и я уважаю его мнение. По его словам, он обнаружил, что если людям объяснить, что такое водное крещение (а именно: погребение нашей старой сущности и прошлого), то после его принятия они избавятся от повторяющихся проблем и слабостей своего характера и поведения. Со всем этим можно покончить раз и навсегда. Кроме того, этот служитель сказал, что обычно, прежде чем крестить человека, они обязывают того пройти шестинедельный курс обучения.

Я не собирался уничижать такую линию рассуждений, но поскольку нам предложили задавать вопросы, я встал и спросил: «Почему же тогда в Новом Завете людей каждый раз крестили в тот же день, когда они обращались в веру? Более того, в случае со стражником в Филиппах, апостолы даже не дожидались рассвета. В чем разница?» Я вам отвечу, в чем разница. Когда действовал Дух Святой, люди сразу получали откровение. И это ничем нельзя заменить. Таким образом можно избежать многих разочарований и расстройств. Преподавать людям Слово Божье крайне необходимо, но все, что нужно для водного крещения — это сверхъестественное откровение от Господа.

Некоторые люди имеют служение чудотворения, а мы порой склонны недооценивать и принижать их. Но прежде чем их критиковать, нам лучше узнать, сколько времени эти люди проводят в молитве.

2. Достигать максимальных результатов

Вторая практическая цель сверхъестественного состоит в том, чтобы производить максимальные результаты за минимальное время. Если мы снова заглянув в 14-ю главу Книги Деяний, то увидим, что апостолы прошли целый ряд городов и завоевали души для Господа. Затем, на обратном пути они назначили старейшин (полагаю, это произошло не позже, чем через полгода). Во скольких местах мы смогли бы сделать подобное сегодня? Часто нам кажется, что для того, чтобы появились пресвитеры, должно пройти от двух до пяти лет. Во времена Нового Завета работало что-то, чего мы сейчас нечасто видим. Тогда все происходило в Духе почти моментально — вот что значит «сверхъестественное». Это не просто убедиться в истинности христианского учения посредством чудес; это находиться в сверхъестественной атмосфере. Вы как будто переноситесь в Новый Иерусалим, где все озарено кристально чистым светом. Вы сразу же все видите и понимаете, поэтому нет необходимости садиться и рассуждать.

Взять, например, консультирование. Сразу скажу, что не являюсь великим консультантом, и понимаю, что не достаточно силен в этом вопросе. Люди действительно нуждаются в служении консультирования и увещевания, но лично мне тяжело слушать проблемы людей два часа подряд! Мне не хватает терпения. Я бы охотнее провел семинар по освобождению и изгнал бесов. Однако изгнание бесов не заменит консультирование, и я хочу, чтобы вы знали об этом. Тем не менее, в некоторых случаях оно может значительно сократить длительность консультирования. Кроме того, при консультациях очень помогает слово знания. Бывает так, что человек сидит перед вами, рассказывая свою версию истории, но вы знаете, что он лжет. Все было совсем не так, как он говорит. Это сверхъестественное знание.

Полагаю, что теперь у вас у всех появилось желание стать апостолами! Поэтому хочу вам рассказать, что это подразумевает, прежде чем вы примите окончательное решение. Прежде чем подписать заявление с просьбой о зачислении в апостолы, прослушайте должностную инструкцию. Члены церкви в Коринфе стали очень умными, они считали, что все знают и имеют. И тогда Павел написал им в Первом послании Коринфянам 4:8-13:

Вы уже пресытились, вы уже обогатились, вы стали царствовать без нас. О, если бы вы и в самом деле царствовали, чтобы и нам с вами царствовать! Ибо я думаю, что нам, последним посланникам, Бог судил быть как бы приговоренными к смерти, потому что мы сделались позорищем для мира, для Ангелов и человеков. Мы безумны Христа ради, а вы мудры во Христе; мы немощны, а вы крепки; вы в славе, а мы в бесчестии. Даже доныне терпим голод и жажду, и наготу и побои, и скитаемся, и трудимся, работая своими руками. Злословят нас, мы благословляем; гонят нас, мы терпим; хулят нас, мы молим; мы как сор для мира, как прах, всеми попираемый доныне.

Теперь, когда вы знаете, что значит быть апостолом, можете поставить свою подпись!

ТЕРПЕНИЕ

Давайте вернемся к тому стиху, где Павел описал некоторые признаки апостольства. Второе послание Коринфянам 12:12:

Признаки Апостола оказались перед вами всяким терпением, знамениями, чудесами и силами.

Апостол должен обладать терпением и выносливостью. Когда другие люди разочаровываются, сдаются и поворачивают назад, апостол держится до конца. Например, когда все оставили Павла, он пишет: «Димас меня оставил, и со мной никого нет, но я держусь» (см. 2 Тим. 4:6-18).

Во Втором послании Коринфянам 12:12 обратите внимание на слова «перед вами», означающие, что эти признаки апостольства были продемонстрированы церкви в Коринфе. Апостол имеет силу характера, чтобы продолжать двигаться вперед в той сфере, которую ему доверил Бог, до тех пор, пока Слово Божье будет подтверждаться знамениями и чудесами в поместной церкви. Апостол не только перемещается с места на место, но и обладает способностью твердо стоять там, где необходимо заставить что-то работать. Эта характерная черта истинного апостола, которая отличает его от ложного. Истинный апостол имеет отцовское сердце ко всем церквам, которые он насадил (см. 1 Кор. 4:14-15). Он способен оставаться там и продолжать упорно трудиться и ждать до тех пор, пока это будет необходимо, а затем назначит лидеров, способных продолжить его дело.

Многие мобильные служители имеют терпение, но не совершают знамений и чудес, тогда как другие делают особый упор на сверхъестественном, но проявляют мало терпения в повседневных обязанностях прораба на стройке. Истинный апостол проявляет терпение в личных отношениях, и в конечном итоге это создает атмосферу сверхъестественного.

НУЖДА В АПОСТОЛАХ СЕГОДНЯ

Несмотря на возможные злоупотребления, апостольское служение сегодня необходимо, как никогда ранее. Вспомните, как быстро растут церкви в Китае, Индии, Африке. Я лично знаком с апостолами, которые основывают и развивают сотни церквей в отдаленных местах, которые лишь недавно узнали о Боге. Как церковь может достичь зрелости без всех пяти служений, в том числе и апостолов? Как мы уже видели, половина апостолов, упомянутых в Писании, появилась после вознесения Христа, и это означает, что роль апостола остается насущной и сегодня! Факт существования лже-апостолов, не является причиной для того, чтобы вообще не иметь апостолов, так же, как злоупотребления иными языками ни в коем случае не являются причиной не практиковать истинное говорение на языках. Средство от злоупотреблений не в том, чтобы вообще это не употреблять, но в том, чтобы употреблять правильно.

За последние годы я был свидетелем появления различных апостольских служений и их взаимосвязей. Я открыт для них всех. Уверен, что сейчас мы находимся на начальной стадии возрождения апостольского служения. Это время очистки мотивов, взаимоотношений и методов работы. Я верю, что мы увидим, как возродится истинное и чистое апостольское служение, особенно в странах Третьего мира. Я не думаю, что Запад возглавит это восстановление, поскольку на Западе присутствует слишком много эгоизма и колониального мышления. Мой взгляд обращен на зарождающуюся церковь в Азии и в других местах, где идет духовная жатва. Я жду появления истинных апостолов и верю, что они придут оттуда, откуда многие не ожидают.

В конце 1960-х годов Господь показал мне, что предстоит великая жатва молодежи в Америке. Я увидел, что Господь будет призывать многих из них в служение прямо из учебных заведений, минуя Библейские колледжи и устройство на мирскую работу. Так и произошло. Я был (и до сих пор остаюсь) тесно связан с некоторыми из таких людей, которые естественным новозаветным образом стали пятигранными служителями. Сейчас я вижу, как таким же образом появляются истинные апостолы, и молюсь, чтобы, когда они придут, я смог их увидеть и поддержать!

18
МОБИЛЬНОЕ СЛУЖЕНИЕ: ПРОРОКИ

Теперь мы рассмотрим служение пророка, которое красной нитью проходит через всю Библию. В Книге Деяний 3:21 мы читаем, что *«говорил Бог устами всех святых Своих пророков от века».* В Писании говорится о пророках, живших еще до Авраама, например, о Енохе, который, по словам Иуды, пророчествовал (см. Иуд. 1:14-15). Авраам также описан как пророк. Господь так сказал языческому царю Авимелеху: *«Теперь же возврати жену мужу* (Аврааму), *ибо он пророк и помолится о тебе, и ты будешь жив»* (Быт. 20:7).

Следовательно, тогда как служение апостола появляется лишь в Новом Завете, служение пророка присутствовало все время, когда Бог общался со Своим народом на земле. Это очень важно и интересно. Служение пророка это не какой-то странный или выдуманный движением «Нью-Эйдж» феномен; служение пророка является основополагающим во взаимоотношениях Бога и человека.

Давайте на минуту задумаемся, кто же такой пророк. В Новом Завете словом «пророк» переведено древнегреческое слово *профетес*, которое буквально означает «говорящий наперед». Пророк говорит наперед от имени Бога под вдохновением Духа Святого. По сути, пророка можно назвать «Божьим глашатаем».

Многие люди полагают, что пророчество всегда содержит предсказание будущего, но это не совсем так. Пророчеством является любое высказывание от имени Бога под вдохновением Духа Святого, приносящее Божий свет в тот или иной отрезок времени или конкретное историческое событие. Некоторые пророчества относятся к прошлому, как, например, те, что записаны в первых главах книги Бытие, в которых Моисей описал события древней истории, о которых невозможно было узнать естественным образом. Знания о них можно было получить только по откровению Божьему, и поэтому Моисей говорил о сотворении мира как пророк.

Я считаю, что Библейский пророк это тот, кто «стоит в совете Господа». Давайте прочитаем одно замечательное утверждение. Книга пророка Амоса 3:7:

Ибо Господь Бог ничего не делает, не открыв Своей тайны рабам Своим, пророкам.

Слово, переведенное как «тайна», можно также перевести как «план» или «совет». В этом и заключается сущность пророческого служения. Пророк это человек, понимающий скрытый замысел Божий.

В каждый период времени есть особая цель Божья, и чтобы быть в русле Божьих благословений, вы должны двигаться в русле Его целей для данного времени. Пророк раскрывает особые цели и замыслы Бога для определенной ситуации или поколения. За всю историю Бог ничего не сделал, не открыв Свои тайный замысел и цель Своим рабам, пророкам.

В ВЕТХОМ ЗАВЕТЕ

Прежде чем изучить служение пророка в Новом Завете, давайте рассмотрим картину пророческого служения в Ветхом Завете. Илия, один из великих ветхозаветных пророков, внезапно появился на сцене в истории Израиля. Библия ничего не говорит о его происхождении; он появился внезапно и сразу же громко о себе заявил. Третья книга Царств 17:1:

И сказал Илия Фесвитянин, из жителей Галаадских, Ахаву (израильскому царю, который пустился в идолопоклонство и грех, увлеченный своей женой Иезавелью): *жив Господь,*

> *Бог Израилев, пред Которым я стою! в сии годы не будет ни росы, ни дождя, разве только по моему слову.*

У меня всегда захватывало дух от смелости, с которой действовал Илия. Другими словами он говорит царю: «Ахав, с этого момента выпадение дождя и росы находится под моим контролем. Мне решать, будут они или нет». Слова, которыми Илия представился перед Ахавом, содержат основную суть пророческого служения: *«Жив Господь, Бог Израилев, пред Которым я стою…»* Ключевая фраза: *«пред Которым я стою»*. Пророк это тот, кто стоит перед Богом.

Другая фраза, которая часто используется в Библии для описания служения пророка, и которую мы уже упомянули, это «стоять в совете Господа». Пророк стоит перед Богом, внимая Ему, ожидая услышать Божье послание, чтобы затем провозгласить его другим. Это основное требование к истинному Библейскому пророку: принять послание в Божьем присутствии и с полной властью провозгласить его людям. Это не его послание, а Божье, и ответственность за то, какие оно будет иметь последствия и влияние, лежит на Боге, а не на пророке.

Писание говорит, что в течение трех с половиной лет на землю не выпало ни капли дождя (см. 3 Царств 18:1; Лук. 4:25; Иак. 5:17). Слова Илии о том, что он будет контролировать выпадение дождя и росы, были подтверждены! После этого Илия получил от Господа новое указание. Третья книга Царств 18:1:

> *По прошествии многих дней было слово Господне к Илии в третий год: пойди и покажись Ахаву, и Я дам дождь на землю.*

Эти слова всегда вызывали у меня глубокий интерес, потому что я видел в них, что пророк не может быть отделен от своих пророчеств. Мы видим не просто Божье послание, а *человека* с посланием. Бог сказал: *«Покажись Ахаву, и Я дам дождь на землю»*. Это очень показательный момент. Помню, однажды я услышал такую фразу: «Бог использует людей, а не методы». Божьи методы окажутся бесполезными, если у Него не будет людей, способных их применять! Я не могу представить никого другого на месте Илии, потому что он полностью выражал Своего Бога. Он олицетворял собой определенные качества Бога: он был смел, не желал идти на компромисс, отказывался проявлять какое-либо почтение к нечестивому царю. Он отказался поклониться Ахаву. Он имел послание от Бога, и был полон решимости провозгласить его. Вот это истинный дух Библейского пророка!

С другой стороны, большинство проповедников думает о том, какая будет реакция людей на их слова: «Что подумают люди? Как они на это отреагируют? Не обижу ли я их?» Библейским пророкам было абсолютно все равно, как люди отреагируют на их послание, потому что их прежде всего волновало то, чтобы правильно передать им послание от Бога, ничего не прибавляя и не убавляя. Они никого не боялись и были готовы идти на конфронтацию.

ИСТИННЫЕ И ЛОЖНЫЕ ПРОРОКИ

Как во времена написания Ветхого, так и Нового Завета существовало множество лже-пророков. В частности, одной из интересных и важных тем Книги пророка Иеремии было разоблачение лже-пророков того времени. Как во времена Ахава, так и времена Иеремии, ложных пророков было гораздо больше, чем истинных. Давайте рассмотрим отрывок из 23-й главы Книги пророка Иеремии, в котором противопоставляются истинный и ложный пророки. По мере того как мы будем его читать, вы заметите повторение фразы «стоять в совете Господа», которая соответствует фразе Илии «стоять перед Господом». Книга пророка Иеремии 23:15:

> *Посему так говорит Господь Саваоф о (ложных) пророках: вот, Я накормлю их полынью и напою их водою с желчью, ибо от пророков Иерусалимских нечестие распространилось на всю землю.*

Глава 18. Мобильное служение: пророки

Здесь описано влияние пророческого служения. Если оно чисто, то оно приносит чистоту, очищение и оздоровление. А если оно нечисто, то оно распространяет нечестие по всей земле. Сегодня в Соединенных Штатах за нечестием стоят ложные пророки, которые искажают образ Божий и Его стандарты. Осквернилась вся страна, и в свете Писания мы видим, что духовным источником этого являются лжепророки. Книга пророка Иеремии 23:16-17:

> *Так говорит Господь Саваоф: не слушайте слов пророков, пророчествующих вам: они обманывают вас, рассказывают мечты сердца своего, а не от уст Господних. Они постоянно говорят пренебрегающим Меня: «Господь сказал: мир будет у вас». И всякому, поступающему по упорству своего сердца, говорят: «не придет на вас беда».*

Несомненно, сегодня много таких «пророчества», идущих на компромисс со злом, и внушающих мысль о том, что Бог будет смотреть на грех сквозь пальцы и мириться с ним. Это ложное пророчество. Обратите внимание, что говорит Бог в Книге пророка Иеремии 23:18-20:

> *Ибо кто стоял в совете Господа и видел и слышал слово Его? Кто внимал слову Его и услышал? Вот, идет буря Господня с яростью, буря грозная, и падет на главу нечестивых. Гнев Господа не отвратится, доколе Он не совершит и доколе не выполнит намерений сердца Своего; в последующие (или последние) дни вы ясно уразумеете это.*

Эти слова относятся ко времени, в котором мы живем, к последним дням. Затем Бог возвращается к теме ложных пророков. Книга пророка Иеремии 23:21-22:

> *Я не посылал пророков сих, а они сами побежали; Я не говорил им, а они пророчествовали. Если бы они стояли в Моем совете, то объявляли бы народу Моему слова Мои и от-*

водили бы их от злого пути их и от злых дел их.

Мало иметь благие намерения. Более того, крайне опасно говорить что-то, исходя лишь из добрых намерений, не имея слова от Бога.

Опять-таки, заметьте, что признаком истинного пророка является то, что он стоит в совете Господа. Если бы эти пророки стояли в совете Божьем, слышали Его слова и побуждали Его народ слушать Его слова, то произошло бы покаяние и возвращение к Богу. Таким образом, пророки в какой-то степени были ответственны за состояние всего народа. Книга пророка Иеремии 23:23-25:

> *Разве Я Бог только вблизи, говорит Господь, а не Бог и вдали? Может ли человек скрыться в тайное место, где Я не видел бы его? говорит Господь. Не наполняю ли Я небо и землю? говорит Господь. Я слышал, что говорят пророки, Моим именем пророчествующие ложь. Они говорят: «мне снилось, мне снилось».*

В этих стихах говорится о людях со супер-духовными откровениями, снами и видениями, рассказы о которых возбуждают любопытство слушателей, но не содержат послания об истине и покаянии. Я встречал многих подобных людей. Они увлекают и очаровывают слушателей, однако их слова не приносят соответствующих Писанию плодов. Книга пророка Иеремии 23:26-32:

> *Долго ли это будет в сердце пророков, пророчествующих ложь, пророчествующих обман своего сердца? Думают ли они довести народ Мой до забвения имени Моего посредством снов своих, которые они пересказывают друг другу, как отцы их забыли имя Мое из-за Ваала? Пророк, который видел сон, пусть и рассказывает его как сон; а у которого Мое слово, тот пусть говорит слово Мое верно. Что общего у мякины с чистым зерном? говорит Господь. Слово Мое не подобно ли огню, говорит*

Господь, и не подобно ли молоту, разбивающему скалу? Посему вот, Я на пророков, говорит Господь, которые крадут слова Мои друг у друга. Вот, Я на пророков, говорит Господь, которые действуют своим языком, а говорят: «Он сказал». Вот, Я на пророков ложных снов, говорит Господь, которые рассказывают их и вводят народ Мой в заблуждение своими обманами и обольщением, тогда как Я не посылал их и не повелевал им, и они никакой пользы не приносят народу сему, говорит Господь.

От пророка требуется, чтобы он верно говорил Слово Божье. «Мякина», которая здесь упоминается, относится к ложному пророку, а «чистое зерно» — к истинному пророку.

В этом и других подобных отрывках мы видим, что на пророках, которые являются «духовными дверями» к своим народам, лежит гораздо большая ответственность за состояние своего народа, чем многие из нас осознают. Истинный пророк, который стоит в совете Господа и доносит до людей Его слово, приведет их к Богу. Там, где такого пророка нет, народ обманывается и заблуждается, слушая ложных пророков.

Все, что делает Бог, будет открыто тем, кто стоит в Его совете и знает Его тайны. Истинный пророк это тот, кто знает скрытые побуждения и цели Божьей деятельности. Для этого требуется очень тесные, близкие взаимоотношения с Господом.

«Усваивание» Божьего послания

На основании собственного опыта Иеремия говорит о том, что значит быть глашатаем Божьим, устами Божьими. Книга пророка Иеремии 15:15-16:

О, Господи! Ты знаешь все; вспомни обо мне и посети меня, и отмсти за меня гонителям моим; не погуби меня по долготерпению Твоему; Ты знаешь, что ради Тебя несу я поругание (немногим истинным пророкам удается избежать поругание и гонение). *Обретены слова Твои, и я съел их; и было слово Твое мне в радость и в веселие сердца моею; ибо имя Твое наречено на мне, Господи, Боже Саваоф.*

Обратите внимание, что пророк «усваивает» Божье послание. Нечто подобное Бог повелел сделать Иезекиилю, дав ему свиток, на котором было написано «плач, и стон, и горе», и сказав: *«Съешь этот свиток»* (Иез. 2:8, 3:1). Когда Иезекииль съел его, он получил способность передать послание от Бога (см. Иез. 3:2-3).

И вновь пророк и его пророчество «стало едино» друг с другом. Слово, которое должен донести до людей пророк, должно проникнуть глубоко в его дух и стать его частью, прежде чем он сможет его передать. Это относится практически ко всем ветхозаветным пророкам. Они должны были так или иначе пропитаться или отождествиться с тем пророческим посланием, которое должны были передать. Имеет место уникальное отождествление с Господом и Его Словом.

Те, кто не питается и не живет Словом Божьим, не имеют права нести Его послание. Некоторым людям кажется, будто пророчество вдруг падает с неба, как внезапное, удивительное откровение, не связанное с Библией. Это совершенно ошибочное представление. Речь и отношение каждого Библейского пророка указывали на то, что он имеет глубокое знакомство с откровением Слова Божьего, существующим в его время. Человек, который не имеет глубокой связи со Словом, не имеет права быть пророком.

Жизнь в одиночестве

Кроме того, человеку, желающему быть пророком Божьим, порой придется сидеть в одиночестве. В этом нет сомнения. Давайте прочитаем Книгу пророка Иеремии 15:17:

Не сидел я в собрании смеющихся и не веселился: под тяготеющею на мне рукою Твоею я сидел одиноко, ибо Ты исполнил меня негодования.

За четыре с половиной года моей службы в британской армии одним из самых тяжелых испытаний для меня стало то, что я часто «сидел одиноко», потому что я не мог участвовать в том, о чем говорили и что делали другие солдаты. Поскольку я знал Бога, то не мог отождествить себя с грязной речью, развлечениями и отношением к жизни моих сослуживцев. Труднее всего «сидеть одиноко» в пустыне, потому что там больше некуда идти. Не могу вспомнить более тяжелого испытания, чем это. Помню, как часто по вечерам я сидел один, потому что Бог положил на меня Свою руку. Это испытание пройдут только те, кто согласен терпеть.

Слово Божье из уст Божьих

Теперь рассмотрим самое главное в пророческом служении. Книга пророка Иеремии 15:19:

> *На сие так сказал Господь: если ты обратишься, то Я восставлю тебя, и будешь предстоять пред лицем Моим; и если извлечешь драгоценное из ничтожного, то будешь как Мои уста. Они сами будут обращаться к тебе, а не ты будешь обращаться к ним.*

Обратите внимание на то, как Бог выделил саму суть пророческого служения: *«Будешь предстоять пред лицем Моим»*. Затем Он говорит слова, которые можно перефразировать следующим образом: «Я ищу глашатая. Но тот, кто хочет быть Моим глашатаем, должен принять определенным условия. Принимающий послание или откровение, не должен идти на человеческий компромисс. Он не должен занижать стандарты или преступать определенные Мною границы. Он должен ждать, когда люди сами будут обращаться к нему». В этих стихах четко выражены требования к человеку, желающему быть пророческим глашатаем.

Заметьте, что происходит, когда Слово Божье исходит из Божьих уст. Книга пророка Исаии 55:11:

> *Так и слово Мое, которое исходит из уст Моих, оно не возвращается ко Мне тщетным,*

но исполняет то, что Мне угодно, и совершает то, для чего Я послал его.

Многие люди неверно цитируют этот стих, говоря: «Слово Божье не возвращается к Нему тщетным». Они выходят и проповедуют непомазанное и не вдохновенное слово мертвым общинам. Затем, когда их проповедь не вызывает никакой реакции, они пожимают плечами и говорят: «Слово Божье не возвратится к Нему тщетным». Но на самом деле Писание говорит: «Слово Божье, *которое исходит из Его уст*, не возвращается к Нему тщетным». Это должно быть Слово Божье, исходящее из уст тех, кто принимает требования к глашатаям Божьим.

Когда из моих уст исходит слово, вместе с ним выходит и дыхание. Я не могу сказать ни слова, не выдохнув его. Точно также, когда Слово Божье исходит из Его уст, вместе с ним исходит и Его дыхание (Дух). Слово Божье без Духа не приносит жизни, потому что *«буква убивает, а дух животворит»* (2 Кор. 3:6). Но когда Слово Божье исходит Духом Святым из уст избранного Им глашатая, это приводит к замечательным результатам. Бог пообещал Иеремии: *«Слово Мое не подобно ли... молоту, разбивающему скалу?»* (Иер. 23:29). Слово Божье в устах Божьего глашатая разрушит любые преграды!

В НОВОМ ЗАВЕТЕ

Получив такую предварительную информацию о пророческом служении из Ветхого Завета, давайте теперь обратимся к Новому Завету. Мы уже увидели, что в Новом Завете апостолами названы, по крайней мере, двадцать восемь человек. Теперь, десять человек названы в Новом Завете пророками. Книга Деяний 11:27-29:

> *В те дни пришли из Иерусалима в Антиохию пророки* (они были признаны пророками). *И один из них, по имени Агав, встав, предвозвестил Духом, что по всей вселенной будет великий голод, который и был при кесаре Клавдии.*

Тогда ученики положили, каждый по достатку своему, послать пособие братьям, живущим в Иудее...

Церковь в Антиохии приняла это пророчество как руководство к действию. Они не просто сказали: «Как замечательно! Мы получили откровение». Они что-то сделали — они поступили согласно нему.

Обратите внимание, что здесь говорится о пророках (множественное число), одним из которых был Агав. Судя по языку оригинала, кроме Агава, было, по крайней мере, еще два пророка. Таким образом, мы уже имеем трех новозаветных пророков.

Книга Деяний 13:1:

В Антиохии, в тамошней церкви были некоторые пророки и учители: Варнава, и Симеон... и Луций... и Манаил... и Савл.

Здесь перечислены пять человек, которые имели пророческое служение, признанное их поместной церковью. Итак, у нас уже восемь пророков.

Книга Деяний 15:32:

Иуда и Сила, будучи также пророками, обильным словом преподали наставление братиям и утвердили их.

Обратите внимание, что пророческое служение включает в себя служение наставления и ободрения. Кроме того, обратите внимание, что Сила был назван пророком. Как мы видели во время изучения темы апостолов, далее в Писании он был также назван апостолом. Это еще один пример человека, «получившего повышение» в служении». С пророческого служения он «был повышен» в апостольское служение. Итак, беря во внимание этих двух служителей, мы имеем в общей сложности, как минимум, десять признанных новозаветных пророков.

ОТЛИЧИТЕЛЬНЫЕ ПРИЗНАКИ ПРОРОКА

Теперь давайте рассмотрим некоторые отличия между пророками и другими мобильными служителями. Мы увидели, что у апостола есть *особое задание*. Когда Дух Святой отделил Савла и Варнаву, Он сказал: *«Отделите Мне Варнаву и Савла на дело, к которому Я призвал их»* (Деян. 13:2). Они были призваны к определенной работе, которая, как мы узнали в предыдущей главе, главным образом состояла в организации новых церквей и наведения порядка в церквях уже существующих. В отличие от апостола, пророк имеет *особое послание*, которое он получил от Бога, чтобы сообщить людям в определенное время и в определенном месте. Вот почему я не согласен с переводами, в которых вместо слова «апостол» использовано слово «посланник». Если кого и можно назвать «посланником», т.е. человека, несущего определенное послание, то именно пророка. Еще раз: апостол имеет *задание*, тогда как пророк имеет *послание*, но не общее послание, предназначенное для всех, а особое послание, которое он получил непосредственно от Бога, для конкретного времени и места.

В отличие от пророка, у учителя может и не быть особого послания, которое он лично получил от Бога. Он раскрывает *общую* Божью истину. Позвольте проиллюстрировать это различие на примерах из Ветхого и Нового Заветов. Сначала посмотрим на служение пророка Ионы. Книга пророка Ионы 3:4:

> *И начал Иона ходить по городу, сколько можно пройти в один день, и проповедывал, говоря: еще сорок дней и Ниневия будет разрушена!*

До Божьего суда над Ниневией оставалось ровно сорок дней. Это было конкретное откровение, данное в определенное время одному человеку (Ионе) об одном месте (Ниневии).

Будь Иона евангелистом, он бы пошел в этот город и проповедовал о грехе и его последствиях в общем, упомянув также и о Божьем суде над грешниками. Все сказанное им было бы истиной, но в его словах не было бы конкретного откровения о том, что до суда остается всего сорок дней. Это откровение показывает, что Иона был пророком. Будь он учителем, он бы преподал учение о различных аспектах Божьего суда, но не сообщил бы конкретного откровения о времени, когда этот суд наступит. Опыт показывает, что люди гораздо внимательнее прислушиваются, когда в дополнение к общему раскрытию истины Божьей добавляется конкретное откровение, в котором эта истина применяется к ситуации, в которой сейчас оказались эти люди. Откровение придает особую ценность служению и посланию пророка.

Теперь давайте рассмотрим пример Иоанна Крестителя из Евангелия от Марка 1:6-8:

Иоанн же носил одежду из верблюжьего волоса и пояс кожаный на чреслах своих, и ел акриды и дикий мед. И проповедывал, говоря: идет за мною Сильнейшим меня, у Которого я недостоин, наклонившись, развязать ремень обуви Его; я крестил вас водою, а Он будет крестить вас Духом Святым.

Заметьте, Иоанн был не просто проповедником. Как простой проповедник он мог бы проповедовать о грехе и его последствиях, призывать людей к покаянию и крестить их. Однако, кроме этого, у него было особое откровение, относящееся к конкретному времени. «Сразу за мной идет Другой, Который больше меня. Именно Он будет крестить вас Духом Святым». Иоанн мог знать это только благодаря особому, личному откровению от Бога. Это откровение подняло его из ранга проповедника или учителя в ранг пророка.

Мы уже рассматривали отрывок из 11-й главы Книги Деяний о пророке Агаве, где он предсказал скорый голод, который действительно произошел во время правления императора Клавдия. Агав мог знать об этом грядущем голоде только благодаря конкретному откровению от Бога, которое он получил лично от Него. Далее в Книге Деяний мы видим еще один пример сверхъестественного откровения, которое получил этот удивительный человек Агав. Книга Деяний 21:10-11:

Между тем как мы пребывали у них (в Кесарии) *многие дни, пришел из Иудеи некто про-*

> *рок, именем Агав, и, войдя к нам, взял пояс Павлов и, связав себе руки и ноги, сказал: так говорит Дух Святый: мужа, чей этот пояс, так свяжут в Иерусалиме Иудеи и предадут в руки язычников.*

Опять-таки, Агав знал больше, чем знает обычный проповедник или учитель. У него было конкретное откровение о том, что с Павлом произойдет в Иерусалиме, а также конкретное поручение от Духа Святого сказать Павлу о том, что его там ожидает. Агав сообщил свое послание очень наглядным способом: он связал себе руки и ноги поясом Павла. Бог часто требовал от пророков больше, чем просто устно передать Его слова. Они должны выразить свои слова тем или иным действием или иллюстрацией.

СЛУЖЕНИЕ ПРОРОКА И ДУХОВНЫЙ ДАР ПРОРОЧЕСТВОВАНИЯ

Здесь необходимо различать между служением пророка и духовным даром пророчествования. Позвольте вам это объяснить, сопоставив два утверждения из Нового Завета. В Послании Ефесянам 4:11 сказано:

> *И Он* (Христос) *поставил одних Апостолами, других пророками, иных Евангелистами, иных пастырями и учителями.*

Думаю, здесь ясно сказано, что не все получают служение пророка. Эта же мысль подтверждается в Первом послании Коринфянам 12:28-29:

> *И иных Бог поставил в Церкви, во-первых, Апостолами, во-вторых, пророками, в-третьих, учителями... Все ли Апостолы? Все ли пророки?...*

Очевидно, что ответ на оба эти вопроса «нет». Другими словами, не все имеют служение апостола или пророка. В то же время дар пророчествования могут иметь все верующие. Первое послание Коринфянам 14:31:

Ибо все один за другим можете пророчествовать, чтобы всем поучаться и всем получать утешение.

Служение пророка это нечто гораздо большее, чем просто использование духовного дара — служение охватывает всего человека и весь его образ жизни. Как я уже говорил, сам пророк *является* посланием. Использование духовного дара — это лишь короткий момент сверхъестественного проявления, короткая вспышка пророческого озарения. В Новом Завете дар пророчествования доступен всем верующим, которые стремятся его получить, тогда как служение пророка дано не всем.

Еще один важный аспект пророчества и служения пророка в Новом Завете заключается в том, что обычно оно предназначено для верующих. В Ветхом Завете Бог часто посылал пророков к неверующим людям. Например, многие из посланий пророка Иеремии были адресованы языческим народам, жившим вокруг Израиля, которые не признавали Бога Израилева или не принимали Иеремию как пророка. Однако в Новом Завете мы читаем в Первом послании Коринфянам 14:22:

Итак языки суть знамение не для верующих, а для неверующих; пророчество же не для неверующих, а для верующих.

В первой части этого стиха Павел говорит о применении языков не как о средстве самоназидания, а как о сверхъестественном знамении, предназначенном для неверующих. Именно это произошло в день Пятидесятницы. Люди, на которых сошел Дух Святой, говорили на непонятных им языках, но неверующие узнали эти языки, и это стало для них знамением! Это не было обычным использованием языков; это было знамение, чтобы привлечь неверующих. Когда под действием Духа Святого верующий говорит на языке, который он сам не понимает, но его понимает находящийся рядом неверующий, то последний испытывает сильнейшее обличение в своих грехах. Однако во второй части стиха Первого послания Коринфянам 14:22 мы видим, что пророчество предназначено для верующих, что несколько отличает его от ветхозаветных пророчеств.

СУД ПРОРОКОВ

Продолжая читать 14-ю главу Первого послания Коринфянам, мы находим еще одну важную особенностью пророчеств и пророческого служения в Новом Завете, стих 29:

И пророки пусть говорят двое или трое, а прочие пусть рассуждают.

Слова, переведенные здесь как «пророки» и «прочие», в греческом оригинале стоят во множественном числе. Это не так, что один человек вставал и говорил: «Я пророк. Слушайте все меня». Не по такому образцу действовали в Новом Завете. В новозаветной Церкви была группа людей, которые были признаны пророками. Когда один из них пророчествовал или сообщал откровение, другие были обязаны «рассуждать» или выносить духовные суждения об этом пророчестве. Таким образом никто, будь то человек, несущий служение пророка, или имеющий дар пророчества, не мог стать диктатором. Сегодня же мы видим, как в некоторых общинах есть один безоговорочный пророк (именно один), и все делают то, что он им говорит. Бывает так, что такой человек даже назначает апостолов и решает, кому на ком жениться. Я лично видел такие злоупотребления.

В Церкви Нового Завета нет людей, которые делают все сами. Никто не имеет права считаться единственным Божьим глашатаем. Пророки должны служить в группе; как мы убедились, обычно о них говорится во множественном числе. Когда один из них, собственно, служит, другие должны выносить суждения о его служении. Верующие, будучи членами одного Тела, действуют вместе и проверяют друг друга.

За многие годы я убедился в том, каким невероятно мощным орудием является пророчество. Его можно сравнить с мощным автомобилем; прежде чем на нем куда-то поехать, лучше проверить, в каком состоянии тормоза, рулевой механизм и средства безопасности. Если они не в порядке, тогда лучше никуда не ехать! Я всегда говорю, что если вы поощряете людей пророчествовать, то, согласно Библии, на вас возлагается духовное обязательство позаботиться о том, чтобы были созданы условия для вынесения суждении об этом пророчестве. Если существует пророческое служение, которое не подвергается духовному суждению, то это совершенно не соответствует Писанию. Я бы предпочел обойтись без пророчествования или пророческого служения, чем иметь служение, которое не судится. Иметь такое служение без возможности судить его — это подвергать себя большой опасности. Знаю огромное множество случаев, когда верующие были поставлены в такие условия что, если они начнут сомневаться или не соглашаться с тем или иным служителем, их заставляли чувствовать себя так, будто они сомневаются в Самом Боге.

Много лет назад я общался в Иерусалиме с замечательными супругами-пятидесятниками, которые приехали туда из Соединенных Штатов и выполняли для Бога хорошую работу. Затем там объявилась одна шведка, которая называла себя пророчицей. Она стала пророчествовать двум этим супругам, что они больше не будут жить вместе как муж и жена. Они были настолько потрясены и сбиты с толку, что оба оказались в психиатрической клинике. Это произошло потому, что они поддались духу подавления, действовавшему через ту женщину. Им было навязано такое впечатление, что если они будут противиться тому, что было объявлено волей Божьей, то они будут противиться Самому Богу.

Поэтому, видя людей, несущих пророческое служение или имеющих дар пророчества, помните о том, что их служение и пророчества подлежат суждению. Мы должны научиться тому, как судить пророчества. Павел пишет в Первом послании Фессалоникийцам 5:19-21:

Духа не угашайте. Пророчества не уничижайте. Все испытывайте, хорошего держитесь.

Здесь мы видим две опасные крайности. Одна из них угашать Дух Святой, говоря: «Нам не нужны никакие пророчества. Нам не нужны никакие дары. Нам не нужны никакие сверхъестественные проявления». А другая крайность принимать, не проверяя, все, что вам предлагают. Когда мы были в Африке, я говорил местным жителям: «Не все, что принесли вам миссионеры, является хорошим. Что-то из этого хорошо, а что-то плохо. Кое-что из того, что вы сами имеете, лучше того, что вам принесли миссионеры». Они смотрели на меня с некоторым удивлением, поскольку я и сам был миссионером. И тогда я говорил: «Вы же знаете, как нужно есть рыбу: глотайте мясо и выплевывайте кости. Так же поступайте и с тем, что вам приносят миссионеры. Ешьте мясо, а кости выбрасывайте. Не нужно давиться, пытаясь проглотить какую-то кость, лишь потому, что вам ее дал миссионер».

То же самое относится и к современной Церкви. Слыша пророчество или откровение, я рассуждаю, что это: мясо или кость. Если мясо, то я его глотаю и чувствую подкрепление; если же это кость, то я не стану давиться, стараясь ее проглотить — я ее выплевываю. Именно так нам велит поступать Слово Божье.

ВЗАИМООТНОШЕНИЯ ПРОРОЧЕСКОГО СЛУЖЕНИЯ С ЦЕРКОВЬЮ В ЦЕЛОМ

В завершение этой главы давайте набросаем эскиз картины взаимоотношений пророческого служения с Церковью в целом. Будучи членом Тела, пророк действует совместно с другими членами, и его должно контролировать и исправлять все Тело. Он не является каким-то диктатором или деспотом, и он не находится вне структуры поместной церкви. Давайте рассмотрим замечательное описание истинного пророческого служения. Вот что написано в Книге пророка Захарии 4:1-4:

Глава 18. Мобильное служение: пророки

И возвратился тот Ангел, который говорил со мною, и пробудил меня, как пробуждают человека от сна его. И сказал он мне: что ты видишь? И отвечал я: вижу, вот светильник весь из золота, и чашечка для елея наверху его, и семь лампад на нем, и по семи трубочек у лампад, которые наверху его; и две маслины на нем, одна с правой стороны чашечки, другая с левой стороны ее. И отвечал я и сказал Ангелу, говорившему со мною: что это, господин мой?

Заметьте, Захарии очень хотелось узнать значение маслин. Ответ на свой вопрос он получил не сразу. Сначала ангел дал ему дальнейшие повеления, суть которых раскрывается в шестом стихе: *«Не воинством и не силою, но Духом Моим, говорит Господь Саваоф»*. Этот стих знаком многим, и именно он является главным в откровении, содержащемся в четвертой главе Книги пророка Захарии: Бог выполнит Свои задачи в этом мире не воинством (количеством) и не силой (физической мощью), а потрясающей силой Своего Духа Святого.

Как мы ранее прочитали, Захария увидел красивый светильник с семью лампадами и чашечкой наверху. Я верю, что во всем Писании светильник символизирует Церковь, а елей, которым заправляется светильник, всегда символизирует Дух Святой. В своем видении Захария также увидел две маслины, расположенные по обеим сторонам этого светильника. От маслин елей лился к светильнику по специальному каналу. Благодаря этому поступавший елей всегда был чистым и свежим, а, следовательно, чистым и свежим был и горящий огонь. Захария повторил свой вопрос о маслинах. Книга пророка Захарии 4:11-13:

Тогда отвечал я и сказал ему: что значат те две маслины с правой стороны светильника и с левой стороны его? Вторично стал я говорить и сказал ему: что значат две масличные ветви, которые через две золотые трубочки изливают из себя золото? И сказал он мне: ты не знаешь, что это? Я отвечал: не знаю, господин мой.

Мне кажется, в ответе ангела есть некая ирония, потому что одной из масличных ветвей был сам Захария! Можно сказать, что ангел подшучивал над ним, говоря: «Разве ты не знаешь, что это такое?» Книга пророка Захарии 4:14:

И сказал он (Ангел): *это два помазанные елеем* (дословно: «два сына елея»), *предстоящие Господу всей земли.*

Эти масличные ветви или деревья символизируют людей, которые стоят перед Господом для конкретной цели: принять елей и доставить его к светильнику, т.е. Церкви. Это и есть образ пророческого служения.

Об этих двух маслинах снова упоминается в книге Откровение 11:3-4:

(Ангел сказал:) *И дам двум свидетелям Моим, и они будут пророчествовать тысячу двести шестьдесят дней, будучи облечены во вретище. Это суть две маслины и два светильника, стоящие пред Богом земли.*

Затем в десятом стихе мы читаем: «*Два пророка сии мучили живущих на земле*». Итак, маслины это пророки, которые пророчествовали. Конечно, в 11-й главе книги Откровение говорится о двух конкретных людях, которые придут в будущем. Но для нас сегодня это является символом отношений между пророческим служением и церковью. Пророки подобны маслинам, стоящим по обе стороны семисвечника, которым является Церковь, и из этих маслин в светильник льется чистый и свежий елей. Таким образом, благодаря поступающему елею, семисвечник выполняет свою функцию: дает чистый, яркий свет. Разумеется, если перекрыть источник елея, свет семисвечника погаснет.

Чтобы Церковь Иисуса Христа могла нести свет этому миру, в нее должен поступать постоянный приток свежего елея! Поступление елея обеспечивают маслины, которые символизируют пророческое служение. Здесь мы видим наглядную картину взаимоотношений между пророческим служением и Церковью. Церкви необходимо иметь связь с пророческим служением постоянно, а не только в случаях крайней необходимости. Тело Христово не может функционировать без свежего елея чистого вдохновения и откровения Духа Святого, которые поступают благодаря пророческому служению.

Эта истина согласуется со стихом Книги Притчей 29:18, который мне очень нравится: *«Без откровения (или видения) свыше народ необуздан»*. (В переводе Российского Библейского Общества: «Нет пророческих видений — и разнуздан народ»). В других переводах вместо слова «необуздан» сказано «гибнет» или «остается нагим». Ясно одно: без видения народ Божий оказывается в плохом положении. Без видения люди не могут жить и действовать, как этого хочет Бог.

Слово «видение» означает «прямое, свежее откровение». Это не значит читать или изучать Писание, а получить свежее слово непосредственно от Бога. В Библии сказано, что когда в бытность Илия первосвященником Самуил вступил в пророческое служение, *«слово Господне было редко в те дни, видения были не часты»*. (1 Цар. 3:1). У израильтян было Писание, но им не хватало свежего пророческого просвещения и ведения, которые им так были нужны. У них был полный религиозный набор: скиния, ковчег, священники, жертвы и закон Моисеев. Однако они были духовно мертвыми, холодными людьми, отступившими от Бога, потому что религия не может поддерживать духовную жизнь в людях. Только благодаря свежему елею Церковь может постоянно излучать яркий свет и поддерживать огонь в людях. Этот свежий елей поступает от пророческого откровения, предназначенного для данной ситуации и поколения. Мы не можем жить откровениями прошлого поколения. То, что говорил Лютер, было предназначено для времени Лютера; а что говорил Уэсли, было предназначено для времени Уэсли. Но сегодня мы не можем жить словами Лютера, Уэсли или какого-то другого человека из прошлого. Мы должны иметь наш собственный свежий елей, который своевременно и непрерывно поступает в Церковь.

Обладание правильной доктриной не заменит обладания откровением Божьим из первых рук. У Бога есть для нас не только общее учение, данное нам в Писании, но также и конкретные вещи, которые Он хочет сообщить нам в конкретное время. Как мы видели, было необходимо, чтобы Ниневия узнала о том, что до суда над ней остается лишь сорок дней. Израильтянам было необходимо узнать, что на пороге стоит их Мессия. Павлу было необходимо узнать о том, что его ожидало в Иерусалиме. Эти слова никак нельзя было дать в общем откровении Писания. Для этого требовалось особое откровение, пришедшее в определенное время при помощи пророческого служения.

Мы живем в период серьезных кризисов, волнений и опасностей, когда все происходит с неимоверной быстротой. Ни один человеческий разум не может сформировать сколько-нибудь достоверную картину того, что ждет нас через пять лет в социальном, финансовом, экономическом или военном плане. Если когда-то народ Божий нуждался отчаянно в свежем елее откровения, пришедшем напрямую от Бога, то это сегодня! Мы не имеем права вычеркнуть пророческое служение, заявив: «Все это было в прошлом. Это было нужно в Ветхом Завете и во времена апостолов, но только не сегодня». Напротив, сегодня это нужно, наверное, еще больше, чем когда-либо за всю историю Церкви! Нам нужно знать те вещи, знание которых приходит не только благодаря изучению доктрин или другим естественным источникам информации, и Бог желает открыть их нам.

Иисус так сказал о последнем времени в Евангелии от Луки 17:26:

И как было во дни Ноя, так будет и во дни Сына Человеческого.

Вспомните, как во времена Ноя процветало зло. Земля была полна насилия. Все мысли и желания людей постоянно были обращены только на зло. Все развратились. Все это мы видим и в современном обществе. Но во времена Ноя происходило и нечто иное. Послание Евреям 11:7:

> *Верою Ной, получив откровение о том, что еще не было видимо, благоговея приготовил ковчег для спасения дома своего.*

Праведный Ной нуждался в Божьем откровении и точном описании, что произойдет на земле, а также в четких указаниях, какие шаги ему предпринять, чтобы спастись вместе со своей семьей. Благодаря пророческому служению, мы, как когда-то Ной, можем принимать конкретное направление и защиту от Бога в эти последние дни. В завершение этого века, в то время как землю покрывает тьма, и мрак окутывает людей, Церковь должна воссиять (см. Ис. 60:2). Бог говорит церкви: *«Восстань, светись, ибо пришел свет твой»* (Ис. 60:1). Я верю, что, говоря так, Бог имеет в виду, в том числе, и полное восстановление пророческого служения, которое, как маслины, направляет елей в светильник Церкви. Лично я с ожиданием молюсь об этом восстановлении!

19
МОБИЛЬНОЕ СЛУЖЕНИЕ: ЕВАНГЕЛИСТЫ

Слово «евангелист» или «благовестник» широко распространено в современном христианстве, однако оно очень редко встречается в Новом Завете. Оно образовано от слова, означающего «благая весть». Таким образом, евангелист это буквально «провозглашающий хорошую новость».

Думая о Евангелии как о благой вести, я всегда вспоминаю одну знакомую христианку, муж которой был дьяконом одной церкви в Чикаго. Эта женщина заболела неизлечимой болезнью почек, и поэтому пришла в книжный магазин их церкви, чтобы купить какую-нибудь книгу об исцелении. Произведя внимательное исследование предлагаемой литературы, она насчитала четырнадцать книг о том, как страдать, и ни одной о том, как принять исцеление! Я не могу назвать это Евангелием, поскольку Евангелие это хорошая новость. В конце концов, она обратилась к крещенному Духом Святым священнику епископальной церкви. В результате этого она приняла крещение Духом Святым, священник помазал ее елеем, и она чудесным образом исцелилась. Затем, когда она пришла на прием к своему врачу, который был евреем и атеистом, тот был вынужден признать, что произошло чудо. Это действительно благая весть, это Евангелие!

Евангелист это тот, кто сообщает хорошую новость. Если в чьих-то словах нет хорошей новости, то не позволяйте этому человеку обманывать вас, что он проповедует вам Евангелие. Евангелие — это благая весть о том, что Бог вас любит и желает вас простить, благословить, исцелить, дать вам истинное процветание и сделать вас способными жить в победе, радости и иметь постоянный внутренний мир. Если это не благая весть, тогда я не знаю, что тогда можно назвать благой вестью! Многое из того, что в церквах сбывается людям как Евангелие, на самом деле мало или вообще не связано с тем, что Новый Завет называет Евангелием.

СУЩЕСТВИТЕЛЬНОЕ «ЕВАНГЕЛИСТ»

В Новом Завете существительное «евангелист» впервые встречается в Послании Ефесянам 4:11. Мы уже рассматривали этот стих, в нем перечисляются служители:

И Он поставил одних Апостолами, других пророками, иных Евангелистами, иных пастырями и учителями...

Затем мы читаем в Книге Деяния 21:8 следующие слова о Филиппе:

...(мы) войдя в дом Филиппа благовестника, одного из семи диаконов, остались у него.

Филипп был единственным человеком в Новом Завете, который был отмечен как тот, кто нес служение «евангелиста» (в синод, переводе: «благовестника»). В этом стихе сказано, что он был одним из тех семи дьяконов, назначение которых описано в шестой главе Книги Деяний. Следовательно, Новый Завет сначала говорит о Филиппе как о дьяконе, а затем называет его евангелистом. В следующей главе мы рассмотрим связь между евангелистом и дьяконом.

Теперь давайте посмотрим на третий случай употребления слова «евангелист», который находится в четвертой главе Второго послания Тимофею. Павел писал письмо Тимофею, который в других местах упомянут как апостол. Некоторые люди считают, что у Тимофея было служение пастыря, но на самом деле он не был просто пастырем, как, впрочем, и евангелистом. Как мы видели ранее, служение апостола может включать в себя и все другие служения. Помня об этом, давайте обратимся ко Второму посланию Тимофею 4:5:

Но ты будь бдителен во всем, переноси скорби, совершай дело благовестника, исполняй служение твое.

Тимофей не назван евангелистом, однако Павел ему сказал, что он сможет полностью исполнить свое апостольское служение, на которое тот был поставлен в присутствии Павла, если кроме всего прочего будет совершать дело евангелиста, того, кто провозглашает Благую Весть.

ГЛАГОЛ «ЕВАНГЕЛИЗИРОВАТЬ»

Мы рассмотрели три случая употребления в Новом Завете существительного «евангелист». Однако существует еще и глагол, напрямую связанный с этим греческим словом, который можно передать как «евангелизировать». Кроме того, его можно перевести как «благовествовать», «провозглашать Благую Весть» или «проповедовать Евангелие». Конечно, под этим глаголом подразумевается служение евангелиста и связанная с ним деятельность. В Новом Завете он встречается около пятидесяти раз, поэтому он, наверное, был важной частью служения Ранней церкви.

Приступая к изучению того, что значит быть евангелистом, давайте обратимся к служению Иисуса, Который представляет Собой совершенный образец всех служений. В начале Своего служения Иисус пришел в синагогу в Назарете. Это была Его родная синагога, в которой Он был воспитан. Он встал и прочитал пророчество из 61-й главы Книги пророка Исаии, которое Он применил к Себе. Евангелие от Луки 4:18:

Дух Господень на Мне; ибо Он помазал Меня благовествовать нищим и послал Меня исцелять сокрушенных сердцем, проповедывать пленным освобождение, слепым прозрение, отпустить измученных на свободу...

Словом «благовествовать» переведено греческий глагол *евангелизо*, т.е. «евангелизировать». Этот стих можно перевести так: «Дух Господень на Мне; ибо Он помазал Меня *евангелизировать* нищим» или «...Он помазал меня приносить Благую Весть нищим».

Все остальное, о чем сказано в этом стихе, является *результатом* того, что до людей донесли Благую Весть: исцеление сокрушенных сердцем, проповедь (или провозглашение) освобождения пленных, восстановление зрения слепым и освобождение измученных. Благая весть Евангелия приводит к таким замечательным результатам в жизни тех, кто ее принимает. Евангелие от Луки 4:43:

Но Он (Иисус) *сказал им: и другим городам благовествовать Я должен Царствие Божие, ибо на то Я послан.*

Опять-таки, фразой «благовествовать Царствие Божие» переведено греческое выражение, которое означает «приносить хорошую новость Царства Божьего».

Вот что Писание говорит о первых двенадцати учениках, которых Иисус послал как апостолов в Евангелии от Луки 9:6:

Они пошли и проходили по селениям, благовествуя и исцеляя повсюду.

И здесь фраза, переведенная как «благовествуя», означает «евангелизируя». Обратите внимание, что проповедь Евангелия сопровождалась исцелениями, и это свидетельствовало о том, что это действительно хорошая новость! Далее в Евангелии от Луки 20:1 мы видим еще один случай применения этого же глагола:

В один из тех дней, когда Он (Иисус) *учил народ в храме и благовествовал, приступили первосвященники и книжники со старейшинами...*

В греческом оригинале слово, переведенное как «благовествовал», означает «евангелизировал», таким образом, этот стих можно перевести: «Он учил народ в храме и евангелизировал».

Теперь обратимся к Книге Деяний и рассмотрим три отрывка, в которых использовано это же слово. В первом из них говорится о Петре и Иоанне, которые пришли в город Самарию, чтобы помочь закрепить результаты евангелизационного служения Филиппа. Книга Деяний 8:25:

Они же, засвидетельствовав и проповедав слово Господне, обратно пошли в Иерусалим и во многих селениях Самарийских проповедали Евангелие.

Заметьте, что в этом стихе использованы две формы глагола «проповедовать», но в греческом оригинале это два совершенно разных слова: «Они же, засвидетельствовав и *сказав* слово Господне, обратно пошли в Иерусалим и во многих селениях Самарийских *евангелизировали*». В первом случае словом «проповедовать» здесь переведено обычное слово, означающее «говорить», а во втором слово, имеющее конкретное значение «евангелизировать» или нести Благую Весть. На обратном пути из Самарии в Иерусалим они доносили Благую Весть до жителей самарийских селений.

Затем это слово встречается при описании первого миссионерского путешествия Павла и Варнавы: *«И там благовествовали»* (Деян. 14:7). С греческого языка это предложение лучше перевести так: «И там они евангелизировали». Они продолжали проповедовать Евангелие. Обратите внимание, что сразу за этим стихом идет описание исцеления человека, который был хромым от рождения (стихи 8-10). Думаю, что почти везде, где используется это слово «евангелизировать», вы обнаружите разные формы исцеления и освобождения. Это является подтверждением хорошей новости.

Третий случай это призыв к Павлу и его спутникам отправиться в Македонию записан в Книге Деяний 16:10:

После сего видения (Павлу), *тотчас мы положили отправиться в Македонию, заключая, что призывал нас Господь благовествовать там.*

Глаголом «благовествовать» опять переведено греческое слово, означающее «евангелизировать». Они получили призыв нести Благую Весть жителям Македонии, которые еще не слышали Евангелия, но были готовы к этому.

Кроме того, это слово довольно часто встречается в Послании Римлянам. Давайте рассмотрим три подобных случая, начиная со следующих двух. Послание Римлянам 1:15:

Итак, что до меня, я готов благовествовать и вам, находящимся в Риме.

Послание Римлянам 10:15:

Как написано: как прекрасны ноги благовествующих мир, благовествующих благое!

«Благовествовать» означает «евангелизировать», а «благовествовать мир» или, как сказано в других переводах «проповедовать Евангелие мира» означает «евангелизировать, принося мир» или «доносить хорошую новость мира». В нескольких местах Нового Завета, говорящих о евангелизации, взяты цитаты из Ветхого Завета, в частности из Книги пророка Исаии. Из всех пророков именно Исаия имел особый дух евангелизации. Пророчества Исаии, как ни какие другие, содержат благую весть Евангелия.

Немного дальше Павел говорил о своем служении и о своем желании постоянно достигать тех, кто еще не достигнут. Послание Римлянам 15:20:

Притом я старался благовествовать не там, где уже было известно имя Христово, дабы не созидать на чужом основании...

И здесь также словом «благовествовать» переведен греческий глагол, означающий «евангелизировать». Для людей, несущих евангелизационное служение, характерно постоянное стремление доносить послание Благой Вести до тех, кто его еще не слышал. Евангелист имеет страстное, жгучее желание донести Благую Весть всем. Он постоянно в движении, он не успокоится, пока ее не услышат все.

Затем в первой главе Первого послания Коринфянам Павел говорил о людях, которые были крещены в воде. Он сказал, что сам он крестил не многих, потому что в действительности не в этом был его труд. Первое послание Коринфянам 1:17:

Ибо Христос послал меня не крестить, а благовествовать (евангелизировать)...

Крестить своих новообращенных Павел оставляет другим, хотя и следил за тем, чтобы это происходило. Его основным трудом было евангелизировать — нести благую весть дальше.

В своем втором письме коринфянам Павел писал о том, что он собирался делать по окончании служения, которое Бог поручил ему нести в провинции Ахаия, где находился и Коринф. Он сказал, что его цель следующая: *«Далее вас проповедывать Евангелие»* (2 Кор. 10:16). Это снова указывает на то, что евангелист всегда нацелен двигаться дальше, идти туда, где люди еще не слышали Евангелия. Конечно, как я уже указывал ранее, Павел выполнял работу евангелиста в рамках своего служения, как апостола, и апостольское служение включает в себя и служение евангелиста.

ТРОЙНАЯ ЦЕЛЬ ЕВАНГЕЛИСТА

Главная цель евангелиста — привести грешника к Спасителю. Познакомив грешника со Христом, он не остается на месте, чтобы помочь углубить это знакомство со Христом, а идет искать других людей, которые еще не знакомы со Спасителем. Следовательно, его служение, по сути, является вступительным или ознакомительным.

Однако, согласно ясному образцу Нового Завета, евангелист не только знакомит людей со Спасителем. Он также приводит их ко спасению и водному крещению. Поэтому можно следующим образом сформулировать тройную цель евангелиста: познакомить грешников со Спасителем, привести их ко спасению и крестить их в воде. Лично я убежден, что по мере того, как Церковь будет все больше приближаться к стандартам Нового Завета, мы станем свидетелями того, как люди, которые действительно призваны и посланы Богом как евангелисты, будут стремиться удостовериться, что их новообращенные прошли крещение в воде.

Ранее я уже указывал на то, что многие современные христиане полностью отошли от новозаветного образца немедленного крещения в воде для только что уверовавших. Как правило, сейчас церкви проводят специально запланированные водные крещения, в лучшем случае, один или два раза в месяц. Они говорят: «Если хотите креститься, приходите вечером в воскресенье 25-го января, и мы вас крестим». Но как мы видели в Книге Деяний, каждый новообращенный обычно крестился с полным погружением в первые же часы после своего обращения в веру. Трудно найти в Новом Завете хотя бы одного человека, который ждал до следующего дня.

В послании Нового Завета водное крещение имеет крайнюю безотлагательность. Более того, Новый Завет не дает права и оснований отделять спасение от водного крещения. Иисус сказал: *«Кто будет веровать и креститься, спасен будет»* (Марк. 16:16). Он ничего не сказал о человеке, который уверовал, но окрестился. В Евангелии от Матфея 28:19 записано, что, посылая Своих учеников, Иисус сказал: *«Итак идите, научите все народы, крестя их во имя Отца и Сына и Святого Духа»*. Когда Петр проповедовал в день Пятидесятницы, люди воскликнули: *«Что нам делать?»* (Деян. 2:37), и он ответил: «Покайтесь, и да крестится каждый из вас» (Деян. 2:38). Став учениками, первое что должны были сделать люди — это креститься. Не по Писанию отделять обращение в веру и крещение. Филипп, который является примером евангелиста Нового Завета, делал точно такое же ударение в своем служении.

СУЩНОСТЬ СЛУЖЕНИЯ ЕВАНГЕЛИСТА

Большая часть восьмой главы Книги Деяний посвящена описанию служения Филиппа — это единственный образец служения евангелиста, данный в Новом Завете. В этот период жизни Ранней церкви, она переживала большие гонения, причиненные усилиями Савла Тарсянина. Все верующие, за исключением апостолов, рассеялись из Иерусалима, спасая свою жизнь. *«Между тем рассеявшиеся ходили и благовествовали слово»* (Деян. 8:4). Кстати, здесь словом «благовествовать» переведено греческое слово, означающее «евангелизировать». Значит, эти верующие евангелизировали Словом, они доносили до людей Благую Весть, содержащуюся в Слове Божьем. Затем, мы находим описание служения евангелиста Филиппа, проходившего в разгар этих гонений и евангелизации. Давайте же рассмотрим основные характерные черты Филиппа как евангелиста изложенные в этой главе.

Его послание

Прежде всего обратите внимание на послание Филиппа, которое было удивительно простым. Во всех стихах оно описано одним словом. Книга Деяний 8:5:

Так Филипп пришел в город Самаринский и проповедывал им Христа...

Книга Деяний 8:35:

Филипп отверз уста свои и, начав от сего Писания, благовествовал ему об Иисусе.

Итак, его послание было крайне простым: Иисус Христос. Он знакомил людей не с какой-то сложной доктриной, а с Личностью — личностью Иисуса Христа. Он представлял Христа тем, кто Его не знал.

В настоящем, помазанном Богом евангелисте замечательно то, что в двадцатый раз слушая, как он проповедует одну и ту же проповедь, вы все так же испытываете удовольствие, потому что на нем помазание Духа Святого. Но если бы учитель учил об одном и том же двадцать раз, вы бы, наверное, потеряли всякий интерес. Например, я часто слышал, как проповедует евангелист Билли Грэм, и, наверное, я смог повторить некоторые его проповеди по памяти. Однако это не привело бы к таким же результатам, как у него, поскольку это не мое дарование. Более того, я до сих пор испытываю удовольствие, слушая его проповеди, потому что Дух Святой хочет, чтобы он занимался именно этим. Он провозглашает людям Иисуса Христа, и в этом и заключается сущность евангелистского служения. Служение Билли Грэма не сводится только к евангелизации, но, несомненно, его главное направление Евангелия. Поэтому его цель заключается в том, чтобы представить Иисуса Христа тем, кто о Нем не слышал.

Его свидетельство

Теперь давайте рассмотрим удостоверение и подтверждение служения Филиппа, которое тоже было очень простым. И в этом отношении современная Церковь очень отличается от образца Нового Завета. По-видимому, Филипп спустился в Самарию один. Апостолы ходили по двое, пророки ходили группами, а вот один человек, еврей по имени Филипп, пошел один на неприятельскую территорию. *«Иудеи с Самарянами не сообщаются»* (Иоан. 4:9). Однако Филипп пошел в довольно большой город Самарию и стал там просто «проповедовать Христа». Почему люди его слушали? Потому что Бог сверхъестественным образом подтверждал истину его послания. Люди понимали, что у него реально что-то есть. Откуда они это знали? Книга Деяний 8:6-7:

> *Народ единодушно внимал тому, что говорил Филипп, слыша и видя, какие он творил чудеса. Ибо нечистые духи из многих, одержимых ими, выходили с великим воплем, а многие расслабленные и хромые исцелялись.*

Что привлекло внимание людей? Чудеса освобождения и исцеления. Когда жители Самарии увидели свидетельство силы, которая была в словах Филиппа, они стали внимательно слушать то, что он хотел им говорил. Это происходило не потому, что в местных газетах и на радио была заранее развернута рекламная кампания о приезде в город великого проповедника Филиппа. Он сам не знал об этом визите, не говоря уже о других. Но когда он прибыл в этот город, все его слушали, по причине Божественного подтверждения. Удостоверение в том, что человек является евангелистом Нового Завета, выражается одним словом: чудеса. Только они являются единственным полномочным основанием и подтверждением, которое Бог предусмотрел для этого служения — и чудеса работают!

Конечно же, чудеса не обращают людей к Богу, и не производят веру. Но они приковывают внимание людей и заставляют их прислушаться к Слову Божьему, а вера приходит от слышания Слова. Если люди не хотят слушать, бесполезно им проповедовать. Прежде всего, необходимо привлечь их внимание, и это достигалось чудесами!

Однажды мы с моим хорошим другом проводили служение освобождения, на котором происходило именно это: *«нечистые духи из многих, одержимых ими, выходили с великим воплем»*. Там был еще один проповедник, который также был моим другом. Тот был несколько возмущен происходившим, и поэтому после служения спросил нас: «Где в Новом Завете вы читали о таком служении?» Мы с моим первым другом переглянулись, и он ответил: «Вы найдете это в Книге Деяний 8:7». В конечном итоге мы выявили и разрешили практически все недоразумения, и этот человек до сих остается моим хорошим другом.

Многое из того, что является нормальным по стандартам Нового Завета, считается ненормальным в наше время. В то же самое время, многое из того, что большинство современных христиан называют нормальным, по новозаветным стандартам является ненормальным. Подтверждение Евангелия, Благой Вести, является сверхъестественным. Тем самым доказывается, что это действительно Благая Весть. Одержимые духами по-

Глава 19. Мобильное служение: евангелисты

лучают освобождение, а больные — исцеление. Видя, как подобное происходит, люди понимают, что это хорошая новость. Их не интересует богословие, им нужны конкретные результаты. Вот как Иисус поручил Своим ученикам выполнять составленную Им программу, Евангелие от Марка 16:15-18:

> *И сказал им: идите по всему миру и проповедуйте Евангелие* (несите Благую Весть) *всей твари. Кто будет веровать и креститься, спасен будет; а кто не будет веровать, осужден будет. Уверовавших же будут сопровождать сии знамения: именем Моим будут изгонять бесов; будут говорить новыми языками; будут брать змей; и если что смертоносное выпьют, не повредит им; возложат руки на больных, и они будут здоровы.*

Здесь упомянуты пять сверхъестественных знамений, которые являются наглядными доказательствами работы Божьей: (1) освобождение, (2) крещение в Духе Святом, (3) невредимость при взятии змей и (4) питии чего-то смертоносного, а также (5) исцеление больных через возложение рук. Служение первых апостолов кратко описано в следующих двух стихах, Евангелие от Марка 16:19-20:

> *И так Господь, после беседования с ними, вознесся на небо и воссел одесную Бога. А они пошли и проповедывали везде, при Господнем содействии и подкреплении слова последующими знамениями.*

Это и есть новозаветный образец служения. Бог подтверждает Свое Слово последующими знамениями. Если бы Бог когда-нибудь бросит мне вызов снова заняться миссионерством, то я бы не хотел покидать свою страну и проповедовать в других странах, не убедившись в том, что Бог подтвердит мои проповеди сверхъестественным образом. Я бы лучше остался дома и посылал деньги на миссионерскую работу — это принесло бы больше пользы. Однако я верю, а также убедился в этом на своем опыте, что если вы куда-то пойдете по Божьей воле, чтобы представить людям Благую Весть, и будете полагаться на Дух Святой, то Бог подтвердит Свое Слово. Именно так и должно быть. Как сказано в Послании Евреям 2:3-4, когда первые проповедники шли куда-то на служение, Бог подтверждал их слова знамениями, чудесами и дарами Духа Святого.

Помните молодого малообразованного африканца, который выступал перед моими студентами? После того как он принял спасение, он присутствовал на собрании, проводимом братом Т. Л. Осборном в городе Момбаса. Видя, какие Бог там творит чудеса, этот юноша получил откровение, что если Бог творит их для брата Осборна, то Он сотворит их и для него. Он стал действовать по этому принципу, и это привело к чудесным результатам. В том числе и поэтому он получил такой живой отклик со стороны наших студентов.

Однажды этот юноша мне сказал: «Брат Принс, евангелизировать в Африке очень легко. Я прихожу в селение и спрашиваю, есть ли там больные люди (а в африканских селениях всегда найдется кто-то больной!). Я молюсь об этом человеке, он исцеляется, и у меня появляется новая церковь!» Так и должно быть по Новому Завету. Вам не нужны комитеты, оркестры, хоры и тому подобное. Благословит их Господь, если они есть, но, возможно, нам было бы лучше без них, поскольку мы склонны зависеть от них. Имеет значение только сверхъестественное подтверждение Духа Святого.

Его направление

Продолжая читать восьмую главу Книги Деяний, мы убеждаемся, что Филипп имел сверхъестественное *водительство*, и это еще мягко сказано! Имея его, он знал, куда и когда идти. Книга Деяний 8:26,29:

> *А Филиппу Ангел Господень сказал: встань и иди на полдень, на дорогу, идущую из Иерусалима в Газу... Дух сказал Филиппу: подойди и пристань к сей колеснице.*

Заметьте, что водительство осуществлялось голосом Духа. Более того: после того как евнух крестился, ангел Господень (это в синодальном переводе, в то время как во всех других переводах сказано: «Дух Господень») «восхитил» (буквально: «похитил», «утащил») Филиппа! (см. Деян. 8:39-40). Когда дело было сделано, Филиппу даже не нужно было решать, куда идти дальше: его просто унес Дух Святой. Ему не нужно было идти пешком или ехать на колеснице — он переместился сверхъестественным образом.

Я называю евангелиста «Божьим десантником», потому что он неожиданно падает с неба на людей, делает свое дело и снова улетает. В наше время подобное происходит не слишком часто, но все-таки происходит. В любом случае евангелист всегда в движении. Он непредсказуем, даже дьявол не знает, куда он повернет в следующий момент. Таким образом, он постоянно заставляет дьявола занимать оборонительную позицию. Но в наше время именно Церковь чаще всего занимает оборонительную позицию, тогда как дьявол нападает. Но настоящий евангелист, как Филипп, всегда в наступлении.

Однажды Чарльз Симпсон сказал, что все бесы знают: в обычной церкви им нужно быть наготове в воскресенье в одиннадцать часов утра, ведь именно в это время проповедует пастор. Бесы набрасываются на всех, кто идет в церковь. Они готовы заблаговременно, и там нет элемента неожиданности. Но, поверьте, когда Филипп перемещался с места на место, бесы просто не знали, где и когда он будет. Я очень хочу увидеть в Церкви возрождение такой готовности к активным действиям.

Его сфера служения — не поместная церковь

Рассматривая список Божьих даров в церкви, можно сделать вывод о последней особенности евангелиста, о которой я уже ранее упоминал. Первое послание Коринфянам 12:28:

И иных Бог поставил в Церкви, во-первых, Апостолами, во-вторых, пророками, в-треть-

их, учителями; далее, иным дал силы чудодейственные, также дары исцелений, вспоможения, управления, разные языки.

Евангелиста в этом списке нет, потому что Павел говорил о поместной церкви и о служениях, действующих в ней, тогда как служение евангелиста направлено на неверующих. Впрочем, у евангелиста может быть служение в поместной церкви, если он является чудотворцем, имеющим дары исцелений. Тогда он может учить других членов поместной церкви евангелизировать. Иначе ему там нечего делать, поскольку все члены поместной церкви уже знакомы с Иисусом Христом как своим Спасителем.

20
МОБИЛЬНОЕ СЛУЖЕНИЕ: УЧИТЕЛЯ

Учитель это, в сущности, толкователь Писания. Насколько я вижу, существуют два уровня учительства. Первый уровень это служение учителя для Вселенской Церкви, о котором говорится в Послании Ефесянам 4:11:

> *И Он поставил одних Апостолами, других пророками, иных Евангелистами, иных пастырями и учителями.*

В этом стихе говорится о служении учителя — того, кто истолковывает Писание, а также определяет доктрину для Тела Христова в более широком смысле. В то время как учение в поместной церкви, преподается старейшинами этой поместной церкви. Мы подробнее рассмотрим эту мысль, когда дойдем до темы старейшин. Об этом служении, в частности, Павел пишет в Первом послании Тимофею 5:17, где речь идет об устройстве поместной церкви:

> *Достойно начальствующим пресвитерам должно оказывать сугубую честь, особенно тем, которые трудятся в слове и учении.*

Это учение не уровня Вселенской Церкви, но уровня маленькой группы верующих, которые поручены опеке старейшин поместной общины. Итак, у нас также есть учитель, который служит всему Телу Христа, подобно апостолу или евангелисту. Но при этом есть люди, которые несут ответственность учить поместную общину, небольшие собрания и отдельных людей, однако их служение не выходит за пределы поместной церкви. В этой главе мы рассмотрим учителя, служащего Вселенской Церкви.

АПОЛЛОС И ЕГО СЛУЖЕНИЕ УЧИТЕЛЯ

Если искать в Новом Завете пример учителя, то скорее всего служитель по имени Аполлос имел чисто учительское служение. Были многие другие, которые тоже учили, но наряду с учительством у них было и другое служение. В то время как Аполлос видимо полностью посвятил себя преподаванию Слова. В Книге Деяний 18:24-28 мы находим первое описание учительского служения Аполлоса, которое проходило в городе Ефес (территория современной Турции):

Некто Иудей, именем Аполлос, родом из Александрии, муж красноречивый и сведущий в Писаниях, пришел в Ефес. Он был наставлен в начатках пути Господня и, горя духом, говорил и учил о Господе правильно, зная только крещение Иоанново. Он начал смело говорить в синагоге. Услышав его, Акила и Прискилла приняли его и точнее объяснили ему путь Господень. А когда он вознамерился идти в Ахаию, то братия послали к тамошним ученикам, располагая их принять его; и он, прибыв туда, много содействовал уверовавшим благодатью, ибо он сильно опровергал Иудеев всенародно, доказывая Писаниями, что Иисус есть Христос (Мессия).

Теперь сравним приведенный выше отрывок с другим — с Первым посланием Коринфянам 3:4-6. Через Эгейское море Аполлос переплыл из Ефеса в провинцию Ахаия (территория современной Греции). В Ахаии он пришел в город Коринф, где стал служить людям, которые пришли к Господу, благодаря служению Павла. И тогда в церкви в Коринфе возникло такое же соперничество, которое мы часто видим сегодня: группировки среди верующих, каждая из которых ратовала за своего любимого проповедника, которого считала самым лучшим. Павел упрекнул их за это, сказав, что это доказывает то, что они по-прежнему являются плотскими. Первое послание Коринфянам 3:4:

Ибо когда один говорит: «я Павлов», а другой: «я Аполлосов», то не плотские ли вы?

Мне кажется немного забавным, что некоторые богословы и толкователи Библии хватаются за мысль, что церковь в Коринфе была плотской, и затем пытаются доказать, что ее члены были плотскими, потому что они говорили на иных языках. Но они были плотскими не потому, что говорили на языках, а потому, что следовали за лидерами-людьми!

Точно такая тенденция также прослеживается в современной Церкви. Некоторые говорят: «Я — Лютеров», другие: «Я — Кальвинов», третьи: «Я — Уэсли» и т.д. Слово Божье говорит: «Такое ваше отношение свидетельствует о вашей незрелости». Признаком духовной незрелости является зацикленность на человеческих лидерах и служителях, пусть даже таких великих как Павел, Петр и Аполлос, которых Бог благословляет и использует. Когда люди определяли свое место в Теле Христовом, называя имя проповедника, за которым они следовали, Павел говорил: «Пожалуйста, хватит! Возрастайте и перестаньте быть младенцами!» Первое послание Коринфянам 3:5-6:

Кто Павел? кто Аполлос? Они только служители, через которых вы уверовали, и притом по скольку каждому дал Господь. Я насадил, Аполлос поливал, но возрастил Бог...

Господь дал одно служение Павлу, а другое — Аполлосу. Имея служение насаждения новых церквей, Павел евангелизировал — он первым сеял семена Слова Божьего или Евангелия. Но это семя нуждалось в последующем поливе, поэтому затем пришло время учительского служения Аполлоса, который поливал семя, посеянное Павлом. Евангелист сеет семя, а за ним приходит учитель и поливает это семя.

Какая замечательная картина служения учителя!

Теперь вернемся к Книге Деяний 18:24. Здесь сказано, что Аполлос был «родом из Александрии». В античном мире город Александрия был одним из главных учебных центров. Он имел самую знаменитую библиотеку, и, следовательно, можно предположить, что Аполлос имел некоторый образовательную базу. Кроме того, он назван «мужем красноречивым», и это значит, что он был сильным оратором. Также сказано, что он был «сведущим (букв. «сильным») в Писаниях», и это означает, что он имел глубокие познания Слова Божьего. Итак, он пришел в Ефес, и в 28-м стихе сказано, что он *сильно опровергал Иудеев всенародно, доказывая Писаниями, что Иисус есть Христос».*

Перед нами очень яркая картина публичного учительского служения Аполлоса. Он имел глубокие познания Писания. Он также был красноречивым и убедительным «человеком кафедры». В его словах была сила, и он мог публично опровергать противников Евангелия. Итак, это был человек с мощным публичным служением. Сравните это со служением пасторов или старейшин, которые могут учить людей в небольших группах или церквах, которые не являются «людьми кафедры» или больших собраний, однако они выполняют огромной важности работу на своем уровне.

Поскольку старейшины или пастыри поместной церкви, согласно Писанию, должны быть способны учить, то некоторые люди, ожидают от них, что всякий раз, становясь за кафедру, они должны выдать потрясающую проповедь. Однако человек, который делится насущным Словом, наставляя и увещевая своих подопечных, необязательно должен быть сильным «человеком кафедры». Несправедливо и не по-библейски ожидать, что ваш пастырь или старейшина будет проповедовать, как ваш любимый проповедник на телевидении или на большой конференции. На самом деле, учение в вашей поместной церкви может быть намного более насущным для вас и больше повлиять на вашу жизнь, чем служение учителя международного уровня и мобильного служения. Поскольку пастыри или старейшины больше знают вас, то могут обращаться к самой сути вашей личной или семейной ситуации!

Обратите внимание на интересные слова, которые мы находим в Книге Деяний 18:27:

> *А когда он (Аполлос) вознамерился идти в Ахаию, то братия послали к тамошним ученикам, располагая их принять его...*

В Ранней церкви не принимали проповедников без рекомендации с места их предыдущего служения. Это жизненно важно. Соблюдение этого правила сегодня сразу же отрезало людей, которые разъезжают по стране и по всему миру, не отвечая ни перед кем за свои действия, не принося никакого пребывающего духовного плода, занимаясь саморекламой и поборами в среде народа Божьего. Этот принцип проходит через весь Новый Завет. Любой проповедник, приходивший из Асии в Ахаию, должен был иметь рекомендацию от братьев в Асии, в противном случае братья из Ахаии не должны были принимать его. Итак, у Аполлоса, пришедшего из Асии в Ахаию, было рекомендательное письмо, и братья в Ахаии открыли ему свои церкви. Книга Деяний 18:27-28:

> *...и он, прибыв туда, много содействовал уверовавшим благодатью, ибо он сильно опровергал Иудеев всенародно, доказывая Писаниями, что Иисус есть Христос.*

«Уверовавшие благодатью» довольно примечательная фраза. Она говорит о людях, которые пережили чудесное и сверхъестественное обращение в веру. Возможно, они были неграмотны или же у них не было предварительных познаний Писаний Ветхого Завета. Помните, что большинство верующих в Коринфе были в прошлом язычниками. Коринф был большим морским портом, и поэтому был скопищем очень грешных и аморальных людей. Затем в город прибыл Павел и примерно через полтора года он оставил в нем процветающую общину верующих.

Это было достигнуто не усердным и систематическим обучением нескольких человек. Это произошло благодаря мощному воздействию Духа Святого, которое несло сверхъестественное свидетельство Иисуса Христа, как Спасителя мира. Видимо большая часть из этих новообращенных были буквально «смыты» в Царство Божье волной сверхъестественной силы. Сегодня мы видим, как подобное происходит во многих частях мира, где люди испытывают острую духовную нужду. У них нет предварительных познаний Писания, они неграмотны и не умеют читать и писать, однако сверхъестественное Божье вмешательство спасает их.

Подобное я видел в Африке. Один пожилой африканец ни разу в жизни не был в церкви. Он совершенно ничего не знал о Евангелии. Однажды ночью ему приснилось, что он пошел в местную церковь, построенную из соломы и глины, и принял спасение. Проснувшись, он решил туда пойти. Однако ему казалось, что у него нет даже подходящей одежды, чтобы пойти в церковь. Ему пришлось одолжить на время чье-то старое пальто. Затем он пошел в церковь, где и принял спасение. Это действительно была сверхъестественная Божья благодать! В разных частях мира многие буквально «уверовали благодатью».

Один миссионер из Южной Америки рассказал мне о женщине, считавшей себя католичкой, которая никогда не открывала Библию, но однажды ей приснился очень яркий сон. Ей снилось, что она пришла в какую-то церковь и обратила внимание, что стены внутри церкви были зеленого цвета. На следующее воскресенье она решила: «Нужно пойти в эту церковь». Она вышла, поймала такси, описала водителю здание, которое ей приснилось, и сказала: «Отвезите меня туда». К сожалению (как ей тогда показалось), автомобиль сломался, и она не доехала туда.

На следующее воскресенье она сделала то же самое, и в этот раз такси доставило ее в нужное место. Она вошла в церковь, и Христос сверхъестественным образом открылся ей. Позже она рассказала о своем сне служителю этой церкви: «Знаете, мне снилось это здание, и на прошлой неделе я попробовала к вам добраться, но у меня не получилось. Но в этот раз такси привезло меня сюда. Войдя в церковь, я увидела такие же зеленые стены, какие мне снились». Служитель внимательно посмотрел на нее и спросил: «Вы уверены, что в вашем сне стены церкви были зелеными?» Она ответила: «Да». Он сказал: «Тогда неудивительно, почему вы не попали к нам на прошлой неделе. Мы только на этой неделе перекрасили стены в зеленый цвет, а до того они были другого цвета!» Это было сверхъестественное откровение, которое Дух Святой дал женщине, ничего не знавшей о Евангелии.

Во время Второй Мировой войны я лежал в военном госпитале. Моим соседом по койке был французский моряк. Во всем госпитале только я один говорил по-французски, а этот моряк не говорил по-английски, поэтому он разговаривал либо со мной, либо вообще ни с кем! Вскоре после нашего знакомства он спросил у меня: «Что за книгу вы читаете каждый день?» Я ответил: «Библию». Видимо это не слишком его заинтересовало, однако иногда он заговаривал со мной о Библии. Однажды я предложил ему: «Хотите, я достану вам Новый Завет на французском языке?» Он никогда и не слышал о Новом Завете! Он не знал, что это такое, хотя считал себя настоящим католиком! Итак, я достал французский Новый Завет в отделении Британского Библейского общества в Каире и дал его моряку. Результаты были потрясающими. Ничего подобного я больше никогда не видел. Менее чем за две недели он прочитал весь Новый Завет, вплоть до книги Откровение, и уверовал. Он спрашивал: «Почему мне раньше никто об этом не рассказывал?» В последний раз, когда я его видел, он купил самую большую Библию на французском языке, которую ему только удалось найти, и, вооружившись ею, ходил повсюду, рассказывая всем о Господе.

Чтобы найти Господа, некоторым необходимо сверхъестественное Божье вмешательство в их жизнь.

Тех, до которых невозможно достучаться систематическим объяснением, Бог достигает сверхъестественным откровением! Именно эти люди являют собой пример «уверовавших благодатью», как и христиане из Коринфа, о которых говорится в 18-й главе Книги Деяний.

Верующие в Коринфе познали Иисуса. Они знали, что Он их спас и крестил в Духе Святом. Однако, что касается Священного Писания, сущности благодати или основных Евангельских истин, то им об этом практически ничего не было известно! Поэтому Бог послал им учителя в лице Аполлоса, который им очень помог. Он объяснил им, что с ними произошло, и заполнил пробелы в их познаниях. Вполне вероятно, что он сообщил им основные доктрины христианства. Они нуждались в систематическом объяснении Писания, иначе они не укрепились бы в вере. Сегодня Бог делает то же самое. Он посылает людям того или иного «Аполлоса», чтобы дать им публичное, систематическое объяснение Писания с тем, чтобы они узнали, во что и почему они верят, и как связать одну Библейскую истину с другой.

Мобильное служение учителя это именно то служение, к которому меня призвал Господь, и я хорошо помню, как в конце 1960-х и начале 1970-х годов я учил американскую молодежь основам христианской веры. Они получили сверхъестественное спасение от бунтарства, наркотиков и анархии, но насколько глубоко они нуждались в том, чтобы быть наученными! Они сидели и слушали часами, но все равно просили еще больше Слова Божьего. В Африке я тоже видел толпы людей стояли на жаре, и отказывались уходить, когда я заканчивал проповедь, чтобы оказаться там, они несколько дней шли пешком, и им хотелось еще больше Слова Божьего. Еще мне вспоминается один брат в Москве, который проехал на поезде семь дней и ночей, чтобы попасть на обучающую конференцию для служителей. Можете представить глубину его духовного голода? Я видел и испытывал на себе силу служения учителя по благодати Божьей.

Когда мы служили на миссионерском поле, то обнаружили, что служение евангелиста часто проявляется в жизни человека вскоре после его обращения в веру. Бывает, что человек начинает действовать, как евангелист, спустя всего неделю после обращения в веру. Но для развития служение учителя, обычно требуется гораздо больше времени. В большинстве стран, которые можно было бы охарактеризовать как отсталые, существует огромная нехватка в служении учителя. Там не трудно найти евангелистов, но, к сожалению, там очень мало учителей. Это служение крайне необходимо в наше время.

СЛУЖЕНИЕ УЧИТЕЛЯ И ДРУГИЕ МОБИЛЬНЫЕ СЛУЖЕНИЯ

Теперь давайте посмотрим, как часто служение учения связано с другими мобильными служениями. Во Втором послании Тимофею 1:11 Павел связывает служения апостола и учителя:

...Для которого я поставлен проповедником и Апостолом и учителем язычников.

Будучи служителями Слова, апостол и учитель идут рука об руку. Кроме того, есть связь и между пророками и учителями. Книга Деяний 13:1:

В Антиохии, в тамошней церкви были некоторые пророки и учители...

Далее в мы читаем об Иуде и Силе, которые пришли из Иерусалима в Антиохию. Книга Деяний 15:32:

Иуда и Сила, будучи также пророками, обильным словом преподали наставление братиям и утвердили их.

Кроме того, что они несли служение пророков, у них было слово увещания и учения. В Евангелии от Луки 20: 1 мы видим связь служения учителя со служением евангелиста:

В один из тех дней, когда Он (Иисус) учил народ в храме и благовествовал...

Иисус и учил, и евангелизировал. Таким образом, служение учителя очень часто может быть связано с каким-то другим служением. Этот факт с новой силой подтверждает концепцию «командного служения», которая все больше укореняется в Церкви. Апостолы, пророки, увещатели и другие служители с активным и динамичным служением правильно сделают, если соединятся с учителями, которые смогут сбалансировать их дары и сильные стороны. Учитель может работать с апостолом, вспахивающим новую почву в Африке, или с вдохновенным служителем, наполняющим стадионы в Америке, аудитория которого нуждается в толковании, сбалансированности и применении его послания, которое не сможет сделать он сам. Учитель может сберечь плоды таких служений!

НЕОБХОДИМОСТЬ В ПОСВЯЩЕНИИ И ДУХОВНОМ РОСТЕ

Однако, как мы видели ранее, Аполлос, судя по всему, целиком и полностью посвятил себя служению учителя. Из этого можно сделать вывод, что для служения учителя требуется *посвящение*. Иногда я шокирую людей таким заявлением: «Друзья, с которыми я общаюсь; книги, которые я читаю; пища, которую я ем — все это предназначено для того, чтобы я смог стать лучшим учителем Библии, каким только могу быть. Не лучше кого-то, а лучшим учителем, которым *я* могу быть». Не думайте, что вы сможете должным образом учить людей Писанию, если в вашей жизни не будет дисциплины. Это будет вам чего-то стоить. Но какое благословение выполнять то, ради чего вас сотворил Бог, и это относится к любому призванию от Бога. Что касается меня, то я учитель. Если меня даже перевернуть с ног на голову и поставить в угол, то и там я начну учить! Это то, кем я являюсь и кем меня сотворил Бог. Но я должен полностью *отдать себя* развитию этого дара учительства, поскольку учение включает вас всего целиком: дух, душу (разум, волю и эмоции) и тело. Оно отражает то, кто вы есть, и какой жизнью вы живете.

Повторю, что я даю такое определение учителю — это тот, кто толкует Писания. Дар учителя заключается в умении толковать и применять Писание для других людей. Он делает Писание простым, реальным и применимым. Сделать что-либо простым — это действительно Божий дар. Будучи профессиональным философом, я учился все усложнять, но Бог дал мне дар делать все простым. Если я не могу описать что-то простым и понятным языком, значит я это еще не совсем понимаю. О, какая огромная нужда в том, чтобы верующие действительно смогли уяснить и применять основные истины Писания! Я горю желанием этого вот уже около шестидесяти лет, после того как я посвятил себя изучению и толкованию Слова Божьего.

Как я упоминал ранее, Бог призвал меня к служению учителя в 1941 году через послание на иных языках и его истолкование: «Я призвал тебя быть учителем Писания в истине, вере и любви во Христе Иисусе для многих». Как часто я размышлял над этим призванием от Господа по мере того, как проходили годы, и оно все больше раскрывалось. Я заметил, что в моем учении проявилась последовательность, о которой сказал Бог: сначала истина, затем вера и, наконец, любовь.

Вначале я был целиком поглощен истиной и стремился сообщить всю истину всей Церкви. Затем я начал понимать, что я могу иметь истину, но не иметь победы в основных сферах моей жизни, таких как здоровье и финансы. Я ухватился за веру через Слово, а также за невероятные благословения, обещанные Богом в Его Слове. Последним этапом моего образования от Бога стала любовь. Как сказано в Первом послании Тимофею 1:5: *«Цель же увещания есть любовь»*. Как много для меня стала значить любовь, особенно после того, как я проводил к Господу мою любимую жену Руфь. Я не знал, что в мире столько любви, пока Тело Христово не окружило меня вниманием и заботой после того, как Руфь ушла к Господу. По сегодняшний день, эта любовь Тела Христова вызывает слезы на моих глазах.

Мне бы хотелось воодушевить учителей продолжать расти в своем даре и учиться применять его в церкви. Не останавливайтесь на тех истинах, в которых вы чувствуете себя хорошо, но ожидайте, что Бог откроет вам новые истины в Писании, которые послужат благословением для церкви!

Помню, как в середине 1970-х годов Бог обратился ко мне в Атланте, когда я отдыхал на кровати в гостиничном номере. Он сказал: «От Хорафа – в Сарепту, из Сарепты – на Кармил, с Кармила – на Хорив, с Хорива – в жизнь многих». Я сразу же понял, что речь идет о местах, где происходили основные события служения Илии. Его кормили вороны у потока Хорафа, затем он был у вдовы в Сарепте, а затем он противостоял ложным пророкам на горе Кармил. Однако на горе Хорив Бог дал ему задание помазать следующих царей Сирии и Израиля, а также своего преемника – пророка Елисея. Вспомните, что Елисей окончил всю работу, которую Бог поручил Илии. Именно об этом, Бог сказал мне такие слова: «в жизнь многих». С тех пор я желаю не просто учить людей, но и научить их учить других! Как сказал Павел во Втором послании Тимофею 2:2:

И что слышал от меня при многих свидетелях, то передай верным людям, которые были бы способны и других научить.

Павел учил Тимофея, который должен был учить местных старейшин, которые в свою очередь должны были подготовить других старейшин. Служение учителя может повлиять на весь ход истории через передачу чистого Библейского учения последующим поколениям верующих. Надеюсь, мне удалось воспитать несколько поколений учителей, которые придут после меня.

21
СТАЦИОНАРНОЕ СЛУЖЕНИЕ: ПАСТЫРИ

Мы рассмотрели четыре и, как я считаю, основные мобильные служения в Церкви: апостолы, пророки, евангелисты и учителя. В следующих трех главах мы разберем стационарные служения поместной церкви: старейшина (или пастырь) и дьякон.

Очень важно понимать, в чем различие между мобильным и стационарным служением. Мобильное служение может действовать в любом месте, указанном Богом. Если человек несет служение апостола, то он является апостолом и в Иерусалиме, и в Антиохии, и в Коринфе. Но если человек поставлен старейшиной или пастырем в Антиохии, а затем переезжает в Коринф, то он не обязательно станет старейшиной в Коринфе. Даже если он был успешен в Антиохии и у него будет большое желание продолжать служить в качестве старейшины в Коринфе, он не в праве ожидать, что будет автоматически поставлен там в качестве служителя, ему необходимо будет подтвердить свою духовную зрелость на новом месте. Будучи служителем поместной церкви, мы не должны думать, что автоматически сможем быть служителями в любой другой поместной церкви.

Полагаю, что в каждом городе, описанном в Новом Завете, были свои особые, уникальные проблемы и трудности, и поэтому Бог восполняет их особую нужду теми особыми служениями, которые Он насадил в этих городах. Их помазание предназначалось для города и региона, в которых Он их поместил, а не для «краев земли». В этом и есть суть стационарных служений.

Как важно для народа Божьего иметь служения, сфокусированные на поместной общине! В то время как мобильные служения строят все Тело Христово, стационарные служения входят в конкретные семьи, общины и города. Это необходимый для Тела Христа баланс. Некоторые служения должны оставаться на месте. Народ Божий будет чувствовать себя неуверенно, если лидеры постоянно будут то приезжать, то уезжать, и никто не будет присматривать за овцами. Как мы увидим, пастырь/старейшина отдает себя на восполнение их духовных нужд, тогда как дьякон фокусируется на материальных и физических нуждах. Таким образом, согласно Божьему плану, без внимания не остаются ни края земли, ни тот или иной город.

Среди верующих существует большая путаница относительно лидерства поместной церкви, которую я попытаюсь прояснить в этой главе. На самом деле, существует множество укоренившихся стереотипов и традиций, о которых мы поговорим, что, возможно, огорчит вашу теологию!

В Послании Филиппийцам 1:1 нам представлен весь личный состав поместной церкви:

Павел и Тимофей, рабы Иисуса Христа, всем святым во Христе Иисусе, находящимся в Филиппах, с епископами и диаконами.

Здесь мы видим три группы людей, составляющих поместную общину: верующие и два вида лидеров: епископы (которых Новый Завет еще называет «надзирающими» и «старейшинами») и дьяконы. Кроме них больше никого нет.

РАЗНЫЕ НАЗВАНИЯ ОДНОГО ЛИДЕРА

Давайте рассмотрим *епископов*. В Послании Филиппийцам 1:1 духовное руководство поместных церквей названо *епископами* («епископос»). Но, как правило, сегодня руководителей поместных церквей называют *пастырями* («поймен»). Здесь нужно прояснить некоторые проблемы, которые возникают из перевода. В греческом оригинале Нового Завета для описания одного и того же служения используются три разных слова. В придачу к этому, в переводах Нового Завета на другие языки некоторые из этих трех слов переводятся еще двумя или даже больше словами. Таким образом, например, в английской Версии короля Якова для описания одного и того же служения использовано целых пять названий! Столетиями это вызывало бесконечную путаницу среди англоязычных христиан. В последующих главах одна из моих целей состоит в том, чтобы привнести свет в эту неразбериху, а следовательно и принести ясность в сущность этого важного стационарного служения.

Должен признать, что в течение многих лет меня сбивала с толку эта путаница. Как правило, я говорил о пасторе (един, число) *и* старейшинах (мн. число), как если бы пастор и старейшины — это разные понятия. Но однажды как-будто луч света озарил сумерки, и я вдруг осознал, что пастор и пресвитер — это два разных названия одного и того же служителя! Мое изучение устройства новозаветной церкви было подобно собиранию паззла с одной лишней деталью. С какой стороны бы я не начинал собирать, всегда оставалась одна деталь, которой не находилось места. Этой лишней деталью был «пастор», чье служение отличалось от старейшинского. Тем не менее, такое понимание церковного лидерства (где «пастор» отдельно, а «старейшины» отдельно) не имеет основания в Новом Завете. «Пастор» и «пастырь» означают то же служение, что и старейшина. Когда мы исследуем значение трех греческих слов и нескольких названий, используемых в наших переводах Нового Завета, нам станет совершенно ясно, что все они обозначают одного и того же человека.

Первое греческое слово — это *пресбутерос*, оно означает старейшину. От этого же слова произошло и слово «пресвитерия». Члены пресвитерианской церкви взяли такое название для своей деноминации, потому что они верят в пресвитерское правление. В Версии короля Якова это слово всегда переводится как «старейшина», поэтому с переводом этого слова нет проблем (В синод, переводе греческое слово *пресбутерос* переводится как «старцы» – 20 раз, «древние» – 1 раз (Евр.11:2), «старшины» – 2 раза (Лук. 15:21, Иоан. 8:9), «старейшины» – 28 раз, «пресвитеры» – 14 раз, «пастыри» – 2 раза (1 Пстр. 5:1,5), — примеч. переводчика).

Следующее греческое слово это *епископос*. Буквальное значение этого слова на греческом не вызывает никаких вопросов: *епи* означает «над», а *скопос* означает «смотритель»; таким образом дословно получается «надзирающий». Однако слово *епископос* иногда переводится как «епископ» (в синод, переводе слово *епископос* переводится как «блюститель» - 2 раза, «епископ» – 3 раза — примеч. переводчика). Многие не понимают, что «блюститель» и «епископ» это перевод одного и того же греческого слова.

Если вы интересуетесь лингвистикой, то вам будет интересно узнать, что слово *епископос* было заимствовано различными европейскими языками. Например, датское слово *бископ*. От скандинавского *бископ* мы получили английское слово *бишоп*. Но значение осталось прежним — надзирающий, блюститель.

Третье слово, которое я уже упоминал, это *поймен*, и оно означает «пастух». Иногда оно переводится как «пастырь», но мы должны помнить, что смысл остается тем же — это человек, который пасет (в синод, переводе слово *поймен* переводится как «пастух» - 4 раза, «пастырь» – 14 раз — примеч. переводчика). Сегодня, когда вы говорите слова «пастух» и «пастырь» (или «пастор») у людей возникают совершенно разные ассоциации. Однако факт остается фактом — это служение человека, который действует как пастуха стада. Таким образом, только в греческом оригинале у нас есть три разных слова, которые описывают поместных служителей в церкви. Поэтому неудивительно, что есть много путаницы в устройстве руководства поместных церквей!

Глава 21. Стационарное служение: пастыри

Итак, я делаю вывод, что все эти различные слова означают одно и то же служение. Теперь обратимся к отрывкам, в которых эти слова используются взаимозаменяемо. Книга Деяний 20:17:

Из Милита же послав в Ефес, он (Павел) *призвал пресвитеров церкви.*

Здесь они названы словом *пресбутерос*, т.е. «старейшины». Большая часть из оставшейся 20-й главы является обращением Павла к этим старейшинам. Он все еще обращался к ним, когда говорит следующие слова. Книга Деяний 20:28:

Итак внимайте себе и всему стаду, в котором Дух Святый поставил вас блюстителями («епископос» – надзирающими), *пасти* («поймайно») *Церковь Господа и Бога, которую Он приобрел Себе Кровию Своею.*

В 17-м стихе они были названы *пресбутерос* (старейшинами), а уже в 28-м они же названы *епископос* (надзирающими) над стадом, в чем и выражается труд пастуха. Далее мы читаем: «пасти Церковь Господа и Бога». Мы уже видели, что греческое существительное *поймен* переводится как «пастырь». Здесь же словом «пасти» или «кормить» переведен греческий глагол *поймайно*. Чтобы правильно передать смысл этого стиха, надо сказать, что эти старейшины/пресвитеры/блюстители пасут овец, т.е. церковь.

Обратите внимание еще раз, что эти старейшины (множ. число) были признанными лидерами поместной церкви; над ними больше никто (единств. число) не стоял. Будь у них какой-то «пастор» или другой лидер, то поведение Павла было бы крайне неэтичным, когда он созвал этих старейшин, чтобы дать им указания, игнорируя их вышестоящего «пастора». Но все было сделано правильно, поскольку не было никакого вышестоящего «пастора», власть которого обошли. Эта группа людей и была всем поместным лидерством церкви города Ефеса.

Теперь обратимся к Посланию Титу 1:5, где Павел пишет:

> *Для того я оставил тебя в Крите, чтобы ты довершил недоконченное и поставил по всем городам пресвитеров, как я тебе приказывал...*

Как мы уже видели, одной из основных обязанностей Тита было назначение старейшин. В следующих стихах Павел описал то, каким человеком должен быть старейшина. Послание Титу 1:6-7:

> *...если кто непорочен, муж одной жены, детей имеет верных, не укоряемых в распутстве или непокорности. Ибо епископ* (или надзирающий) *должен быть непорочен...*

Павел говорил сначала о *пресбутерос* (старейшине), а потом о *епископос* (епископе), следовательно слова *пресвитер* (старейшина) и *епископ* (надзирающий, блюститель) абсолютно взаимозаменяемы. Пресвитер это епископ, а епископ это пресвитер. Эти слова так употреблял не только Павел, но и Петр. Обратившись к Первому посланию Петра 2:25, мы увидим, что и он также объединял эти два служения:

> *Ибо вы были, как овцы блуждающие* (не имея пастыря), *но возвратились ныне к Пастырю* (поймен) *и Блюстителю* (епископос) *душ ваших.*

Итак, слова «блюститель» и «епископ» — это перевод одного и того же греческого слова *епископос*. Таким образом, Иисус является Пастырем и Блюстителем (Епископом, Надзирающим) наших душ. Здесь речь идет об одном.

В Первом послании Петра 5:1-2 мы находим все три греческих слова вместе и связаны они с одними и теми же людьми:

> *Пастырей* (пресбутерос) *ваших умоляю я, сопастырь и свидетель страданий Христовых и соучастник в славе, которая должна открыться: пасите* (поймайно) *Божие стадо, какое у вас, надзирая* (епископео) *за ним.*

Итак, здесь мы имеем *пресбутерос* (слово, которое буквально означает «старейшину», но от котого также образовано слово «пресвитер») которые *поймайно* (пасут в качестве пастырей) стадо и *епископео* (надзирают, выполняют роль епископов) над ним. Следовательно, и Петр, и Павел предполагали, что лидерами поместной церкви являются старейшины («пресвитеры»), которых можно также назвать пастырями и блюстителями («епископами»). Из этого можно сделать такой вывод: (1) лидером поместной церкви должен быть старейшина (более опытный и проверенный), (2) его духовное служение заключается в том, чтобы быть пастырем (пастухом), (3) а труд, который он выполняет — это надзор за стадом. Таким образом, это описание одних и те же люди, но с разных углов зрения.

МНОЖЕСТВЕННОСТЬ ЛИДЕРСТВА

Следующий факт, который нам необходимо установить, заключается в том, что эти стационарные лидеры поместной церкви всегда упоминаются во множественном числе. В Новом Завете нет ни одного примера, когда бы поместную церковь возглавлял один человек — *один* пастырь. Такого вы не найдете нигде в Новом Завете. Более того, это бы абсолютно чуждо всему устройству и образцу Ранней церкви, и совершенно противоречит всему тому, чему Новый Завет учит о лидерстве поместной церкви. Все как раз наоборот, потому что Новый Завет дает картину *командного служения*.

Давайте рассмотрим примеры поместных лидеров, упомянутых во множественном числе: *«Рукоположив же им пресвитеров к каждой церкви...»* (Деяния 14:23). Обратите внимание: «церковь» в единственном числе, а «пресвитеры» во множественном. В каждой церкви (единств. число) были пресвитеры (множ. число). Не *один* пресвитер, пастор или служитель, но *пресвитеры* в каждой церкви. Мы уже рассматривали Деяния 20:17, где Павел *«призвал пресвитеров (множ. число) церкви (единств. число) города Ефеса»*. Не *одного* старейшину, пресвитера, пастыря, епископа или суперинтенданта, но *пресвитеров* церкви. Далее, мы уже рассматривали стих Послания Титу 1:5, где Павел пишет Титу, чтобы он *«поставил по всем городам (букв, «в каждом городе», един, число) пресвитеров (множ. число)»*. Стоит обратить внимание, что церковь и город имеют одинаковое протяжение в пространстве. Другими словами, у них одинаковые границы. В одном отрывке говорится о назначении пресвитеров в «каждой церкви», а в другом в «каждом городе». Вскоре мы еще вернемся к этой теме.

Затем, мы уже рассматривали Послание Филиппийцам 1:1, где говорится о «епископах и диаконах». Здесь не упоминается пастор или какой-то другой служитель. А в Первом послании Фессалоникийцам 5:12 мы читаем:

Просим же вас, братия, уважать трудящихся у вас, и предстоятелей ваших в Господе, и вразумляющих вас...

«Трудящиеся» среди фессалоникийцев опять указаны во множественном числе. Они выполняют три функции, соответствующие трем лидерским наименованиям: они «трудятся» (как пастыря или пастухи), они «предстоят» (как епископы или блюстители) и они «вразумляют» (как опытные старейшины).

В Послании Евреям 13:7,17,24 трижды упоминаются лидеры поместной церкви и всегда во множественном числе (выделено автором):

*Поминайте **наставников** ваших, которые проповедывали вам слово Божие, и, взирая на кончину их жизни, подражайте вере их... Повинуйтесь **наставникам** вашим и будьте покорны, ибо они неусыпно пекутся о душах ваших, как обязанные дать отчет... Приветствуйте всех **наставников** ваших и всех святых.*

Во всех рассмотренных нами отрывках нет и намека на то, что в какой-то поместной церкви может быть один человек, который руководит ею. Каждый из этих отрывков ясно говорит о том, что в поместных церквях установлена множественность лидерства и служения, или *командное управление*. Опыт ясно говорит о том, что для того, чтобы успешно пасти Божий народ необходимо выполнять широкий диапазон обязанностей (намного более широкий, чем при мобильном служении), для выполнения которых требуется команда. Дело в том, что мобильные служения по своей сути являются более специализированными, чем стационарные. Стационарного служителя можно сравнить с врачом-терапевтом, который следит за вашим общим состоянием и решает много вопросов, в то время как мобильные служители похожи на врачей, специализирующихся в узких сферах медицины. Для того чтобы покрыть широкий спектр вопросов, касающихся приведения к духовной зрелости поместную церковь, необходим командный подход. Именно такую картину нам дает Новый Завет.

В 15-й главе Книги Деяний мы видим, как собрались ключевые лидеры, чтобы обсудить обращение в веру язычников. И опять-таки, здесь прослеживается нить множественности лидерства в поместном собрании. Книга Деяний 15:2, 4, 6, 22 и 16:4:

> *...то положили Павлу и Варнаве и некоторым другим из них отправиться по сему делу к Апостолам и пресвитерам в Иерусалим...*

> *По прибытии же в Иерусалим они были приняты церковью, Апостолами и пресвитерами...*

> *Апостолы и пресвитеры собрались для рассмотрения сего дела...*

> *Тогда Апостолы и пресвитеры со всею церковью рассудили...*

> *Проходя же по городам, они предавали верным соблюдать определения, постановленные Апостолами и пресвитерами в Иерусалиме...*

И опять мы не видим ни одного намека на то, что во главе поместной церкви стоит *один* лидер. Пять раз упоминаются апостолы (множ. число) и пресвитеры (множ. число), которые осуществляет совместное руководство поместным собранием.

В Книге Деяний 15:23 мы видим более официальное подтверждение этого в письме:

...написав и вручив им следующее: Апостолы и пресвитеры и братия находящимся в Антиохии, Сирии и Киликии братиям из язычников: радоваться...

Это множественное лидерство. Обратите внимание, как настойчив и последователен Новый Завет в званиях поместных служителей и множественном характере их служения. Картина лидерства в Новом Завете практически не оставляет места для сомнений в отношении устройства церкви.

ПЕРВОНАЧАЛЬНЫЙ БОЖИЙ ОБРАЗЕЦ

Революционной особенностью этой картины лидерства является то, что нет необходимости в более чем одной поместной церкви в той или иной местности, пусть даже там живет много тысяч верующих. Как мы *уже* видели ранее, в одном городе никогда не было больше одной церкви. Ни при каких условиях, даже когда верующих стало очень много, не было нескольких *церквей* в Иерусалиме, или *церквей* в Антиохии, или *церквей* в Коринфе. Мы видим *одну* церковь в Иерусалиме, *одну* церковь в Антиохии и *одну* церковь в Коринфе. Хотя число верующих в этих городах было очень большим. По оценкам историков, было, по меньшей мере, сорок тысяч верующих в Антиохии и минимум двадцать пять тысяч верующих в Коринфе – тем не менее, там было по одной церкви!

Один человек не может эффективно служить в качестве пастыря для пятисот человек, не говоря уже о пяти тысячах или пятидесяти тысячах! Каким бы духовным и трудолюбивым не был служитель, он не сможет осуществлять надзор за таким количеством людей. Альтернатива одна — иметь много служителей, тех самых старейшин-блюстителей-пастырей. В таком случае, сколько бы в церкви ни было членов, вам никогда не придется разделять поместную общину верующих. Каждый раз, когда церковь переживает рост, вы назначаете новых лидеров, соблюдая определенную пропорцию между количеством лидеров и количеством членов поместной церкви.

Например, вам нужно иметь по одному старейшине на каждые двадцать человек. Для общины в двести человек понадобится десять старейшин; для общины в 2.000 членов потребуется 100 старейшин, а для общины в 20.000 членов понадобится 1.000 старейшин. Но нет необходимости разделять общину и организовывать две церкви в одной местности лишь потому, что церковь растет.

Давайте рассмотрим, как этот принцип применялся в иерусалимской церкви. В Книге Деяний 18:21-22 рассказывается о том, как Павел сошел на берег в Кесарии, после чего взошел в Иерусалим и приветствовал церковь. Он отчитался перед церковью (не перед церквами, но перед одной церковью города Иерусалима). В Книге Деяний 21:20 мы можем получить представление о численности этой церкви:

Они же, выслушав, прославили Бога и сказали ему: видишь, брат, сколько тысяч уверовавших Иудеев...

В некоторых переводах здесь сказано «тысяч», однако в греческом оригинале употреблено слово «мириады», т.е. десятки тысяч. Оригинальный текст свидетельствует, что речь идет как минимум о десяти тысячах, умноженных на пять, т.е. это пятьдесят тысяч в одной иерусалимской поместной церкви! В 22-м стихе этой же главы сказано: *«Итак что же? Верно соберется народ...»* Этот стих говорит о многочисленном собрании — многие тысячи, тем не менее, это одна церковь. Как такое может быть? Потому что у них было достаточное количество старейшин в церкви, которое было пропорционально количеству ее членов.

Я верю, что Бог делает все правильно с первого раза. Возможно, этот образец нам кажется чуждым, однако это Его образец. В этой связи я всегда вспоминаю о Ноевом ковчеге. Этот ковчег был задуман Богом и построен Ноем в точном соответствии с Божьим замыслом. Его не пришлось возвращать на доработку, отправлять в сухой док и там модифицировать или ремонтировать. Он был построен правильно с первого раза. Именно так действует Бог.

Задумайтесь над служением Иисуса Христа, совершенного Апостола, совершенного Пророка, совершенного Евангелиста, совершенного Учителя и совершенного Пастыря. Иисус установил это пятигранное служение с самого начала, и у Бога никогда не было иной программы служения, чем та, что была у Иисуса Христа. Все что нам надо делать — это то же, что делал Иисус — это так просто. Иисус сказал в Евангелии от Иоанна 14:12:

Истинно, истинно говорю вам: верующий в Меня, дела, которые творю Я, и он сотворит.

Бог начал с правильным образцом, который Он передал в Духе Святом апостолам и другим лидерам Ранней церкви, и Он никогда не примет какой-либо другой образец. За много лет мы видели много других форм и методов служения, но они никогда не приводили к выполнению той работы, которую Бог желает видеть исполненной. Почему бы нам не принять Божий план вместо того, чтобы стараться заставить Его действовать так, как, по нашему мнению, Ему следует действовать?

Позвольте упомянуть еще два момента в связи с важностью и необходимостью наличия старейшин, что мы уже затрагивали ранее, хотя и в другом контексте.

НАЗНАЧЕНИЕ СТАРЕЙШИН ФОРМИРУЕТ ЦЕРКОВЬ

Это первый момент, который можно проиллюстрировать следующим стихом из Книги Деяний 14:21-22:

Проповедав Евангелие сему городу и приобретя довольно учеников, они обратно проходили Листру Иконию и Антиохию, утверждая души учеников, увещевая пребывать в вере и поучая, что многими скорбями надлежит нам войти в Царствие Божие.

Они вернулись в города Листра, Икония и Антиохия, где они уже служили в предыдущем году. Когда они в первый раз покинули эти города, то они оставили после себя «учеников». Речь тогда не шла о церквах, а лишь о группах учеников. Вплоть до этого момента нет никакого упоминания о церквах в этих городах. Однако вот что мы читаем об их повторном посещении этих городов в Книге Деяний 14:23:

Рукоположив же им пресвитеров к каждой церкви, они помолились с постом и предали их Господу, в Которого уверовали.

Обратите внимание на переход: из состояния просто учеников в то, что уже Писание называет церквями. Когда это произошло? Когда были назначены старейшины. Без старейшин у вас будут лишь бесформенные группы учеников. Но как только поставлены соответствующие лидеры, тогда каждую из этих групп учеников Писание признает церковью. Исходя из этого стандарта, как нам следует относиться ко многим конфессиям и собраниям, которые не сформированы согласно этому принципу?

Люди, которых поставили старейшинами в Листре, Иконии и Антиохии, обратились к Богу всего лишь год назад, или даже меньше. Это не были выпускники-отличники Библейского колледжа или те, кто отучился пятнадцать лет в воскресной школе. Это были всего лишь люди, которые использовали свое время, чтобы ближе познакомиться с Богом и основными истинами Его Слова. Когда в эти города вернулись Павел и Варнава, Дух Святой показал им людей, которые должны были стать лидерами. Опять-таки, вероятно, их было легко выбрать, поскольку эти люди естественным образом выросли и уже начали брать на себя ответственность. Лидеры всегда, так сказать «всплывают на поверхность» и становятся заметны, благодаря тому, что они проявляют инициативу, ответственность и желание служить другим. Таким образом, апостолы лишь признали тот очевидный выбор, который уже был сделан Богом.

СТАЦИОНАРНОЕ ЛИДЕРСТВО ЯВЛЯЕТСЯ ОСНОВОПОЛАГАЮЩИМ

Второй момент можно увидеть в следующих словах из Послания Титу 1:5:

Для того я оставил тебя в Крите, чтобы ты довершил недоконченное и поставил по всем городам пресвитеров...

Пока не назначены старейшины, чего-то явно недостает, что-то остается недоконченным. Вопрос поместного лидерства является фундаментальным. Его нельзя пропустить или игнорировать. Итак, все ли у нас на месте, или чего-то не хватает? Никакой вопрос не стоит сегодня так остро и безотлагательно, чем необходимость принять эту Библейскую модель множественного, «доморощенного» (в положительном смысле) лидерства в поместных церквах. Говоря «доморощенный» я имею в виду лидера, чьей «духовной семинарией» является сама церковь. Интересно то, что пастыри/старейшины происходят *из* церквей, где они становятся пастырями.

Как человек, получивший хорошее образование, я высоко ценю то, что может дать образовательная система. Однако в жизни поместной церкви мне понадобились совершенно другие знания и навыки — не те, которые я получил сидя за партой в учебном учреждении. Должен сказать, что именно те люди, которые были научены в плавильне жизни поместной церкви, оказывали самое большое влияние на церкви. И снова мы вынуждены прийти к тому же самому вопросу: будем ли мы пытаться «улучшить» Божьи методы или согласимся действовать согласно им?

ОТНОШЕНИЯ МЕЖДУ МОБИЛЬНЫМИ И СТАЦИОНАРНЫМИ СЛУЖИТЕЛЯМИ

Теперь давайте рассмотрим отношения между апостолами и старейшинами в поместной церкви, о которых мы уже немного рассуждали при изучении структуры Церкви. Как связаны друг с другом эти два вида служения? Хотя апостол в первую очередь является мобильным служителем, действующим во всем Теле Христовом, но даже ему необходимо где-то иметь дом. Он должен быть в общении с поместной церковью по месту жительства. Можно сказать, что он является членом поместной церкви согласно своему местожительству.

Об отношениях апостола Петра с его поместной церковью написано Первом послании Петра 5:1:

Пастырей («пресбутерос», букв. старейшин) *ваших умоляю я, сопастырь* («сумпресбутерос», т.е. со-старейшина)...

Будучи жителем города Иерусалим, апостол Петр занял свое положение в поместной иерусалимской церкви как старейшина среди других старейшин. Поскольку апостольское служение, как правило, включает в себя служения пророка, евангелиста, учителя и старейшины, поэтому апостол в своей поместной церкви несет служение и функционирует в качестве старейшины. Он не выше уровня старейшины, поскольку над старейшинами нет никого и ничего. Это основополагающий принцип, который мы не можем игнорировать. Старейшины являются лидерами, и вы не можете стать выше них. Как только вы поставите кого-то над старейшинами, то вам потребуется ставить кого-то над тем человеком, а затем кого-то еще над уже тем человеком, что в конечном итоге неизбежно приведет к появлению бюрократии в той или иной форме.

Еще одним примером взаимодействия мобильных служителей с поместной церковью является церковь в Антиохии. Книга Деяний 13:1:

В Антиохии, в тамошней церкви были некоторые пророки и учители...

И там перечисляются пять человек, которые названы пророками и учителями. В то время они проживали в Антиохии, и, следовательно, антиохийская церковь была их поместной церковью. В этой церкви они имели лидерскую позицию, поскольку служили пророками и учителями. Но все равно они занимали свои места в данной поместной церкви наряду с другими поместными лидерами.

Как мы уже видели, читая Первое послание Коринфянам 12:28, основными служениями или служителями в поместной церкви являются следующие:

И иных Бог поставил в Церкви, во-первых, Апостолами, во-вторых, пророками, в-третьих, учителями; далее, иным дал силы чудодейственные, также дары исцелений, вспоможения, управления, разные языки.

Самым главным служителем является апостол, за ним следуют пророки и учители, но все они являются «сопастырями». За пределами поместных церквей их власть имеет градацию, но внутри поместной церкви их полномочия равны.

Такое устройство является очень логичным и практичным: необходим очень тонкий баланс, особенно во взаимоотношениях между апостолами и местными старейшинами. Апостолы не могут становиться группой, которая находится выше старейшин. Тем не менее, поскольку они несут апостольское служение, в некоторых вопросах, в частности в вопросах доктрины, они обладают высшей властью.

Баланс необходимо достигать во многих Библейских вопросах. В качестве примера я приведу взаимоотношения между мужем и женой. Писание говорит, что муж является главой жены, однако, он служит жене тем, что питает и греет ее. У каждой из сторон есть свои обязанности (см. Ефес. 5:22-31). Многие браки распадаются из-за того, что один или даже оба супруга не выполняют свои обязанности. Для того чтобы брак был крепким, необходимо, чтобы обе стороны исполняли свои обязанности. Жена должна повиноваться мужу, а муж должен заботливо относиться к своей жене. Если муж не проявляет нежной заботы к жене, то повиновение жены превращается в некое рабство. В то же время муж должен быть лидером, но если жена не подчиняется ему, тогда лидерство мужа превращается в насильственную диктатуру. Поэтому, чтобы брак успешно функционировал, каждая сторона должна занять свое место, а также уважать и признавать положение друг друга.

Насколько я понимаю, именно так обстоит дело с апостолами и старейшинами в поместной церкви. Апостолы не говорят: «Мы — главные. Вы должны делать то, что мы вам говорим, потому что мы апостолы». С другой стороны, в некоторых сферах, относящихся прежде всего к апостольскому служению, мнение апостолов является наиболее авторитетным. Поэтому другие старейшины не могут сказать апостолам: «Вы просто старейшины, и мы не должны уделять больше внимания вашему мнению, чем мнению остальных». Напротив, им следует сказать: «Вы наши со-старейшины, а поскольку вы несете еще и апостольское служение, мы обязаны прислушиваться к вашим словам». Точно также следует поступать и в том случае, если среди старейшин отсутствует поместный апостол, тогда следует прислушиваться к мнению старшего среди старейшин (вспомните наш пример капитана команды), но в любом случае не должно быть никакого диктатора.

О взаимоотношениях апостола и его поместной церкви кроме посланий Петра видно также из Второго послания Иоанна 1:1:

Старец (пресбуторос, старейшина) *избранной госпоже и детям ее...*

И Третьего послания Иоанна 1:1:

Старец (пресбутерос, старейшина) *возлюбленному Гаию...*

Иоанн был апостолом, но он занял позицию старейшины, точно так же, как это сделал Петр. Однако из Третьего послания Иоанна становится ясно, что в том городе, где жил Гай, среди старейшин были проблемы. Эти проблемы были вызваны человеком по имени Диотреф, который имел очень распространенное среди христиан болезненное желание: он хотел господствовать над всеми остальными. Он хотел быть *единственным*, кому все подчиняются, и желал, чтобы за ним во всем и всегда оставалось последнее слово. Иоанн был очень мягким и любящим человеком, однако о Диотрефе он говорил довольно жестко. Третье послание Иоанна 1:9-10:

> *Я писал церкви; но любящий первенствовать у них Диотреф не принимает нас. Посему, если я приду, то напомню о делах, которые он делает, понося нас злыми словами, и не довольствуясь тем, и сам не принимает братьев, и запрещает желающим, и изгоняет из церкви.*

Это очень типичная для церкви ситуация. Диотреф решил, что он будет *единственным* пастором, и все должны делать то, что он говорит. Иоанн, будучи апостолом, сказал: «Если я к вам приду, то разберусь с Диотрефом». Обратите внимание, как здесь взаимодействуют разные виды власти.

Несомненно, во всех сферах христианской жизни, а также в сферах жизни поместной церкви есть элемент власти и дисциплины. Когда христиане отвергают дисциплину, это приводит к хаосу и катастрофе. Большинство христиан не имеет ни малейшего представления о том, что значит быть под властью дисциплины. Часто, приняв крещение Духом Святым, люди начинают неправильно представлять себе, что такое свобода. Они говорят: «Теперь я свободен. Я могу делать, что хочу». Это не свобода, а ребячество!

Когда мы служили в Кении, эта страна стояла на пороге обретения независимости, и кенийцы говорили между собой: «Когда наступит *ухуру* (независимость), мы сможем ездить на велосипеде по любой стороне улицы. Мы будем ездить в автобусах бесплатно. Нам больше не придется платить налоги». Так они представляли себе независимость. Некоторые христиане так же наивны в духовном плане, как эти люди в политическом. Во всех сферах христианской и церковной жизни есть власть и дисциплина. Помните, что первые люди, которые были названы христианами, были «учениками» или теми, «кто получал наставления» (см. Деян. 11:26). Нам необходимо вернуться к пониманию множественности церковного лидерства, при котором нами будут руководить и нас наставлять благочестивые блюстители.

22
ПАСТЫРИ: РУКОВОДСТВО, ОБУЧЕНИЕ И ПРИСМОТР ЗА ОВЦАМИ

В этой главе мы еще глубже рассмотрим труд старейшины или пастыря. Это служение играет две основные роли: оно руководит и обучает. Вот два из тех мест Писания, которые говорят об этом.

Первое послание Тимофею 5:17:

Достойно начальствующим пресвитерам должно оказывать сугубую честь, особенно тем, которые трудятся в слове и учении.

Послание Евреям 13:7:

Поминайте наставников ваших, которые проповедывали вам слово Божие, и, взирая на кончину их жизни, подражайте вере их.

Третья главная роль: они осуществляют пасторскую опеку.

Книга Деяний 20:28:

Итак внимайте себе и всему стаду, в котором Дух Святым поставил вас блюстителями, пасти Церковь Господа и Бога, которую Он приобрел Себе Кровию Своею.

Первое послание Петра 5:2-4:

Пасите Божие стадо, какое у вас, надзирая за ним... и не господствуя над наследием Бо-

жиим, но подавая пример стаду; и когда явится Пастыреначальник, вы получите неувядающий венец славы.

Я искренне верю, что отличительной чертой истинного пастыря/старейшины является его сердце пастыря. Этот человек носит людей в своем сердце и постоянно находится среди овец, защищая и ведя их.

Теперь давайте подробнее рассмотрим эти три роли.

СТАРЕЙШИНА КАК РУКОВОДИТЕЛЬ

Греческий глагол «руководить» очень интересно употребляется в Новом Завете, ясно указывая на определенный уровень власти и дисциплины. Надо отметить, что человек не сможет действовать как истинный пастырь или пастух, если не будет иметь и применять реальную власть как лидер и защитник. Давайте посмотрим на новозаветный отрывок, в котором цитируется стих о мессии из Книги пророка Михея 5:2. Это Евангелие от Матфея 2:6:

И ты, Вифлеем, земля Иудина, ничем не меньше воеводств Иудиных, ибо из тебя произойдет Вождь, Который упасет народ Мой, Израиля.

В некоторых переводах греческое слово, переведенное здесь как «упасет» (и это правильный буквальный перевод), переведено как «руководит». Это же слово трижды встречается в книге Откровение. Вот первый из этих примеров. Книга Откровение 2:26-27:

Кто побеждает и соблюдает дела Мои до конца, тому дам власть над язычниками, и будет пасти их жезлом железным; как сосуды глиняные, они сокрушатся...

То, что здесь речь идет о пастыре, подчеркивается употреблением слова «жезл», т.е. «пастушеский посох». Однако, интересно то, что этот посох не деревянный, а железный. Заметьте, что этот жезл связан с тем, что язычники сокрушатся, как глиняные сосуды. Картина власти и дисциплины очень сильно выражена в этом слове.

Подобное мы читаем о женщине *«облеченной в солнце»* в Книге Откровение 12:5:

И родила она младенца мужеского пола, которому надлежит пасти все народы жезлом железным...

Здесь снова говорится о Мессии, Который будет руководить и пасти железным жезлом. В третий раз мы читаем о Господе Иисусе Христе в Книге Откровение 19:15:

Из уст же Его исходит острый меч, чтобы им поражать народы. Он пасет их жезлом железным; Он топчет точило вина ярости и гнева Бога Вседержителя.

Я не говорю о том, что пастыря церкви должны руководить ею железным жезлом, а лишь указываю на то, что во всех этих трех отрывках из книги Откровение очень сильны мотивы власти. Вообще все Писание главное ударение делает не столько на подчинении овец пастырю (это не требует доказательств), сколько на том, что пастыри не должны господствовать над овцами и злоупотреблять своей властью. Все это прямо противоположно ситуации в современной церкви, где сама идея о том, чтобы кто-то руководил кем-то, считается почти старомодной.

Однако, в лидерство, устроенное согласно первоначальному Божьему плану, встроен чудесный баланс. Люди, на которых возложена святая и огромная ответственность: совершенствовать святых на дело служения, должны обладать для этого властью, поскольку ответственность не может быть без власти. Однако, согласно Библейскому образцу, эти люди появляются из среды именно того общины верующих, руководителями которой они становятся. Таким образом, они и имеют историю взаимоотношений с членами этой поместной церкви, уже проявили себя там и разделяют культуру и видение этих верующих. Насколько совершенным является Божий план! Власть уравновешивается взаимоотношениями, и так должно быть всегда. Пастырь, который имеет взаимоотношения с теми, кто за ним следует, никогда не станет их обижать. Наша современная церковная система импортирует в наши общины «пасторов», которые являются для нас практически чужаками, и которые либо обладают внешней властью, без взаимоотношений, либо, чтобы осуществлять руководство, должны отвоевывать хотя бы минимальную власть.

СТАРЕЙШИНА КАК УЧИТЕЛЬ

Второй аспект работы старейшины или пастыря — это обучение. Послание Титу 1:9:

Держащийся истинного слова, согласного с учением, чтобы он был силен и наставлять в здравом учении и противящихся обличать.

Старейшина — это хорошо обученный человек, который, в свою очередь, должен уметь научить других. Как мы уже убедились, это очень четко видно во Втором послании Тимофею 2:2, где Павел наставлял Тимофея в том, как вырастить в поместной церкви обучающее лидерство:

И что слышал от меня при многих свидетелях, то передай верным людям, которые были бы способны и других научить.

Именно таким, согласно Писанию, должен быть будущий старейшина. Он должен быть сам обучен, а затем должен быть способен передать полученное им учение другим потенциальным лидерам. Таким образом всегда будет приток потенциального обучающего лидерства. Это течение никогда не истощится, а будет пополняться из поколения в поколение.

Опять-таки, говоря об учителях в поместной церкви, мы должны отойти от образа «человека кафедры». В последней главе я на примере Аполлоса показал, что служение учителя во всем Теле Христовом в некоторой степени требует способности достаточно систематически объяснять Писание большому собранию людей. Однако поместный старейшина учит на более «приземленном» уровне: личные консультации и обучение небольших групп. Многие люди, которые не вполне уверенно себя чувствуют, служа за кафедрой, могут быть намного эффективнее и намного полезнее, наставляя людей на личном уровне, в чем есть огромная нужда в современной Церкви.

Поскольку я несу служение учителя, то постоянно убеждаюсь в этом факте. Часто после того, как я заканчиваю проповедь, ко мне выстраиваются в очередь пятнадцать и более человек, желающих задать вопросы. С такими же ситуациями сталкиваются и другие учителя. Однако на большинство из тех вопросов мог и должен был бы ответить любой нормально подготовленный старейшина. Нет необходимости стоять в очереди, ожидая, когда на эти вопросы ответит какой-то приезжий проповедник. Но я обнаружил, что в большинстве случаев этим людям не к кому обратиться за ответами на свои вопросы в их поместной церкви. Итак, это одна из насущных нужд, и мы должны найти то, как мы восполним ее в современной Церкви.

СТАРЕЙШИНА КАК ПАСТЫРЬ

Теперь я хотел бы перейти к роли старейшины как пастыря, рассматривая тех же самых людей под углом служения. Уже было сказано, что Иисус является образцом для любого служения. Поэтому, если мы хотим иметь образец пастырского служения, то следует начать именно с Него. В 10-й главе Евангелия от Иоанна говорится о Добром Пастыре. Слово «добрый» здесь не столько указывает на хорошие моральные качества, сколько означает «настоящий, способный, знающий свое дело». Будучи Сам образцовым Пастырем, Иисус дал определение тому, каким должен быть пастырь. Это стоит внимательно изучить. Евангелие от Иоанна 10:11-15:

> *Я есмь пастырь добрый: пастырь добрый полагает жизнь свою за овец. А наемник, не пастырь, которому овцы не свои, видит приходя-*

щего волка, и оставляет овец, и бежит; и волк расхищает овец, и разгоняет их. А наемник бежит, потому что наемник, и нерадит об овцах, Я есмь пастырь добрый; и знаю Моих, и Мои знают Меня. Как Отец знает Меня, так и Я знаю Отца; и жизнь Мою полагаю за овец.

Из этого отрывка мы узнаем, что взаимоотношения между Иисусом и Отцом идут параллельно взаимоотношениям между овцами и Пастырем: «Как Я знаю Отца, а Отец знает Меня, так и Мои овцы знают Меня, а Я знаю их». Полагаю, что именно в этом заключается истинный смысл этого отрывка, что придает ему гораздо больше значения. Ударение делается на том, что пастырь знает своих овец, а овцы знают своего пастыря. Это подразумевает близкие взаимоотношения. Евангелие от Иоанна 10:16,27:

Есть у Меня и другие овцы, которые не сего двора, и тех надлежит Мне привести: и они услышат голос Мой, и будет одно стадо и один Пастырь... Овцы Мои слушаются голоса Моего, и Я знаю их; и они идут за Мною.

ЧЕТЫРЕ ПРИЗНАКА ПАСТЫРСКОГО СЛУЖЕНИЯ

В этих словах Иисуса, мы можем видеть четыре требования к пастырскому служению. Первое требование: *полагать жизнь свою*. По сути, жизнь пастуха принадлежит не ему самому, а овцам. Тот, кто хочет жить в свое удовольствие и ради себя самого, вообще не имеет права быть в этом служении. Первое требование состоит в том, чтобы он положил свою жизнь на жертвенник ради Бога и служения народу Божьему. Если человек не готов жить как слуга народа Божьего, то он не может исполнить это призвание.

Во-вторых, от пастыря требуется *знать своих овец лично*, состоя с ними в близких взаимоотношениях.

В-третьих, *овцы должны знать его лично*, он должен быть открытым и доступным для овец.

В-четвертых, от него требуется *говорить и вести*, иными словами, вести их говорением, своим словом. Иисус сказал: «*Овцы Мои слушаются голоса моего... и они идут за Мною*». Везде, где мы находим христиан, есть нужда в наличии пастырей с такими качествами.

Когда я в последний раз служил пастором церкви, то как-то решил проповедовать о служении пастыря, и, в сущности, я говорил о том же, о чем пишу сейчас. Закончив проповедь, я сказал: «Хочу вам сообщить, что официально я являюсь вашим пастырем; я — ваш пастор. Я только что проповедовал вам, основываясь на Писании, о том, каким должен быть пастор». Затем я сказал: «Не хочу лицемерить. Поэтому открыто признаю перед всеми вами: я знаю, что не делаю того, что должен делать пастор. Вы можете меня в чем-то обвинить, но, по крайней мере, не в лицемерии. Одна из причин, почему я этого не делаю, состоит в том, что я не в состоянии это делать. Вас слишком много, и мне не хватает времени для того, чтобы развивать с вами такие взаимоотношения и предлагать вам такое служение».

Это было не очень большое собрание, в нем состояло всего двести членов. Тем не менее, я никак не мог дать этим людям такое служение, которое показано в Писании. Среди пасторов есть много прекрасных людей, которые делают все, что могут. Однако многие пасторы, которые пытаются делать эту работу, в конце концов, заканчивают с нервным расстройством или с сердечным приступом лишь потому, что никто не может нести такое служение большому количеству людей.

Осознав эту истину, я четко понял, что пастырское служение в большой поместной церкви невозможно нести в одиночку. Всех людей необходимо распределить на небольшие группы, в каждой из которых должен быть один, два, или, возможно, три человека в качестве лидеров. Тогда верующие смогут обращаться к человеку, который хорошо их знает, который знаком с их проблемами, их семейными обстоятельствами и ситуацией на работе. Он может говорить с ними откровенно и помочь им. Верю, что у каждого христианина должен быть кто-то, к кому он сможет обратиться за таким служением. Это кричащая нужда народа Божьего в нашей стране сегодня.

ПАСТЫРСКИЙ ПСАЛОМ

Теперь давайте рассмотрим некоторые другие отрывки Писания, в которых говорится о служении пастыря. Хорошо известный многим верующим 22-й Псалом называют «пастырским псалмом» (у нас его называют «Псалом: Господь Пастырь мой» — примеч. переводчика). В нем говорится о том, что пастырь делает для своих овец. В этом псалме Давид называет себя овцой Пастыря. Псалом 22:1-3:

Господь Пастырь мой; я ни в чем не буду нуждаться: Он покоит меня на злачных пажитях и водит меня к водам тихим, подкрепляет душу мою, направляет меня на стези правды ради имени Своего.

Эти стихи раскрывают две обязанности пастыря: (1) заботится о воде и пастбище для овец, (2) защищать, вести и контролировать их. Опять-таки, жезл или посох является символом руководства. Пастырь обязан следить за тем, чтобы овцы не попали в плохие или опасные места, выводить их из рискованных ситуаций и обеспечивать их безопасность.

ЧТО БОГ ОЖИДАЕТ ОТ ПАСТЫРЕЙ

В Книге пророка Иезекииля есть очень сильный отрывок, в котором Господь требует отчета от пастырей Израиля об их служении. Оценка их деятельности была очень тяжелой и мрачной. Он обвиняет их в невыполнении того, что они, как пастыри, должны были делать. И это показывает, каких действий Господь ожидает от пастыря. Очень отрезвляет мысль о том, что в конце нынешней эпохи Церкви, ее пастыря будут держать ответ перед Богом. Учитывая то, что

Бог ожидает от пастырей Своего народа, для некоторых из них будет очень затруднительно давать отчет о своем служении. Книга пророка Иезекииля 34:1-4:

И было ко мне слово Господне: сын человеческий! изреки пророчество на пастырей Израилевых, изреки пророчество и скажи им, пастырям: так говорит Господь Бог: горе пастырям Израилевым, которые пасли себя самих! не стадо ли должны пасти пастыри? Вы ели тук и волною одевались, откормленных овец закалали, а стада не пасли. Слабых не укрепляли, и больной овцы не врачевали, и пораненной не перевязывали, и угнанной не возвращали, и потерянной не искали, а правили ими с насилием и жестокостью.

Итак, здесь мы видим шесть обязанностей, которые Господь возлагает на пастыря:

1. Кормить стадо.
2. Укреплять слабых.
3. Врачевать больных.
4. Перевязывать пораненных.
5. Возвращать угнанных.
6. Искать потерянных.

Говоря о служении больным, давайте сравним эти слова с тем, что сказано в Послании Иакова 5:14-15:

Болен ли кто из вас, пусть призовет пресвитеров Церкви, и пусть помолятся над ним, помазав его елеем во имя Господне. И молитва веры исцелит болящего, и восставит его Господь; и если он соделал грехи, простятся ему.

Обратите внимание, Новый Завет предписывает заболевшему верующему, следующее: *«Пусть призовет пресбутерос («старейшин») церкви»* — иными словами, пастырей. Призвать пастырей — это ответственность верующего, не они должны искать тех, кто болен. Затем, ответственность пастырей заключается в том, чтобы послужить больному человеку, помазать его елеем, наставить его, побеседовать с ним, и помолиться над ним молитвой веры. Итак, мы видим, что, согласно Писанию, исцеление входит в служение пастыря.

О претензиях Господа к пастырям Израилевыми также говорится в Книге пророка Исаии 56:9-10. Пастыри здесь названы «стражами» или «надзирающими», и это другое название, которое часто используется для описания духовных лидеров.

Все звери полевые, все звери лесные! идите есть. Стражи их слепы все и невежды: все они немые псы, не могущие лаять, бредящие лежа, любящие спать.

В этих стихах звучит ирония. Когда к стаду приближается волк, сторожевой пес обязан лаять. Во времена пророка Исаии Господь сказал: «Все Мои пастухи как немые псы. Они не умеют лаять. Они могут только лежать и спать». В Евангелии от Матфея 7:15 Иисус назвал лжепророков «волками»:

Берегитесь лжепророков, которые приходят к вам в овечьей одежде, а внутри суть волки хищные...

Боюсь, в наше время в Церковь очень часто проникают лжепророки и лжеучения, а пастыря ведут себя, как немые сторожевые псы. Они не издают ни звука. Они в духовном смысле спят, позволяя пробираться в народ Божий его врагам.

О том, что значит быть стражем, Господь говорил и пророку Иезекиилю. Книга пророка Иезекииля 33:7-9:

И тебя, сын человеческий, Я поставил стражем дому Израилеву, и ты будешь слышать из уст Моих слово и вразумлять их от Меня. Когда Я скажу беззаконнику: «беззаконник! ты смертью умрешь», а ты не будешь ничего говорить, чтобы предостеречь беззаконника от пути его, – то беззаконник тот умрет за грех свой, но кровь его взыщу от руки твоей. Если же ты остерегал беззаконника от пути его, чтобы он обратился от него, но он от пути своего не обратился, то он умирает за грех свой, а ты спас душу твою.

Этот отрывок можно также отнести к пастырскому служению. Господь говорит, что если народ назначил кого-то стражем, и возникает военная угроза, то обязанность стража — трубить тревогу. Если пришла война, страж трубил тревогу, но люди погибли, потому что не прислушались к его предупреждению, то в этом виноваты сами люди. Но если приближалась опасность, а страж *не* трубил тревогу, тогда он будет виновен в смерти людей.

Мы видим, что на стражей возложена очень серьезная ответственность. Бог сказал, что если духовный страж окажется не способен предостеречь беззаконника, и тот умрет за свои грех, то этот беззаконник погибнет, но его кровь взыщется от руки стража. Я уверен, что именно об этом думал Павел, говоря со старейшинами Ефесской церкви о своем служении им и требуя, чтобы они поступали по тем же принципам. Книга Деяний 20:20-21:

...как я не пропустил ничего полезного, о чем вам не проповедывал бы и чему не учил бы вас всенародно и по домам, возвещая Иудеям и Еллинам покаяние пред Богом и веру в Господа нашего Иисуса Христа.

Павел мог честно сказать, что он не умолчал ни о чем, что нужно было знать ефесянам. Он изложил им всю истину. Книга Деяний 20:26-27:

Посему свидетельствую вам в нынешний день, что чист я от крови всех, ибо я не упускал возвещать вам всю волю Божию.

С человека, который не сообщил другим людям всей истины, Бог спросит за души тех, кто не был предупрежден и не получил того учения, которое должен был получить. Полагаю, нам очень важно оказаться способными сказать: «Я не упустил возвещать вам всю волю Божью».

Из этого отрывка видно, что Павел испытывал определенные давления, но он им не поддался. В современной Церкви есть много давлений, которые стремятся помешать человеку возвещать всю волю Божью. Я знаком со многими людьми, которые знают намного больше, чем решаются проповедовать. Давления, которые удерживают их от возвещения то, что они знают, являются разными: деноминационным, социальным, финансовым. Они думают: «Что будет, если я обижу богатых членов церкви? Что будет, если я вступлю в противоречие с учением моей деноминации?» Но Павел всегда помнил, что за свои проповеди и учения он отвечает, прежде всего, перед Богом, а не перед человеком. Он отвечал за то, чтобы возвещать всю истину Слова Божьего, о которой он знал, ничего не утаивая. Полагаю, Писание учит, что в этом состоит одна из обязанностей пастыря.

СЛУЖЕНИЕ, К КОТОРОМУ ПРЕДЪЯВЛЯЮТСЯ СУРОВЫЕ ТРЕБОВАНИЯ

Теперь давайте обратимся к свидетельству Иакова о том, каким он был пастырем. Много лет назад в Израиле я слышал проповедь на эту тему, и это произвело на меня глубокое впечатление. Иаков, который в течение двадцати лет служил пастухом у своего дяди Лавана, так описывал свою работу и образ жизни, который он тогда выполнял. Книга Бытие 31:38-40:

Вот, двадцать лет я был у тебя; овцы твои и козы твои не выкидывали; овнов стада твоего я не ел; растерзанного зверем я не приносил к тебе, это был мой убыток; ты с меня взыскивал, днем ли что пропадало, ночью ли пропадало; я томился днем от жара, а ночью от стужи, и сон мой убегал от глаз моих.

В конце этого отрывка Иаков говорит: «Я даже не мог спать по ночам, потому что если бы что-то было украдено из того, что мне было вверено, то мне бы пришлось отвечать». Это описание служения, которое подвергается строгому взысканию, именно таким является пастырское служение и сегодня. Думаю, этот отрывок хорошо согласуется с Посланием Евреям 13:17:

Повинуйтесь наставникам вашим и будьте покорны, ибо они неусыпно пекутся о душах ваших, как обязанные дать отчет.

Лидеры церкви должны бдительно наблюдать за душами тех, кто находится под их опекой.

КАКИМ ДОЛЖЕН БЫТЬ СТАРЕЙШИНА

Какие же существуют требования к старейшине или пастырю? Что ожидается от него согласно Библейским стандартам? Прежде всего, давайте обратимся к отрывку из Евангелия от Иоанна, где Иисус разговаривал с Петром на берегу Галилейского моря. Мы знаем, что до этого Петр был одним из самых близких учеников Господа, и накануне смерти Христа поклялся, что даже если все оставят Иисуса, он никогда не предаст Его. Тогда Иисус предупредил Петра: *«Ты ныне, в эту ночь, прежде нежели дважды пропоет петух, трижды отречешься от Меня»* (Марк. 14:30). Петр не мог поверить в это, но именно так и произошло. Он трижды сказал при людях, что не знает Иисуса и не имеет к Нему никакого отношения.

Это очень важный факт, поскольку после воскресения Иисуса ангел сказал женщинам, пришедшим к гробу: *«Но идите, скажите ученикам Его и Петру...»* (Марк. 16:7). Это указывает на то, что Петр уже не считался учеником. Почему? Потому что он отрекся от того, что он является последователем Иисуса. Он совершил неправильное исповедание и лишился права именоваться апостолом. Читая о разговоре Петра с Иисусом, вы обнаружите, что Петр не понимал, чего Господь добивается, но Господь трижды «вытянул» из него правильное исповедание, чтобы компенсировать те три раза, когда Петр совершил неправильное исповедание.

Этот случай доказывает огромную важность правильного и неправильного исповедания. Очень часто, когда мы говорим или делаем что-то неправильное, это необходимо отменить правильным. Например, если мы не прощали каких-то людей, то мы отменяем это непрощение, прощая их. Это верно и во многих других отношениях. Итак, на основании факта, что Петр трижды отрекся от Него, Иисус уладил это дело с Петром, проведя того три раза через правильное исповедание. Основываясь на каждом из этих исповеданий, Иисус возложил на Петра служение пастыря Его овец.

Давайте посмотрим на слова, которые Иисус использовал при этом. Чтобы раскрыть все значение греческого оригинала, я буду объяснять некоторые слова. Евангелие от Иоанна 21:15-17:

Когда же они обедали, Иисус говорит Симону Петру: Симон Ионин! любишь ли ты Меня (это самое сильное греческое слово «любить»: любить страстно, безусловно, преданно) *больше, нежели они* (больше, чем другие ученики, ведь ты сказал, что когда они Меня оставят, ты останешься со Мной)? *Петр говорит Ему: так, Господи! Ты знаешь, что я люблю Тебя* (это совсем не такое сильное слово; оно означает дружескую любовь: «Ты мне нравишься»). *Иисус говорит ему: паси агнцев Моих* (на основании этого исповедания). *Еще говорит ему в другой раз: Симон Ионин! любишь ли ты Меня* (страстно, преданно)? *Петр говорит Ему: так, Господи! Ты знаешь, что я люблю Тебя* (опять: «Ты мне нравишься»). *Иисус говорит ему: паси овец Моих. Говорит ему в третий раз: Симон Ионин! любишь ли ты Меня* (в этот раз Он опустился до уровня Петра, спросив: «Нравлюсь ли Я тебе?»)? *Петр опечалился, что в третий раз спросил его: любишь ли Меня? и сказал Ему: Господи! Ты все знаешь; Ты знаешь, что я люблю Тебя* (но опять: «Ты мне нравишься»). *Иисус говорит ему: паси овец Моих.*

Меня несколько удивляют ответы Петра. Раньше он был очень импульсивным и поэтому обычно говорил больше, чем требовалось. Однако здесь он очень осторожен в словах и говорит немного *меньше*.

В этом отрывке мы видим три поручения: 1) *«паси (в смысле «корми») агнцев Моих»*, 2) *«паси (в смысле «окружи заботой») овец Моих»* и 3) *«паси (в смысле «корми») овец Моих»*. Каждый раз Иисус давал новое поручение. Обратите внимание, что основным требованием к опекающим Господних овец, является наше отношение не к овцам, а к Господу: «Любишь ли ты *Меня*? Паси овец Моих».

Я научился на опыте, что сентиментальная любовь к народу Божьему не поможет вам выполнить работу пастыря. Если наши глаза и мысли сосредоточены на людях, то рано или поздно либо они поступят так подло и недостойно, что наша любовь к ним поколеблется, либо, продолжая их любить, мы позволим им диктовать нам условия и вынуждать нас делать то, чего Господь от нас никак не ожидает.

Мне пришлось видеть очень многих людей, которые запутались в такого рода служении из-за этой несовершенной человеческой привязанности, симпатии или душевности, которая просто не выдерживает испытания трудностями. Бывает так, что люди Божьи поступают неблагодарно и критикуют вас; они сплетничают у вас за спиной и не ценят ничего, что вы для них делаете. Если у вас нет ничего выше уровня вашей любви к ним, то ваше служение не выдержит испытаний.

Что устоит в испытаниях, проведет человека через все трудности, сохранит его верным — это посвящение Самому Господу. Итак, первейшее требование, которое является основанием для всех остальных, это настоящее посвящение себя Господу Иисусу Христу. Если мы будем иметь его, тогда Иисус скажет: «Я хочу поручить тебе, быть пастырем Моих овец».

Затем, уже исходя из этого, Писание дает довольно объемный перечень качеств, которые требуется иметь старейшине или пастырю. Тот, кто на 100% обладает всеми этими качествами, несомненно имеет выдающийся характер. Этот перечень составлен мной на основании Первого послания Тимофею 3:17 и Послания Титу 1:59. Чтобы иметь более ясное представление о необходимых качествах старейшины, я советую вам посмотреть эти места в нескольких разных переводах. Лично я распределил эти качества по трем категориям: 1) характер человека, 2) его семейная ситуация и 3) духовные способности. Этот объединенный список предназначен для того, чтобы дать общее представление. Вполне возможно, что вы сможете усовершенствовать его, изучая эти отрывки самостоятельно.

Характер

Сначала положительные требования. Человек должен быть *непорочен*. Неплохо для начала, не так ли? Другими словами, в его жизни не должно быть явных и закоренелых пороков, из-за которых люди не захотят, чтобы этот человек был их старейшиной. Кроме того, он должен быть бдителен, терпелив, сдержан, праведен, свят и должен любить добро.

Затем негативные требования то, каким старейшина *не* должен быть. Он не должен быть своевольным, корыстолюбивым, жадным, вспыльчивым, гневливым, а также не должен быть пьяницей.

Семейная ситуация

Писание высвечивает некоторые моменты в отношении характера старейшины и его семейной ситуации:

1. Он должен быть мужем одной жены.

2. Его дом и дети должны находиться под дисциплиной.

3. Он должен иметь возможность и желание проявлять гостеприимство; не только желание, но и возможность. Видите ли, если у человека недисциплинированные дети, то он на самом деле не

может проявлять гостеприимство. Мне приходилось бывать в семьях, где не было никакой возможности вести связный, логичный разговор, потому что дети постоянно ссорились и шумели. Через каждые пять слов вас обязательно что-то прерывало. Очень многое зависит от атмосферы в доме.

4. Он должен пользоваться уважением в обществе. Это необходимо. Лидер поместной церкви должен достойно представлять эту церковь неверующим людям или тем христианам, которые не полностью посвящены Богу. Я видел случаи, когда человек, который пил и избивал жену, но затем чудесным образом принимал спасение и уже через несколько дней его ставили на определенную позицию в церкви. Это ошибка. Слава Богу за столь чудесное спасение этого человека, но не стоит ожидать, что мир в это поверит. Этому человеку придется доказать своей жизнью, что он достоин уважения со стороны общества, и только тогда его можно назначать на какую-то позицию.

Духовные способности

Старейшина должен хорошо быть утвержден в учении и способен обучать других. Это качество отражает то, что мы подробно рассмотрели в других главах этой книги, когда говорили о том, что апостолы и пресвитеры должны изучать и понимать Писание, а также быть способны передавать эти знания другим верующим.

НАЗНАЧЕНИЕ СТАРЕЙШИН

Таким образом, при назначении старейшин существуют два требования. Во-первых, необходимо выявить людей, которых Дух Святой приготовил для этого служения. Во-вторых, знать и применять стандарты Писания. Отбор потенциального старейшины происходит не благодаря какому-то яркому пророческому откровению. Это происходит благодаря очищенному

Богом здравому смыслу и чувствительности к Духу Святому — способности распознавать, что Дух делает в жизни людей. Дело не в том, чтобы получить пророчество, вроде: «Сын мой, отныне Я поставляю тебя старейшиной», или что-то в этом роде. Это является абсолютным отвержением Библейского метода.

Вам может показаться, что я слишком много уделяю внимания этому вопросу, но это лишь потому, что я оказывался в ситуациях, когда происходило именно то, о чем я говорю. Какой-то человек приехал в город на три или четыре дня, походил-посмотрел, назначил старейшин и уехал. Это противоречит образцу Нового Завета. Назначающие служителей, должны хорошо знать тех, кого они назначают. Они должны знать, какой они ведут образ жизни, и быть способными оценить, соответствуют ли они необходимым стандартам. Кроме того, они должны понимать планы Духа Святого. Действительно ли Дух Святой уже начал готовить этих людей к этому служению.

Мы ясно видим в Новом Завете, что старейшина не мог действовать в полную силу до тех пор, пока его не признавали как старейшину. Это подтверждается многими местами Писания. Например, в Послании Иакова 5:14 мы читаем: *«Болен ли кто из вас, пусть призовет пресвитеров церкви...»* Отсюда видно, что каждый христианин должен осознавать, кто является его старейшинами, чтобы он мог призвать их в такой ситуации. Несомненно, что даже если человек обладает всеми необходимыми качествами (у него есть сердце пастыря и он подготовлен Духом Святым), но он не сможет в полной мере нести это служение до тех пор, пока не получит официального признания в Теле Христовом. Признание — вот, что дает ему полноту власти, в которой он нуждается для того чтобы действовать в качестве старейшины.

Отсюда я делаю вывод, что полноценных новозаветных старейшин в Теле Христовом мы увидим лишь тогда, когда будем готовы их признать, назвать их старейшинами и принять все, что с этим связано. Как только мы начнем это делать, тогда, как некоторые из нас уже убедились на личном опыте, мы совершим очень важный и даже революционный шаг. Чем больше я изучаю эту сферу церковного лидерства, тем больше убеждаюсь, что нам не удастся обойтись без этих шагов. Мы застопорим всю Церковь, если не пройдем через то, что Бог нам показал.

ДЕНЕЖНОЕ ВОЗНАГРАЖДЕНИЕ СТАРЕЙШИН

Теперь давайте рассмотрим чисто практический вопрос, относящийся к духовному лидерству. На что старейшины живут? Некоторые люди считают, что деньги — это вещь не важная, я не принадлежу к числу таких людей. На самом деле, люди говорят так только тогда, когда дело касается церкви. Библия, конечно же, не говорит так.

Давайте обратимся к Первому посланию Тимофею 5:17-18:

Достойно начальствующим пресвитерам должно оказывать сугубую честь (греч. «двойное попечение, двойное вознаграждение»), *особенно тем, которые трудится в слове и учении. Ибо Писание говорит: «не заграждай рта у вола молотящего»; и: «трудящийся достоин награды своей* (или «платы своей»)».

Совершенно ясно, что Павел говорит о денежном и материальном вознаграждении тем, которые несут служение старейшин. В Новом Завете слово «честь» означает не просто кланяться кому-то или награждать медалью, но и нечто весьма практичное и ощутимое. Давайте рассмотрим некоторые примеры. Когда в результате кораблекрушения Павел и его спутники оказались на острове Мелит (сейчас о-в Мальта) и начали там служение исцеления, местные жители проявляли к ним благодарность. Книга Деяний 28:10:

И оказывали нам много почести и при отъезде снабдили нужным.

Очевидно, что оказание «почести» выразилось в том, что они снабдили их необходимым. Другими словами, местные жители принесли служителям продовольствие и одежду — все, что им было нужно для восполнения их физических нужд. Если вам придется служить людям в более «отсталых» регионах, например, в какой-то африканской стране, то благодарность людей за ваше служение выразится в том, что по окончании вашей проповеди они принесут вам куриц, кукурузные початки, кофейные зерна и тому подобное. Все это *почести*, но весьма практичные и необходимые. В таких странах все это нужно для выживания.

Мы находим, что Сам Иисус употреблял слово «почитать» в таком же смысле, когда упрекал религиозных людей Своего времени в лицемерии. Евангелие от Матфея 15:4-6:

Ибо Бог заповедал: «почитай отца и мать»... А вы говорите: если кто скажет отцу или матери: «дар Богу то, чем бы ты от меня пользовался», тот может и не почтить отца своего или мать свою; таким образом вы устранили заповедь Божию преданием вашим.

Все дети должны поддерживать материально своих родителей и заботиться о них, однако некоторые люди с религиозным лицемерием говорили своим родителям: «Я посвятил Господу то, что вы должны были получить от меня, так что вы этого не получите». Как говорят сегодня, это была их «отговорка». Иисус назвал их лицемерами. Однако обратите внимание, что финансовую и материальную поддержку родителей Он назвал почитанием. Следовательно, слова «почесть» и «почитать» имеют (среди прочего) значение финансового и материального обеспечения. Явно, что именно это имел в виду Павел, когда сказал: «*Достойно начальствующим пресвитерам должно оказывать сугубую (двойную) честь*», потому что нельзя «*заграждать рта у вола молотящего*»; и «*трудящийся достоин награды своей (или своей заработной платы)*».

Я делаю ударение на этом, потому что работа Божья будет подорвана, если не будет сделано финансовое обеспечение тем, кто вошел в полновременное служение. Не делать этого, значит существенно повредить работе Божьей.

Павел разбирается с этим вопросом в девятой главе Первого послания Коринфянам. Обратите внимание, какие принципы описаны в следующих двух стихах. Надеюсь, вам захочется прочитать всю эту главу самостоятельно. Первое послание Коринфянам 9:7,14:

Какой воин служит когда-либо на своем содержании? Кто, насадив виноград, не ест плодов его? Кто, пася стадо, не ест молока от стада?... Так и Господь повелел проповедующим Евангелие жить от благовествования.

Ни один солдат, отправляясь на войну, не должен платить сам себе жалование. Ему всегда платят те, за кого он воюет. А владелец виноградника, который занимается его культивированием, ест его плоды. Подобным образом и пастух хотя и не станет резать своих овец, но, по крайней мере, будет пить их молоко, чтобы подкрепиться.

Если те, кто служит благовествованием народу Божьему, уделяют этому занятию столько времени, что не могут зарабатывать себе на жизнь, занимаясь каким-то другим делом, то их должны содержать люди, которым они служат. Так постановил Бог. В конце концов, это вполне логично. Некоторые христианские движения хвалятся тем, что не имеют оплачиваемого служения. Однако я много раз убеждался, что это в конечном итоге подрывает эффективность служителей Божьих.

Конечно, если человек не работает полный рабочий день в качестве старейшины, тогда ему, пожалуй, не нужно платить полное жалование. Или же, если у человека есть другой источник дохода, и он финансово независим, тогда, наверное, он не нуждается в полной зарплате. Однако если он много времени уделяет преподаванию Слова Божьего, тогда ему необходимо платить полное жалование. Вознаграждение старейшины должно соответствовать его нужде и времени, которое он тратит на служение. Этот принцип ясен.

ОВЦАМ НЕОБХОДИМ ПАСТЫРЬ

В завершение этой главы я бы хотел затронуть еще один исключительно важный момент относительно старейшин. Существует принцип: овцам необходим пастырь. Согласно тому, что сказано как в Ветхом, так и в Новом Завете, овцы без пастыря рассеиваются, теряются, устают, болеют и становятся жертвами хищников. Это очень интересный факт. Крупный рогатый скот можно оставлять без присмотра, но овец без присмотра оставлять никак нельзя.

Насколько я понимаю Новый Завет, это является личной ответственностью *каждого* верующего. Вы должны либо *быть* пастырем, либо *иметь* его. Вы либо несете служение пастыря, либо находитесь под пастырской опекой. Согласно Писанию любая овца, которая оказалась без пастыря, не имеет защиты и питания. Тем не менее, если вы сегодня посмотрите по сторонам, то обнаружите в нашей стране тысячи и тысячи людей, не имеющих пастырей, не признающих пастырей, и не являющихся пастырями. В результате они рассеяны, потеряны, ослаблены, духовно больны и становятся жертвами обманщиков и лжепророков, которые кормятся людьми Божьими, когда те не имеют защиты.

Быть под пасторской опекой, принимать пасторское служение — это означает сделать посвящение ученичеству. В Книге Деяний 11:26 сказано: *«Ученики в Антиохии в первый раз стали называться Христианами»*. Тем самым, как я верю, дается определение, что значит быть христианином — это быть учеником. Человек, который не является учеником, не может называться христианином. Ученик это тот, кто признает необходимость в том, чтобы его учили. Само слово ученик говорит об этом. В церкви необходимо учиться, а чтобы учиться, необходима дисциплина. Там обязательно должны быть руководящие и находящиеся под руководством. И те, и другие нуждаются в благодати Божьей. Полагаю, что существует такой принцип: человек, который не желает, чтобы им руководили, никогда не сможет руководить сам.

Завершая эту часть изучения церковного лидерства, я считаю важным сказать следующее: если человек действительно боится Бога (а именно страх Божии является началом истинной мудрости!), то он не допустит даже мысли о том, чтобы самовольно занять позицию лидерства. Для человека естественно желание занимать высокое положение и иметь значимость, однако очень опасно входить в лидерство по собственной инициативе, без движения от Бога.

Восстановление Библейского лидерства является жизненно важным вопросом, особенно в таких странах, как Китай, где Евангелие быстро распространяется, и существует острая нужда в лидерах. Поэтому, если вы лидер, то вам следует оценивать себя по Библейским стандартам. Задайте себе следующие вопросы: хожу ли я в сфере и обязанностях, предписанных моей Богом данной роли? Готов ли я слушаться *Бога*? Если вы рядовой член церкви, то можете задать себе такие вопросы: готов ли я посвятить себя молитве о том, чтобы Бог поднял лидеров, которые будут Ему по сердцу? Готов ли я молиться о том, чтобы Его лидеры верно Его представляли?

Когда мы будем это делать, лидерство поместных церквей будет способно исполнить свое призвание: руководить, обучать и пасти стадо Божье.

23
СТАЦИОНАРНОЕ СЛУЖЕНИЕ: ДЬЯКОНЫ

Поместная церковь, находящаяся в любой местности, проходит процесс роста и развития, очень похожий на то, как из клетки развивается человеческий организм. Есть четыре этапа развития здорового и правильно функционирующего церковного тела: (1) клетка (ячейка); (2) назначение старейшин, после чего группа учеников превращается в церковь; (3) назначение дьяконов и (4) служения, укомплектованные членами тела, или служение членов церкви. Давайте подробнее рассмотрим все эти этапы:

1. Ячейка это небольшое домашнее собрание. Часто она представляет собой церковь в зачаточном состоянии.

2. По мере того, как люди общаются, молятся, изучают Слово Божье и благовествуют, в ячейке естественным образом проявляется духовное лидерство. После того как эти люди будут испытаны, апостолы официально назначают и рукополагают их старейшинами. Только тогда община верующих может официально быть названа «церковью».

3. Чтобы лидерство было полным, необходимы также дьяконы. Как мы уже видели, дьяконы отвечают за материальное обеспечение церкви.

4. Каждому члену общины Бог поручил выполнять какую-то функцию. Члены церкви должны служить в том или ином качестве под руководством пресвитеров и дьяконов, и их участие в делах цер-

кви должно только расширяться и углубляться. Этот процесс вхождения всей общины в служение Богу в конечном итоге должен выявить все дары и служения, которые Бог высвобождает в поместную церковь. Таким образом, однажды вы получите тело церкви, которое развившись из одной ячейки, приобрело завершенный вид.

НАЗНАЧЕНИЕ ДЬЯКОНОВ

Суть администрации поместной церкви предельно проста: старейшины восполняют духовные нужды людей, а дьяконы восполняют их материальные нужды. Роль дьяконов в церкви — быть слугами. Чтобы получить первоначальное представление об обязанностях дьяконов, давайте еще раз посмотрим, как были назначены первые дьяконы. Книга Деяний 6:1-4:

В эти дни, когда умножились ученики, произошел у Еллинистов (греков) *ропот на Евреев за то, что вдовицы их пренебрегаемы были в ежедневном раздаянии потребностей Тогда двенадцать Апостолов, созвав множество учеников, сказали: нехорошо нам, оставив слово Божие, пещись о столах. Итак, братия, выберите из среды себя семь человек изведанных, исполненных Святого Духа и мудрости; их поставим на эту службу, а мы постоянно пребудем в молитве и служении слова.*

Церковь столкнулась с реальной проблемой. Она так быстро росла, что апостолам было трудно справляться со всеми делами, и им срочно понадобились помощники. Верующие пришли к апостолам и сказали: «Нашими вдовами пренебрегают. Это несправедливо». Апостолы сказали: «Хорошо, мы предпримем меры, чтобы разрешить эту проблему».

Позвольте указать на одну особенность Церкви Нового Завета. Верующие всегда принимали на себя ответственность за своих вдов; это считалось само собой разумеющимся. Сегодня проблема состоит в том, что правительство переняло на себя очень много тех функций, которые первоначально выполняла Церковь, поэтому она вообще перестала осознавать свою ответственность за это. Я верю, что Церковь ответственна за вдов, сирот и бедных, и это как-то должно выражаться практически. При любом правительстве есть необходимость служить этим категориям людей.

Двенадцать апостолов созвали общее собрание и предложили ему найти в своей среде семь человек с хорошей репутацией, исполненных Духа Святого и мудрости, которых можно было бы назначить на это служение. Это позволило бы апостолам посвятить себя молитве и служению Слова, т.е. конкретному служению, к которому их призвал Бог. Они возложили на этих новых служителей заботу о ежедневном распоряжении деньгами, пищей, одеждой и всем остальным, что может понадобиться людям.

Старейшины должны все внимание уделять молитве и служению Слова, а дьяконы вопросам материальным, однако это совсем не означает, что дьяконы неважны. Писание говорит, что это должны быть «изведанные» люди, или, как сказано в другом переводе, «люди с хорошей репутацией», и что они должны быть исполнены Духа Святого и мудрости. Только тогда они смогут хорошо выполнять свое служение. Книга Деяний 6:5:

И угодно было это предложение всему собранию; и избрали Стефана, мужа, исполненного веры и Духа Святого, и Филиппа, и Прохора, и Никанора, и Тимона (Тимофея), и Пармена, и Николая Антиохийца, обращенного из язычников.

Первыми дьяконами были избраны семь человек. Мы опять убеждаемся, что лидерство поместной церкви Нового Завета всегда было коллективным. Обратите внимание, что лидерство церкви поручило самой общине избрать из своей среды людей, которые имеют хорошую репутацию и которым она доверяет.

Это очень практично. Если бы дьяконов избрали апостолы, члены общины могли бы сказать: «Вы поставили над нами людей, которые будут делать, что вы им скажете». Поэтому апостолы сказали: «Вы изберите их, а мы утвердим ваш выбор, а затем объясним им, в чем состоят их обязанности». В таком случае ни для кого не оставалось повода быть недовольным людьми назначенными для выполнения этого задания.

НАЗНАЧАЕМЫ БОГОМ ИЛИ ЧЕЛОВЕКОМ?

Во многих церквах пасторы, дьяконы и другие служители избираются путем голосования членов общины. На самом деле это не совсем по-библейски. Служителей назначает Бог. Своим ученикам Иисус сказал: *«Не вы Меня избрали, а Я вас избрал...»* (Иоан. 15:16). Верю, что это истинно в отношении каждой важной функции, каждого служения, и назначения в церкви. Выбор делает не человек, а Бог, потому что Иисус Христос является Главой над *всем* в Церкви, которая есть Тело Его. Назначения, которые делаются без власти Иисуса, не имеют силы. Более того, такое назначение ничего не дает человеку, если перед этим ему не доверил служение Бог. Мы должны лишь признавать то, кем Бог решил сделать человека, и подтверждать это.

Хочу подкрепить свои слова практическим примером. Если вы находитесь на собрании, где обсуждают кандидатуры потенциальных дьяконов или голосуют за них, ваша цель должна быть не в том, чтобы решить, кого вы хотите видеть в роли дьякона, как если бы это был какой-то конкурс популярности. Ваша цель должна быть в том, чтобы выяснить, кого Бог выбрал быть дьяконом. Это совсем другое отношение. Члены церкви должны выдвинуть кандидатуры тех, кого, как они верят, Бог призывает к этому служению, а старейшины должны окончательно их утвердить и назначить. Для этого они должны публично возложить на них руки и утвердить дьяконами церкви. Книга Деяний 6:6:

...Их поставили перед Апостолами, и сии, помолившись, возложили на них руки (как печать

своего одобрения и отделив их на служение в качестве дьяконов).

Как мы уже видели, возложение рук это не просто формальность. Произошло нечто реальное, когда апостолы по водительству Духа Святого помолились и возложили руки на первых дьяконов. Была высвобождена духовная власть и сила, которая развилась в крупное служение. Возложение рук апостолов послужило достижению трех основных целей:

1. Апостолы публично признали, что они считают этих людей достойными того, чтобы исполнять дьяконское служение.

2. Они публично посвятили этих людей Богу для выполнения задания, ради которого Он их избрал.

3. Они передали этим людям часть своей духовной благодати и мудрости, необходимых для того, чтобы выполнить задание, которое им было поручено.

ДЬЯКОН — ЭТО СЛУГА

Когда мы с моей женой Руфью приехали в Пакистан, нас подвергли проверке в отделе иммиграции. Пакистанский чиновник спросил: «Ваш род занятий?» Пакистан — мусульманская страна, поэтому я подумал: «Нужно быть осторожным». В конце концов, я ответил: «*Я — служитель* (англ. букв. «министр»)». Я подумал, что это достаточно безопасный термин, значение которого многие люди не понимают. С этого момента меня повсюду встречали по высшему разряду, как говорится, передо мной везде был «зеленый свет и красная дорожка». Позже я понял, что этот чиновник видимо принял меня за министра правительства Соединенных Штатов!

Подобное часто происходит и в Церкви. Мы практически забыли первоначальное значение слова «служитель», которое означает «слуга». Интересно было бы посмотреть, насколько радикально изменились бы некоторые церкви, если бы они осознали, что слово «дьякон» на греческом языке также означает «слуга». В некоторых церквах существует *совет дьяконов*, который обладает большой властью. Как бы все изменилось, если бы их переименовали в *совет слуг*?

Если вы дьякон, то вы являетесь слугой Господа, а также слугой народа Божьего. Дьяконы должны служить под руководством пастырей или старейшин. Когда церковью руководит совет дьяконов, то это противоречит Писанию, потому что в таком случае материальное становится выше духовного. Люди, контролирующие финансы, имеют последнее слово. И какими духовными вы бы ни были, все, в конечном итоге, будут решать люди, в чьих руках находятся финансы. По моему мнению, финансовые вопросы, в конечном счете, должны быть подотчетны старейшинам, а дьяконы должны делать то, что им говорят старейшины.

ТРЕБОВАНИЯ К ДЬЯКОНУ

Первое послание Тимофею 3:12-13:

Диакон должен быть муж одной жены, хорошо управляющий детьми и домом своим. Ибо хорошо служившие приготовляют себе высшую степень и великое дерзновение в вере во Христа Иисуса.

Как и в случае со старейшинами, дьяконы сначала должны быть испытаны и проверены. Во времена Нового Завета ответственное положение в церкви человек занимал только после того, как проходил проверку в практической жизни. Если люди, которые плохо справляются с мирской работой, входят в духовное служение, то здесь у них тоже ничего не получится.

Я нахожусь в полновременном служении вот уже более пятидесяти лет, и видел много людей, которых Господь призвал быть служителями полного времени: миссионеров, пастырей, евангелистов, молодежных лидеров и так далее. Но не помню, чтобы за все эти годы я встретил хотя бы одного человека, потерпевшего провал в недуховных вопросах, не научившегося разбираться с материальными вопросами, которого Бог продвинул бы выше и доверил бы духовное служение. Это противоречит Его основным принципам. Мне пришлось встретить многих людей, которые пытались обойти этот принцип и войти в служение, но в самом лучшем случае это заканчивалось лишней головной болью и отсутствием реальных плодов. Кандидатам на должность дьякона совсем не обязательно быть успешными бизнесменами, однако они должны уметь действовать в материальном мире. Они должны уметь распоряжаться долларами и центами уже на том месте, где они работают или учатся.

ПЕРСПЕКТИВА ДЬЯКОНСКОГО СЛУЖЕНИЯ

Служение дьякона — это не просто заведование благотворительной деятельностью. Это ответственное место оказания помощи старейшинам в их служении, и часто это подготовка к духовному лидерству, как мы видим это в случае с Филиппом, который стал евангелистом. Если человек хорошо справляется с работой дьякона, он готовит себя к повышению в духовном звании.

Большинство людей не осознают тот факт, что в служении есть рост и повышение. Если вы начали служить в должности дьякона, имейте в виду, что это может стать ступенькой к чему-то большему. Более того, если вы не начали как слуга, то, скорее всего, не получите и продвижения, потому что Бог поднимает только тех людей, которые начинают с самой нижней ступеньки лестницы. Духовные лидеры не падают с неба полностью подготовленные, не проходя процесс проб и ошибок. Без этого не обойтись в обращении с дарами Духа, и без этого не обойтись в духовном служении. Человек должен пройти процесс, когда он ошибается, а потом учится на этих ошибках. Именно так было с народом Божьим в Новом Завете, и именно так должно быть в современной Церкви.

Часть пятая

ОБРАЗ ЖИЗНИ ЦЕРКВИ

24
КАЖДОДНЕВНАЯ ЖИЗНЬ ПОМЕСТНОЙ ЦЕРКВИ

Однажды я осознал, что учу людей тому, какие необходимо сделать первые шаги, чтобы вступить в христианскую жизнь, но затем оставляю их без руководства и наставления о том, как жить этой жизнью. Поэтому в этой главе я постараюсь обрисовать картину жизни настоящей поместной церкви — не структуру, администрацию или должности, но образ жизни поместной церкви. Другими словами, мы рассмотрим «один день из настоящей жизни церкви».

ТРИ ПЕРВЫХ ШАГА ПРИ ВСТУПЛЕНИИ В ЦЕРКОВЬ

Сначала мы рассмотрим три шага или переживания, которые вводят нас в поместную церковь и каждодневную христианскую жизнь. Затем мы рассмотрим саму эту жизнь.

Во второй главе Книги Деяний содержится очень четкое описание как этих первоначальных переживаний, так и последующей за этим каждодневной жизни церкви. Книга Деяний 2:37-38:

> *Услышав это, они* (народ) *умилились сердцем и сказали Петру и прочим Апостолам: что нам делать, мужи братия? Петр же сказал им: покайтесь, и да крестится каждый из вас во имя Иисуса Христа для прощения грехов; и получите дар Святого Духа.*

Это исчерпывающий ответ, в котором предоставлена полнота переживания спасения, что я называю «комплект принятия спасения»: покаяние, крещение в воде и принятие Духа Святого. Насколько я понимаю Писание, в этом наборе они получили все необходимое. Полагаю, что со дня Пятидесятницы воля Божья и Его ответ на вопрос: «Что нам делать?» ничуть не изменились.

1. Покаяние

Писание подчеркивает, что мы должны покаяться. В греческом оригинале в Книге Деяний 2:38 глагол «покайтесь» стоит в такой форме, которая означает «сделайте это раз и навсегда». В Новом Завете нет учения о том, что нужно каяться постоянно. Человеку, который живет праведно, не нужно каяться и каяться, а человек, который истинно покаялся, не должен продолжать грешить! В греческом оригинале это слово звучит очень решительно и жестко: «Покайтесь. Измените образ мышления. Прекратите поступать неправильно и начните поступать правильно. Отвернитесь от дьявола; повернитесь к Богу». Вот что означает покаяние. Это не эмоции, но решение.

2. Крещение

Вторым в этом списке является крещение: *«И да крестится каждый из вас во имя Иисуса Христа для прощения грехов* (или в прощении грехов)». В Ранней Церкви крещение человека в воде было официальным подтверждением того, что он уверовал в Иисуса Христа и принял прощение грехов. Это не было условием для принятия прощения, а скорее было свидетельством того, что этот человек принял прощение грехов, и это признали лидеры церкви. По сути, водное крещение — это человеческое подтверждение того, что данный человек имеет право быть членом Церкви Иисуса Христа.

Как я уже упоминал ранее, все новообращенные в Книге Деяний были крещены спустя несколько часов после того, как они уверовали. В восьмой главе Книги Деяний описано, как евнух, увидев на обочине дороги в Газу какой-то водоем, сказал: *«Вот вода;*

что препятствует мне креститься (прямо сейчас)?» (Деян. 8:36). В Книге Деяний 16:29-33 описано, как тюремный страж в Филиппах принял спасение ночью и еще до рассвета крестился. Также обратите внимание на реакцию новообращенных в Книге Деяний 2:41:

Итак охотно принявшие слово его крестились, и присоединилось в тот день душ около трех тысяч.

Могу прокомментировать этот так, что люди, которые тогда не крестились, возможно, и приняли Слово, но неохотно. А те, кто охотно принимает Слово, хотят креститься сразу.

3. Принятие Духа Святого

Крещение в Духе Святом является Божьим подтверждением, что этот человек принадлежит Ему. Таким образом, крещение в Духе Святом это сверхъестественная печать, которую на человеке ставит Глава Тела, Иисус Христос, признавая, что этот человек является членом Его Тела. Павел сказал: *«В Нем и вы... уверовав в Него, запечатлены обетованным Святым Духом»* (Ефес. 1:13).

Оба этих подтверждения должны быть получены при начале христианской жизни человека. Он должен получить признание церкви через водное крещение, а также признание Главы Церкви через сверхъестественную печать — крещением Духом Святым.

ЧЕТЫРЕ ПОСТОЯННЫХ ВИДА ДЕЯТЕЛЬНОСТИ

Во что же вводили новообращенных эти три первых шага? Во второй главе Книги Деяний мы находим письменное свидетельство о каждодневной жизни христиан Нового Завета. Обратите внимание, что оно начинается словами «и они постоянно». От первоначальных, едино кратных шагов, которые были сделаны раз и навсегда, верующие переходят к постоянному, ежедневному образу жизни. Книга Деяний 2:42:

И они постоянно пребывали в учении Апосто-

лов, в общении и преломлении хлеба и в молитвах.

Ниже я приведу описания четырех основных видов деятельности в жизни христиан Нового Завета.

Вид деятельности №1: пребывание в учении

В первую очередь они пребывали в учении, а значит, находились в постоянном процессе обучения, что касается как тех, кто учит, так и тех, кто учится. Самое важное для людей, которые пришли ко Христу и крестились в воде и в Духе Святом, это систематическое, основательное обучение Писанию. В Послании Ефесянам 6:17 сказано: *«Возьмите... меч духовный («меч Духа»), который есть слово Божие».* Это указание идет перед тем, как говорится: *«Всякою молитвою и прошением молитесь во всякое время духом («в Духе»)»* (Ефес. 6:18). Прежде чем вы начнете движение в Духе, вы должны крепко ухватиться за Слово Божье. Именно такой порядок установил Бог, поскольку после того, как вы крестились в Духе Святом, вы подвергаетесь совершенно новым проблемам, искушениям и трудностям. Именно это случилось с Иисусом после того, как на Него сошел Дух Святой. Будучи искушаем дьяволом, Иисус применял против врага только одно оружие. На каждое искушение Он отвечал: *«Написано... написано... написано»* (см. Лук. 4:1-13). Он использовал меч Духа, которым является Слово Божье. Не смотря на то, что крещение в Духе Святом принял сам Иисус, безгрешный Сын Божий, но и Он крайне нуждался в глубоком, полноценном и практическом знании написанного Слова Божьего.

После Своего воскресения Иисус однажды явился около пятистам верующим (см. 1 Кор. 15:6). Однако после Его вознесения в горнице молилось всего сто двадцать человек (см. Деян. 1:15). Возможно, триста восемьдесят из тех пятисот, что видели воскресшего Иисуса, не услышали, что Он сказал о необходимости оставаться в Иерусалиме, пока они не облекутся силой свыше. По человеческим меркам, у Иисуса тогда было не очень внушительное количество учеников, но когда пришел Дух Святой, их число за один день увеличилось на три тысячи человек!

Чем занимались ученики в горнице? Они изучали написанное Слово и готовились учить, в чем возникла острая нужда немедленно после обращения тысяч людей в день Пятидесятницы. Если бы апостолы не были готовы учить людей, то в день сошествия Духа Святого наступил бы полный хаос.

Это не теория. Будучи миссионерами в Африке, однажды мы были свидетелями суверенного излияния Духа Божьего, когда сотни африканцев приняли крещение в Духе Святом. В основном это произошло среди людей, с которыми трудились миссионеры-квакеры из Америки. Эти миссионеры были так смущены происходящим, что убедили власти арестовать этих несчастных африканцев за то, что они говорили на языках! Поэтому в результате этого некоторые из этих африканцев даже попали в тюрьму. Не имея здравого учения, многие из этих бедных африканцев забрели в самые невероятные заблуждения и оказались на грани фанатизма, потому что их никто не подготовил, не сдерживал, и не учил должным образом. Если бы у первых верующих не было систематического и практического Библейского учения, то день Пятидесятницы мог бы закончиться катастрофой! Послание Римлянам 6:17:

> *Благодарение Богу, что вы, быв прежде рабами греха, от сердца стали послушны тому образу учения, которому предали себя.*

Словом «образ» здесь переведено греческое слово, от которого произошло наше слово «форма». Оно означает литейную форму, предназначенную для производства предметов определенного образца или вида. Я не специалист в этой отрасли, но мне ясен основной принцип, будь-то литье металла или изготовление фруктового желе в домашних условиях. Во-первых, необходимы соответствующие условия (в частности, очень высокая температура), чтобы подготовить материал к отливанию в форму. Во-вторых, нужна форма, которая придаст материалу правильный образ и вид. В духовном смысле, спасение производит «плавку», вследствие чего у человека появляется желание принять новую духовную форму. Та плавильная форма, в которую этот человек будет помещен, определит его конечный вид и этой плавильной формой должно быть Библейское учение.

Сегодня мы встречаем людей, которые никогда не проходили через эту плавильную форму, и которые заканчивают жизнь как груда неочищенной, грязной и липкой массы на кухонном столе, которая когда-то имела какие-то неопределенные духовные переживания. Мы также встречаем людей, которые попали в неправильную форму и в конечном итоге приобрели неправильный вид. Исправить таких людей почти невозможно, их жизни придали неправильную форму. В то же время удивительно, как быстро дает результат правильная форма Библейского учения, когда в нее попадает «расплавленный» грешник. Несколько недель основательного Библейского учения могут произвести самые чудесные изменения и создать характер и образ жизни, которые выдержат любое испытание.

Вот что сказал пророк Исаия о той трагической ситуации, когда народ Божий остается без учения в Книге пророка Исаии 5:13:

За то народ мой пойдет в плен непредвиденно, и вельможи его будут голодать, и богачи его будут томиться жаждою.

Многие люди Божьи сегодня находятся в плену, потому что у них нет Божьих знаний. Меня поражают слова «вельможи его (букв. «его люди почета, богатства и веса») будут голодать». Даже их теологам и лидерам нечего дать людям, и поэтому массы народа ходят голодными. В Книги пророка Осии 4:6 мы видим подобное описание:

Истреблен будет народ Мой за недостаток ведения: так как ты отверг ведение, то и Я отвергну тебя от священнодействия предо Мною; и как ты забыл закон Бога твоего, то и Я забуду детей твоих.

Обратите внимание, что от священника требуется знание закона Божьего и, следовательно, обучение ему других. На самом деле, в Книге пророка Малахии 2:7 сказано об этом как об обязанности священника:

Ибо уста священника должны хранить ведение, и закона ищут от уст его, потому что он вестник Господа Саваофа.

Бог отверг священников времен пророка Осии, потому что они отвергли познание Слова Божьего. То же самое истинно и в наше время. Человек может быть католическим священником или протестантским служителем, но если при этом он отвергает познание Слова Божьего и не учит ему, то Бог не считает такого человека священнослужителем.

Слова Осии очень трагичны, но действительно верны: *«Как ты забыл закон Бога твоего, то и Я забуду детей твоих»*. В современной Америке мы видим забытых Богом детей, потому что их родители забыли закон Божий и не обучают их ему. Это точное исполнение суда Божьего.

Вид деятельности №2: пребывание в общении

Следующий основной вид деятельности — это общение. Мы должны понимать, общение, на самом деле, является конечной целью благовествования, как мы уже видели ранее, рассматривая основную цель поместной церкви. Первое послание Коринфянам 1:9:

Верен Бог, Которым вы призваны в общение Сына Его Иисуса Христа, Господа нашего.

Фраза *«призваны в»* указывает на достигнутую цель. Общение не является средством достижения цели, оно цель, само по себе. Общение с Богом и Его народом — вот к чему мы призваны и где мы окажемся! Оно превосходит по важности даже молитву. Столь многие из нас не понимают, чем на самом деле является церковь. Павел пишет в Первом послании Тимофею 3:14-15:

Сие пишу тебе (Тимофей), *надеясь вскоре придти к тебе, чтобы, если замедлю, ты знал, как должно поступать в доме Божием, который есть Церковь Бога живого, столп и утверждение истины.*

Для чего Павел написал это послание Тимофею? Для того чтобы Тимофей знал, как нужно поступать в доме Божьем. Затем Павел сказал, что церковь Бога живого это «столп и утверждение истины». То, что должно происходить в церкви не должно быть тайной для Тимофея. Однако, в некоторых современных церквах нет ясного понимания, для чего они существуют! Зачастую там вообще нет общения. Вы не можете общаться с чьим-то затылком!

Помню, как однажды я проповедовал в одной приличной церкви, и, завершая служение, пастор сказал: «Не спешите уходить домой. Останьтесь и пообщайтесь друг с другом. Пожмите руку, по крайней мере, пяти человекам». Я стоял и молился про себя: «Господь, эта ли та «порция общения», которой должен довольствоваться Твой народ в своей жизни? Пожать руки пяти человек, прежде чем пойти домой?»

Опять-таки, большинство христиан даже не готовы осознать, что общение является конечной целью Евангелия. Мы проходим через религиозные обряды, ритуалы, мероприятия, программы и проекты. Все это является средствами, но приводят ли они нас к желаемой цели?

Ранняя Церковь сразу же начала жить в общении, которое проходило в двух основных плоскостях. Для общения нужна плоскость или платформа, и в Ранней Церкви их было две: широкая и малая. Широкой платформой общения служил иерусалимский храм — общенациональное, всеми признанное место поклонения Богу у еврейского народа. Малая платформа общения была очень проста и практична, и мы видим, как она использовалась по всему Новому Завету. Это дома верующих. Книга Деяний 2:46:

И каждый день единодушно пребывали в храме и, преломляя по домам хлеб, принимали пищу в веселии и простоте сердца...

Обратите внимание, что каждый день они были в храме и принимали вместе пищу в домах друг у друга. «Преломлять хлеб» здесь необязательно означает «принимать причастие», хотя и оно могло быть включено туда. Это означает то, что они ежедневно кушали вместе в гостях друг у друга, и это замечательно. Книга Деяний 5:42:

И всякий день в храме и по домам не переставали учить и благовествовать об Иисусе Христе.

И снова мы видим, что их дневная «порция общения» состояла из собраний в храме и по домам. Первые христиане какое-то время продолжали посещать официальное место Богослужения, но с двумя условиями: они не отступали от своего свидетельства и проповеди Евангелия, и их личная духовная жизнь не зависела от официально признанной религии. Думаю, это чрезвычайно насущно для нас сегодня.

Многие христиане чувствуют принуждение посещать церкви, в которых они не получают духовного питания и поддержки. Они могут поступать так, если они не будут идти на компромисс со своей верой. Кроме того, они не должны ставить свое духовное питание в зависимость от большого официального собрания. Несомненно, первые христиане не были зависимы от официальной религиозной жизни, поскольку в своих домах они имели совершенно иной образ жизни и общения друг с другом.

Помните, что греческое слово, переведенное как «общение», на самом деле означает «общее пользование» или «разделение друг с другом». Общение первых христиан в Иерусалиме выражалось в том, что они делились друг с другом самым дорогим и сокровенным, что они имели — Господом Иисусом Христом, а затем они делились практически всем, что имели в материальной сфере. Книга Деяний 2:44-45 и 4:34-35:

Все же верующие были вместе и имели все общее. И продавали имения и всякую собствен-

ность, и разделяли всем, смотря по нужде каждого.

Не было между ними никого нуждающегося; ибо все, которые владели землями или домами, продавая их, приносили цену проданного и полагали к ногам Апостолов; и каждому давалось, в чем кто имел нужду.

Первые христиане чувствовали обязанность восполнять не только духовные, но и физические, материальные и финансовые нужды своих братьев и сестер! Ситуация в Иерусалиме была уникальной, потому что в Писании не сказано, чтобы в каком-либо другом городе христиане продавали все свое имущество. Возможно, те люди поступали так, получив мудрость и вдохновение Духа Святого, потому что менее чем через одно поколение после этого Иерусалим был полностью разрушен римскими войсками, и евреев лишили прав собственности на землю во всем том регионе.

Поэтому бывает так, что Дух Святой побуждает нас срочно продать все и разделить деньги с другими, но это не является обязательным образцом поведения для всех ситуаций. Однако, несомненно то, что истинные христиане всегда поделятся со своими братьями и сестрами, когда те окажутся в тяжелой ситуации или нужде. Чудесным свидетельством было то, что среди них не было никого нуждающегося. Интересно, можно ли так сказать обо всех современных христианах? Будь у нас такое же общение, как и у верующих Нового Завета, то думаю, это было бы возможно.

Я обнаружил еще одну особенность общения — оно является местом, где происходит духовное рождение. Как сказал Иисус в Евангелии от Иоанна 3:6:

Рожденное от плоти есть плоть, а рожденное от Духа есть дух.

Иисус говорил о двух видах рождения: рождение от плоти, которое производит плоть; и рождение от Духа, которое производит дух. Хотя все мы читали об этом, тем не менее, в современном христианстве очень многое рождено от плоти, а все, что может произвести плоть, это всего лишь плоть. Только то, что было рождено от Духа, будет иметь в себе Дух и духовную жизнь.

Если мы не находимся в настоящем общении, у нас не родится ничего духовного. Так часто мы пренебрегаем общением и не производим ничего истинно духовного. Мы начинаем какой-то симпатичный проект, составляем какую-то «духовную» программу или назначаем какой-то комитет, однако все, что при этом происходит: плоть порождает плоть! Согласитесь, что есть большая разница между программами и рождением. Сейчас Бог обучает и воспитывает многих людей, чтобы восстановить истинное общение, при котором происходит духовное рождение.

Давайте рассмотрим один убедительный пример того, как общение произвело духовную жизнь. В Книге Деяний 1:14 описана жизнь верующих, находившихся в горнице в период между вознесением Христа и излиянием Духа Святого в день Пятидесятницы. Книга Деяний 1:14:

Все они единодушно пребывали в молитве и молении, с некоторыми женами и Мариею, Материю Иисуса, и с братьями Его.

В течение десяти дней верующие оставались в тесном общении друг с другом в довольно ограниченном пространстве, в молитвах и молениях. Надо сказать, что такое тесное общение многое вскрывает и поддерживать его довольно непросто. Моя жена Лидия дала определение такому общению: «Вы все на одной лодке и вам никуда не деться». Это не общение, если вы можете отойти в сторону, когда вам захочется! Общение требует посвящения другим. Именно в общении ваше посвящение испытывается.

В действительности общение сравнивается со светом. Первое послание Иоанна 1:7:

Если же ходим во свете, подобно как Он во свете, то имеем общение друг с другом.

Если в жизнь человека входит грех или тьма, первым явным результатом будет уход от общения. На личном опыте я убедился, что жизнь в свете общения является очень серьезным испытанием. Много лет назад я проводил Библейские курсы на Ямайке. Одна сестра пробыла с нами всего три дня, а затем улетела домой, даже несмотря на то, что она заранее оплатила свои билеты назад на дату окончания курсов и все расходы, связанные с проживанием и обучением. Скажу вам, что постоянно быть в общении с сорока пятью крещенными Духом людьми — это нечто, чего эта дорогая душа просто не могла вынести. После одного из служений освобождения другая женщина сказала: «Если бы я могла, то сбежала бы с этого острова вплавь! Меня окружало невыносимое давление». Это было давление общения. Ей никто ничего не указывал и не спорил с ней, но интенсивное общение оказывает на людей такое давление, что вы либо выдерживаете этот огонь, либо отступаете! Мне пришлось видеть многих христиан, которые не выдерживают огонь и свет постоянного общения. Однако, вступая в настоящее общение, вы понимаете, что «вы все на одной лодке и вам никуда не деться»!

Подумайте, что значит быть вовлеченным в десять дней постоянных молитв и молений в горнице. Можно утверждать, что испытанию подверглась каждая клеточка их существа, поскольку те апостолы не всегда находили общий язык друг с другом. Однако потом наступила кульминация. Книга Деяний 2:1:

При наступлении дня Пятидесятницы все они были единодушно вместе.

Что произошло? Духовное рождение. На свет появилась Церковь Иисуса Христа. Она родилась (если брать во внимание человеческий уровень) во время десятидневного общения ста двадцати человек. В Книге Деяний 13:12 мы видим еще один замечательный пример общения, как «родильного зала» Божьих целей:

В Антиохии, в тамошней церкви были некоторые пророки и учители: Варнава, и Симе-

он... и Луций... и Манаил... и Савл. Когда они служили Господу и постились, Дух Святый сказал: отделите мне Варнаву и Савла на дело, к которому Я призвал их.

Из общения этих пятерых человек, которые ожидали Бога в молитве и посте, родилось то, что мы сегодня называем «заграничной миссией». Это был первый случай, когда церковь выслала людей специально для того, чтобы нести Евангелие тем, кто его еще не слышал. До того подобное (что человек проповедовал Евангелие в другом городе) происходило либо в результате гонений, либо случайно.

Нельзя ни обратить внимание на тот важный факт, что первое миссионерское путешествие Павла возникло из общения и молитвы, а не из решения комитета. Общение имеет первостепенную важность. Если мы хотим, чтобы родилось нечто духовное, мы должны быть в том, где это происходит. О, как мне хочется видеть истинное духовное рождение, а не официально оформленную плоть! Однако, будучи неоднократно на миссионерских полях, могу сказать, что плоти гораздо легче высидеть пятнадцать собраний комитетов, чем иметь общение в течение одного дня. Фактически мне никогда в жизни не приходилось бывать на стольких собраниях комитетов, как тогда, когда я был миссионером!

Бывало, я говорил своим коллегам-миссионерам в Африке: «Все, что мы делаем, это выкарабкиваемся из одного кризиса, при этом погружаясь в другой». Однажды мы решили провести собрание, чтобы разрешить сложные проблемы, стоявшие перед нами. Это собрание началось на рассвете и продолжалось много часов. Тем временем все дети миссионеров бегали по территории миссии и безобразничали. Примерно в три часа дня моя жена Лидия сказала всем собравшимся: «Продолжайте свое собрание, а мы устроим собрание для детей». Итак, мы организовали детское собрание! Два самых непослушных ребенка приняли крещение в Духе Святом, а один из них впоследствии стал полновременным служителем. Не правда ли, это оказалось чем-то совершенно неожиданным? Мы мнили себя спасителями Африки, тогда как, на самом деле, не могли контролировать собственных детей. Мы не увидели главного: ожидать Бога, находясь в настоящем общении. Комитеты никогда не произведут на свет того, что может общение.

Вид деятельности №3: совместный прием пищи

Основная форма общения очень проста: совместный прием пищи. Это настолько просто, что часто упускается из виду. Пример этого мы видим в Книге Деяний 20:7, когда Павел семь дней провел в городе Троада:

> *В первый же день недели, когда ученики собрались для преломления хлеба, Павел, намереваясь отправиться в следующий день, беседовал с ними и продолжил слово до полуночи*

Сам язык повествования говорит о том, что для учеников было обычным делом принимать пищу вместе. Собираясь за столами по домам, они прославляли Господа, молились и делились друг с другом Словом Божьим.

Когда Бог открыл мне глаза на тот факт, что совместный прием пищи действительно является общением, я был крайне удивлен, увидев, как часто в книге Деяния говорится о том, что люди кушали вместе. Как пятидесятник я считал пищу чем-то достаточно недуховным, а совместные приемы пищи признаком плотской церкви. Однажды я слышал, как один проповедник сказал: «Они спустились из горницы в столовую (по англ. горница — *upper room*, а столовая — *supper room*)». На самом деле первые ученики в день Пятидесятницы *действительно* сошли вниз из горницы в столовую, и после этого они продолжали регулярно принимать пищу вместе. Это очень интересно, не так ли?

Регулярный совместный прием пищи имеет большое значение. Мы обнаружили эту истину в Африке, когда, теоретически, между черными и белыми вроде бы не было барьеров. Однако на самом деле между нами было большое расстояние, и нас с женой это очень беспокоило. В конечном итоге, мы решили пригласить африканцев в гости к себе домой, что уже само по себе было подобно социальной революции.

Одна из причин, почему это было поворотным событием, заключалась в том, что многие африканцы в то время не умели обращаться с ножом и вилкой за обеденным столом. Наверное, вы ощутите неловкость, когда ваш гость будет сидеть в полуметре от стола, потея от напряжения, и пытаясь совладать с ножом и вилкой. Но это их не обескуражило и они сказали: «Не беспокойтесь. Мы этого не умеем, но, вы нас научите. Мы готовы учиться». Мы обнаружили, что общение за столом радикально изменило наши отношения.

Впоследствии мы сами стали два раза в неделю ходить обедать с нашими студентами в их столовую. Нам не очень нравилась их пища, но мы обнаружили, что благодаря этому между нами завязались совершенно другие отношения. Это полностью согласуется с Писанием. Согласно восточному обычаю, когда вы принимаете пищу вместе с каким-то человеком, вы практически посвящаете себя дружбе с ним. После этого вы не можете его предать. Это подобно вступлению в завет. Воспользовавшись чьим-то гостеприимством, вы возлагаете на себя определенные обязательства по отношению к этому человеку, которые сможет преступить только самый низкий и недостойный человек. Вина Иуды, кроме всего прочего, состояла и в том, что сначала он вкусил хлеб с Иисусом, а затем предал Его. Книга Псалтырь дает нам драматичное пророчество о предательстве Иисуса. Псалом 40:10:

Даже человек мирный со мною, на которого я полагался, который ел хлеб мой, поднял на меня пяту.

В Евангелии от Иоанна 13:18 описано, как Иисус незадолго до того, как Его предал Иуда, процитировал этот отрывок: «*Не о всех вас говорю; Я знаю, которых избрал. Но да сбудется Писание: ядущий со*

Мною хлеб поднял на Меня пяту свою». Итак, это высшая степень предательства и вероломства: сначала разделить трапезу с человеком, а затем предать его. Цель, ради которой Бог собирает нас, Своих детей, в общение за одним столом, заключается в том, чтобы с этого момента мы хранили верность друг другу. Пообедав с кем-то за одним столом и сказав ему: «Будь благословен, брат», мы затем не станем распускать о нем сплетни. Если мы делаем это, то поступаем как Иуда, хотя и не на таком уровне предательства, как он.

Я хорошо представляю себе такой совместный прием пищи, включающий причастие. На самом деле корни хлебопреломления или вечери Господней уходят в пасхальную вечерю, которая представляла собой полноценный праздничный ужин, наслаждаясь которым, люди разделяли неторопливое общение. Принимая причастие, мы обновляем наш завет с Иисусом и со всеми, кто участвует в нем вместе с нами. Тем самым, мы обещаем быть верными Ему и друг другу. Над принимающими причастие недостойно провозглашено суровое осуждение, именно потому, что это пища священного завета (см. 1 Кор. 11:27-32). Очень опасно предавать человека, с которым вы ели и вкушали вечерю Господню. Это все равно что, глядя человеку в глаза, ожидать, когда он отвернется, и затем ударить его ножом в спину. Именно так это выглядит по Библейским стандартам.

Мы видим, насколько Павла волновало то, чтобы это общение с совместным приемом пищи проходило правильно. Первое послание Коринфянам 11:20-21:

Далее, вы собираетесь так, что это не значит вкушать вечерю Господню; ибо всякий поспешает прежде других есть свою пищу, так что иной бывает голоден, а иной упивается.

Члены коринфской церкви были полны духовного энтузиазма, однако имели немного притупленное восприятие. Вспомните, что они радовались Божьим благословениям, даже когда среди них находила место вопиющая сексуальная аморальность (см. 1 Кор.

5:12). Очевидно, у них был еще очень странный обычай: на причастие каждый приносил свою пищу, и начинал есть, в то время как другие оставались голодными. Одни пили очень много вина, тогда как другим вообще ничего было пить.

Однако эти же стихи доказывают того, что члены коринфской церкви регулярно принимали пищу вместе. Они это делали неправильно, но они, по крайней мере, собирались вместе. Это была естественная форма общения. Павел не говорил, что иметь общение за общим столом — это что-то недуховное и неправильное, хотя и не мирился с пьянством. Наоборот, он говорил: «Не думайте, что *такое* общение можно назвать вкушением вечери Господней». Есть правильное общение, когда мы все собраны за столом, как члены одной церковной семьи, делясь всем друг с другом во время этого приема пищи.

Такая картина общения полностью отличается от того, что мы называем собранием, где люди молча сидят рядами на церковных скамьях и смотрят в спину друг друга. Вы не можете пообедать с людьми и не заметить, что ваше отношение к ним поменялось. Это меняет вас, это меняет их, это меняет взаимоотношения, это меняет саму атмосферу. Поразмышляйте над прекрасной картиной, которая дает нам «конечный результат» этой главы. Книга Деяний 2:46-47:

> *И каждый день единодушно пребывали в храме и, преломляя по домам хлеб* (обедая в гостях друг у друга), *принимали пищу в веселии и простоте сердца, хваля Бога и находясь в любви у всего народа.*

Это картина церкви, которая ходит в победе, живет в Духе и совершенном общении. Где она действовала? В их домах. Каждый обеденный стол стал местом для общения, молитвы и прославления Бога. Неверующие видели их не в храме, потому что неверующие в храм не ходят. Они видели их в своих домах, и то, что они видели, заставляло их захотеть иметь то, что имели эти верующие.

Сегодня не так уж много радости в домах многих людей. По-настоящему счастливый дом, где члены семьи наслаждаются общением друг с другом и прославляют Бога, будет бросаться в глаза! Люди задумаются: «Что там происходит?» Если единственным местом, где вы будете проявлять все свои плоды, будет церковной здание, то большинство неверующих никогда не увидят, что у вас есть. В Евангелии от Матфея 5:15-16 Иисус сказал, что мы не должны ставить нашу свечу под сосудом, но, пожалуй, самым большим сосудом, под которым мы прячемся сегодня, является кирпичная коробка церковного здания!

Вид деятельности №4: молитва

Тогда как первое внутреннее влияние, в котором нуждается поместная церковь — это учение, ее первое влияние церкви на *внешний* мир — это молитва. После того как члены поместной церкви будут должным образом обучены, должно возникнуть молитвенное служение верующих, собирающихся во имя Господа Иисуса Христа. Это влияние церкви происходит из учения. Вот чему учит Павел в Первом послании Тимофею 2:1:

> *Итак прежде всего прошу совершать молитвы, прошения, моления, благодарения за всех человеков.*

Павел дает Тимофею наставления о правильном положении дел в поместной церкви, и при этом он пишет: «*Прежде всего...*» Первостепенным служением поместной церкви является совершение молитв, прошений, молении и благодарений. Бог ожидает, что церковь станет молитвенным центром, «электростанцией», из которой в мир будет поступать эффективная молитва ходатайства. Если бы церковь выполняла эту функцию, у нее были бы совсем другие отношения с миром. Если вы достаточно много молитесь о людях, они чувствуют в вас нечто, что заставляет их реагировать на вас. Если же вы служите им без молитвы, у них к вам совершенно иное отношение. Книга пророка Исаии 56:7:

(Господь сказал:) *Я приведу на святую гору Мою и образую их* (чужих и отверженных) *в Моем доме молитвы; всесожжения их и жертвы их будут благоприятны на жертвеннике Моем, ибо дом Мои назовется домом молитвы для всех народов.*

Дом Божий должен называться *«домом молитвы для всех народов»*. В Его доме молитвы Его народ радуется радостью, которая выдержит испытание скорбями. Христиане могут испытывать и другие виды радости, которые могут не выдержать испытания. Но когда мы позволим Богу радовать нас в доме молитвы, то это будет действительно непрекращающаяся радость.

Когда я только уверовал, будучи совершенно несведущим в духовных принципах (хотя перед тем я уже в течение двадцати пяти лет считался членом церкви), мне больше всего нравилось бывать на молитвенном собрании. Это полностью противоречило моему «естественному» характеру. Помню, как однажды, будучи неверующим, я услышал о том, что кто-то идет на молитвенное собрание. До того я ни разу не был на молитвенном собрании и понятия не имел, что это такое. Но, когда я представил, что тот человек собирается провести целый час на собрании, где все будут только молиться, то подумал: «Как эти люди вообще представляют себе часовую молитву о чем-то?» Приняв спасение и крещение в Духе Святом, я вскоре понял, как можно подолгу молиться. Должен сказать, что Бог доставил мне радость в Своем доме молитвы.

Давайте вернемся ко второй главе Первого послания Тимофею, где мы видим, что первая конкретная тема, о чем нужно молиться, это *«за царей и за всех начальствующих»* (1 Тим. 2:2). Поместной церкви предписано в первую очередь молиться не о проповедниках, миссионерах или больных, а о представителях гражданских властей. В некоторых собраниях я спрашивал людей: «Кто из вас за последнюю неделю хотя бы раз осмысленно молился за главу вашего правительства и его работу?» Очень редко утвердительно отвечают хотя бы 20% человек. Мы забываем о главном молитвенном приоритете.

Мой близкий друг, ныне покойный Дон Бэшем, впервые услышал, как я проповедовал об этом в Австралии. Перед этим я спросил у собравшихся: «Кто из вас регулярно молится за королеву и за всех начальствующих в Британском Содружестве Наций?» Из ста пятидесяти человек довольно неуверенно подняли руку пять, и Дон не был одним из них. Когда примерно через год он снова побывал на моей проповеди, то сказал: «Брат, ты меня больше не поймаешь! Ты меня подловил однажды, но больше у тебя не получится. В нашей семье мы каждый день молимся о начальствующих».

Итак, он принял это слово. Именно в этом вопросе многие христиане продолжают страшно грешить. Они могут часами критиковать свое начальство и правительство, и в то же самое время практически не молятся за них. Часто я говорю людям: «Если бы вы уделяли молитве за властей, то время, которое вы тратите на их критику, то у вас было бы намного меньше поводов критиковать их». К тому же люди, которых вы критикуете, наверное, все-таки, более добросовестно выполняют свою работу, чем вы свою. Если бы наши начальствующие управляли государствами так же, как христиане о них молятся, то в наших странах царил бы полный хаос.

В Послании Римлянам 13:1 написано прямым текстом: *«Существующие же власти от Бога установлены»*. Мирские власти установлены Богом, однако на нас возложена обязанность наблюдать за тем, движутся ли они в том направлении, в котором желает Бог, и ходатайствовать за них. По благодати Божьей мы имеем мирские власти, без которых был бы полный беспорядок и неразбериха. Мы обязаны молиться о наших властях.

Позвольте здесь заметить, что молитва это не способ заставить Бога делать то, что вам хочется. Скорее это способ прийти туда, где вы знаете, что Бог делает то, о чем вы Его попросите. Достигнув такой уверенности, вам будет несложно раскрыть Ему свои желания.

Кроме того, обратим внимание на связь общения с молитвой. Евангелие от Матфея 18:19-20:

Истинно также говорю вам, что если двое из вас согласятся на земле просить о всяком деле, то, чего бы ни попросили, будет им от Отца Моего Небесного, ибо, где двое или трое собраны во имя Мое, там Я посреди них.

Когда двое или трое собраны Духом Святым вокруг Самого Христа, Он обещает, что будет выступать на их стороне. Основное требования для эффективной совместной молитвы это согласие. Глаголом «согласятся» здесь переведено греческое слово *симфано*, от которого произошло наше слово «симфония». Оно означает «гармоничное слияние». Если двое людей будут гармонировать, перед их молитвами ничто не устоит.

Дьявол ничуть не боится молитвенных собраний, потому что большинство произносимых на них молитв так и не поднимаются выше потолка! Бог их даже не слышит, потому что Он предъявляет строгие требования к тому, какими должны быть молитвы, на которые Он ответит. Но вот чего на самом деле боится дьявол — это двух людей, находящихся в согласии. Но помните о том, что быть *почти* в согласии это еще не согласие. Ничто не раздражает слух так, как два инструмента или голоса, которые звучат «почти» в гармонии. Когда же мы входим в гармонию и выполняем все требования, относящиеся к молитве, то выполняем необходимое условие для богоугодной церковной жизни. Без этого мы не получим всего, что Бог приготовил для церкви.

25
ОБЩЕЕ СОБРАНИЕ

Хотя Новый Завет говорит о том, чтобы верующие регулярно общались по домам, это ни в коем случае не дает нам права отбрасывать все остальные виды собраний. Новый Завет призывает нас также делать общие церковные собрания. В этой главе я изложу восемь целей, ради которых собираются вместе все верующие той или иной местности. В этих пунктах объединены и облечены в конкретную форму многие изученные нами духовные принципы церковной жизни. Мы сможем увидеть, как применять их в нашей сегодняшней жизни.

ЦЕЛИ, РАДИ КОТОРЫХ СОБИРАЮТСЯ ВЕРУЮЩИЕ

1. Назидать друг друга

Первое послание Коринфянам 14:26:

Итак что же, братия? Когда вы сходитесь, и у каждого из вас есть псалом, есть поучение, есть язык, есть откровение, есть истолкование, все сие да будет к назиданию.

По словам Павла, цель собрания в том, чтобы все верующие назидали друг друга, молясь, поклоняясь Богу и проявляя свои конкретные дары и служения. Все это направлено на взаимное назидание. Поэтому всякий раз, собираясь вместе со своими братьями и сестрами, помните, что ваш долг ободрять и назидать их. Исходя из своих духовных даров и своего ученичества, вы помогаете другим людям в их духовном возрастании.

2. Вкушать вечерю Господню

Как мы недавно увидели, второй целью для собрания верующих является общение за обеденным столом и совместное вкушение вечери Господней. Это должно быть временем общего единения, а не личного эгоизма. Первое послание Коринфянам 11:22-23,33:

Разве у вас нет домов на то, чтобы есть и пить? Или пренебрегаете церковь Божию и унижаете неимущих? Что сказать вам? похвалить ли вас за это? Не похвалю. Ибо я от Самого Господа принял то, что и вам передал... Посему, братия мои, собираясь на вечерю, друг друга ждите.

Здесь мы видим, что каждый из нас важен. Все мы знаем, как неприятно опоздать на ужин и обнаружить, что начали без нас. Но насколько мы были бы почтены, если бы никто не начинал есть до нашего прибытия. Именно такой дух должен был присутствовать даже в огромных собраниях по несколько тысяч верующих. Павел говорил: «Ждите! Придержите еду, пока не придут все братья и сестры. Как мы можем насладиться вечерей, если еще не все собрались?»

Это действительно было большое собрание, которое не поместилось бы ни в каком доме, потому что Павел сказал: *«Разве у вас нет домов на то, чтобы есть и пить?»* Итак, мы видим: 1) собрание за обеденным столом, и 2) вечерю Господню, которая принимается на основании взаимного уважения и назидания всего поместного Тела Христа.

3. Принимать учение мобильных служителей

В Книге Деяний 21:20-22 описано, как после многолетнего отсутствия Павел посетил Иерусалим. Иаков и другие братья сказали примерно следующее: «Теперь нам нужно созвать собрание, чтобы ты послужил всей поместной церкви».

Они же, выслушав, прославили Бога и сказали ему (Павлу): *видишь, брат, сколько тысяч уве-*

ровавших Иудеев, и все они ревнители закона. А о тебе наслышались они, что ты всех Иудеев, живущих между язычниками, учишь отступлению от Моисея, говоря, чтобы они не обрезывали детей своих и не поступали по обычаям. Итак что же? Верно соберется народ; ибо услышат, что ты пришел.

Дух Святой направил мобильного служителя Павла в город Иерусалим, и вся иерусалимская церковь должна была извлечь пользу из этого апостольского служения.

Лидеры поместной церкви несут ответственность за созыв всех членов церкви и предоставление возможности для встречи с мобильным служением. Апостолы, пророки, евангелисты и учителя, находящиеся в мобильном служении, принимают участие в общем собрании городской церкви, приглашенные туда поместным лидерством. Очевидно, что эти служители могут оказать сильное влияние на церковные собрания, и мы нуждаемся в их духовном наставлении и ободрении.

4. Выслушивать отчеты посланных мобильных служителей

Мы видим, как Павел дал такой отчет пославшей его церкви в Антиохии. Книга Деяний 14:26-27:

А оттуда отплыли в Антиохию, откуда были преданы благодати Божией на дело, которое и исполнили. Прибыв туда и собрав церковь, они рассказали все, что сотворил Бог с ними и как Он отверз дверь веры язычникам.

Представьте себе собрание, на котором было, по крайней мере, 15.000 человек, не видевших Павла перед этим два-три года!

Как мы убедились, когда поместная церковь посылает куда-то служителей, они являются подотчетными этой церкви. Даже Павлу и Варнаве, хотя они и были апостолами, необходимо было давать отчет о своем служении. Удивительная и очень важная особенность жизни церкви состою именно в том, что члены поместной общины должны быть связаны с миссионерами, действующими по всему миру. Великое поручение должно стать частью образа мышления и образа жизни каждой поместной церкви.

5. *Читать письма от мобильных служителей*

Часто Павлу и другим апостолам не было возможности прийти в тот или иной город, и тогда они писали письма с указаниями и наставлениями, необходимыми церкви в том городе. По крайней мере 50% первых христиан были неграмотными и не могли сами прочитать такое письмо. Как же они узнавали его содержание? Это письмо становилось поводом для собрания всей поместной церкви. Старейшины поместной церкви созывали всех верующих и зачитывали им письмо, не торопясь и громко. Несомненно, они прочитывали его два или три раза. У каждого была возможность сказать: «Я этого не понял. Прочитай еще раз. Что здесь имеется в виду?»

Иногда письмами обменивались церкви в разных городах. В Послании Колоссянам 4:16 Павел написал:

Когда это послание прочитано будет у вас, то распорядитесь, чтобы оно было прочитано и в Лаодикийской церкви; а то, которое из Лаодикии, прочитайте и вы.

Города Колоссы и Лаодикия были расположены недалеко друг от друга и церкви этих городов имели примерно одинаковые проблемы. Павел не хотел давать советы только одной из этих церквей, поэтому он написал: «Когда это письмо прибудет в Колоссы, пусть оно будет прочитано у вас, а когда закончите, отправьте его в церковь Лаодикии, чтобы его прочитали и там. Кроме того, я послал письмо в церковь Лаодикии, поэтому, прочитайте его, когда они перешлют его вам». Павел был уверен, что в каждом городе соберутся вместе все верующие, чтобы послушать письма, которые он им написал.

Итак, мы видим трогательную картину общего

собрания церквей Нового Завета. Это собрание основано на взаимном назидании и совместном принятии пищи, и при этом могут быть задействованы различные служения, отчеты и наставления (пусть даже в письме) со стороны мобильных служителей. Однако у подобных собраний есть еще три цели.

6. Решать доктринальные и практические вопросы

Одной из важных причин для собрания верующих было решение доктринальных и практических вопросов. О, как это необходимо делать в наше время, чтобы прояснить неразрешенные доктринальные вопросы!

Пятнадцатая глава Книги Деяний посвящена обсуждению того, что должны делать уверовавшие из язычников, чтобы их признали христианами. Некоторые из уверовавших фарисеев говорили: «Они должны стать прозелитами. Они должны подчиниться закону Моисееву и принять обрезание. Если они будут соблюдать закон, тогда мы признаем их веру в Мессию». Но Павел и Варнава сказали: «Нет, так не должно быть». И тогда для рассмотрения и решения этого вопроса собрались сначала апостолы и старейшины, а затем вся церковь в Иерусалиме. Книга Деяний 15:22:

> *Тогда Апостолы и пресвитеры со всею церковью рассудили, избрав из среды себя мужей, послать их в Антиохию с Павлом и Варнавою...*

Вся община собралась вместе. Когда они достигли понимания в этом вопросе, то отправили Павла и Варнаву сообщить свое решение. Из чрезвычайно сложного закона Моисеева они извлекли очень простой кодекс поведения, состоящий всего из четырех пунктов: (1) воздерживаться от оскверненного идоламии, (2) от удавленины, (3) крови и (4) блуда. Из всех требований закона Моисеева только эти относились к уверовавшим в Господа из язычников. Я считаю, что истинная духовность всегда стремится к простоте, а не к сложности. Теперь давайте прочитаем эти замечательные стихи. Книга Деяний 15:15,28:

Мы, собравшись, единодушно рассудили... Ибо угодно Святому Духу и нам...

Эта группа верующих пришла к полному согласию относительно того, что угодно Духу Святому. Принцип состоит в следующем: доктринальные и практические вопросы, относящиеся ко всем верующим, должны решаться всей общиной. Проведя предварительные дискуссии, апостолы и старейшины пришли к решению, которое, как они считали, угодно Господу, однако они представили его на утверждение всей общине.

7. Поддерживать дисциплину и стандарты поведения

Кроме того, все члены церкви собирались для решения вопросов, относящихся к дисциплине и соблюдению стандартов поведения. Например, в случае с сексуальной аморальностью в церкви города Коринфа Павел посчитал, что этот вопрос нельзя проигнорировать. Ради сохранения чистоты в церкви, он потребовал, чтобы эта тема была представлена на суд всей общины. Первое послание Коринфянам 5:1-5:

Есть верный слух, что у вас появилось блудодеяние, и притом такое блудодеяние, какого не слышно даже у язычников, что некто вместо жены имеет жену отца своего. И вы возгордились, вместо того, чтобы лучше плакать, дабы изъят был из среды вас сделавший такое дело. А я, отсутствуя телом, но присутствуя у вас духом, уже решил («рассудил», «сделал суд»), как бы находясь у вас: сделавшего такое дело, в собрании вашем во имя Господа нашего Иисуса Христа, обще с моим духом, силою Господа нашего Иисуса Христа, предать сатане во измождение плоти, чтобы дух был спасен в день Господа нашего Иисуса Христа.

Несомненно, Павел ожидал, что для прочтения

его письма, соберется вся церковь. Человека, который так грешил, было необходимо подвергнуть осуждению, чтобы он мог прийти к покаянию, а его душа была спасена в вечности. Как все бы изменилось в наше время, если бы мы собирали всю церковь, чтобы откровенно и сообща пресекать вопиющие грехи, особенно среди христианских лидеров. Это должно стать частью жизни истинной церкви.

8. Разрешать споры между верующими

Еще один повод для собрания всей поместной церкви был представлен Самим Иисусом. Евангелие от Матфея 18:15-17:

Если же согрешит против тебя брат твой, пойди и обличи его между тобою и им одним; если послушает тебя, то приобрел ты брата твоего; если же не послушает, возьми с собою еще одного или двух, дабы устами двух или трех свидетелей подтвердилось всякое слово; если же не послушает их, скажи церкви; а если и церкви не послушает, то да будет он тебе, как язычник и мытарь.

Здесь мы видим необходимость в общем собрании, когда какой-то верующий отверг все предыдущие шаги к разрешению спора. Как мы обсуждали ранее, любой не согласный с решением поместной церкви в таких вопросах, уже не считается христианином. Этого можно добиться лишь при полном согласии церкви, для чего все ее члены должны собраться и прийти к такому соглашению, которое описано в следующих стихах. Евангелие от Матфея 18:18-20:

Истинно говорю вам: что вы свяжете на земле, то будет связано на небе; и что разрешите на земле, то будет разрешено на небе. Истинно также говорю вам, что если двое из вас согласятся на земле просить о всяком деле, то, чего бы ни попросили, будет им от Отца Моего Небесного, ибо, где двое или трое собраны во имя Мое, там Я посреди них.

Обратите внимание на переход от связывания и разрешения к соглашению и собранию во имя Иисуса. Вот что происходит, когда церковь собирается в единстве! Мы имеем власть связывать и развязывать (или запрещать и разрешать), потому что находимся в согласии (гармонии), собираясь вокруг имени Иисуса. Наше единство укрепляет дисциплину. Никакой бунтовщик и никакой бунт не смогут противостоять объединенной церкви.

Давайте повторим восемь причин для всеобщих собраний церкви:

1. Назидать друг друга дарами и служениями.

2. Вкушать вместе вечерю Господню.

3. Принимать учение мобильных служителей.

4. Слушать отчеты мобильных служителей по их возвращении в церковь, которая их посылала.

5. Зачитывать вслух письма от мобильных служителей.

6. Решать доктринальные и практические вопросы, касающиеся всех верующих.

7. Поддерживать среди верующих дисциплину и стандарты поведения.

8. Разрешать споры между верующими.

Где же должны проходить такие собрания? Библия хранит на этот счет полное молчание! Как интересно, не правда ли? Об этом просто ничего не говорится. Из Книги Деяний 2:46 и 5:42 мы узнали, что верующие собирались в храме. В Книге Деяний 19:9 сказано, что Павел полтора года проповедовал в училище одного философа. В Книге Деяний 20:8 описано, как верующие собирались в горнице. Причина, почему Библия не говорит нам об этом, очень проста — потому что вопрос, где встречаться, совершенно не важен. Это может проходить в любом подходящем месте.

Первое специальное церковное здание было сооружено в 222 г. по Р.Х. почти через двести лет после дня

Пятидесятницы. Иудеи строили синагоги, а язычники — храмы, но первые христиане, как из иудеев, так и из язычников, не строили ничего подобного. Это говорит о гибкости и мобильности, необходимой для истинной церкви Нового Завета. Нам нельзя оказаться пойманными внутри своих церковных зданий и наша христианская жизнь не должна вращаться вокруг них. Для дела Евангелия можно использовать здания, но оно не должно быть привязано к зданиям. Жизнь поместной церкви должна вылиться за стены церковных зданий в окружающий повседневный мир.

Часть шестая

БУДУЩЕЕ ЦЕРКВИ

26
ДА ПРИИДЕТ ЦАРСТВИЕ ТВОЕ

Многих христиан будоражат вопросы о последнем времени, например, такие: «Что произойдет с Церковью в последние дни? Какие нам предстоят битвы и противостояния? Какую роль будет играть государство Израиль?» В этой последней части книги, посвященной будущему Церкви, я постараюсь ответить на эти вопросы.

Прежде всего, я должен указать на Божью цель для века нынешнего. Она описана четырьмя словами в Евангелии от Матфея 6:10. Они являются частью молитвы «Отче наш». Те из нас, кто был воспитан в христианских семьях, молились этой молитвой много раз, однако при этом мы не всегда понимали, о чем именно мы молились: *«Да приидет Царствие Твое»*. Затем эта молитва продолжается такими словами: *«Да будет воля Твоя и на земле, как на небе»*.

Итак, в этой молитве говорится: «Пусть Твое Царство придет на землю». Конечной целью Бога для нынешнего века является приход на землю Его Царства, в котором правит Его избранный Царь, Господь Иисус Христос. Я верю, что однажды Он действительно будет иметь земное Царство, и Он будет править в нем как Царь. И я верю, что это является единственным решением проблем мира.

Некоторые люди называют нас мечтателями, думая, что мы говорим о чем-то нереальном. Однако я считаю, что мечтателями являются как раз те люди, которые спустя столько веков истории человечества, еще надеются, что *человек* может разрешить собственные проблемы. На мой взгляд, сегодня мы далеки от решения проблем мира, как никогда раньше за всю историю человечества. Поэтому как сегодня кто-то может убеждать нас, что все хорошие люди земли вот-вот соберутся с силами и все изменят?

Есть лишь одна надежда. Это приход на землю Царства Божьего. Каждый посвященный христианин должен сообразовываться в соответствии с этой надеждой.

Первое послание Иоанна 2:17:

И мир проходит, и похоть его, а исполняющий волю Божию пребывает вовек.

Божья воля не изменится никогда. Если где и должно произойти изменения, так это в нашей воле. Но если каждый из нас согласует свою волю с волей Божьей, если мы сделаем исполнение воли Божьей целью своей жизни, то мы станем такими же непоколебимыми и непобедимыми, как и воля Божья. *«Исполняющий волю Божию пребывает вовек».* Это ключевой вопрос для каждого человека: «Выстраивается ли ваша жизнь согласно воле Божьей? Стала ли Божья цель вашей целью?»

Для многих посетителей американских церквей это не так. Даже не смотря на то, что они вовлечены во всякого рода религиозную деятельность, они упустили из виду конечную цель, которой является установление на земле Царства Божьего.

Об этом Царстве говорится во многих местах Писания, и я хочу привести два из них. Сначала мы обратимся ко второй главе Книге пророка Даниила. Мы не станем углубляться во все детали тех событий, скажем лишь то, что это было частью истолкования пророческого сна, который приснился царю Навуходоносору. Наутро сам Царь не мог даже вспомнить этот сон, не говоря уже о том, чтобы понять его. Бог сверхъестественным образом показал Даниилу этот сон, и дал ему истолкование. Следующий стих представляет собой кульминацию этого истолкования. Итак, Книга пророка Даниила 2:44:

И во дни тех царств Бог небесный воздвигнет

царство, которое вовеки не разрушится, и царство это не будет передано другому народу; оно сокрушит и разрушит все царства, а само будет стоять вечно.

В определенный момент истории (и я верю, что он скоро наступит) Бог воздвигнет Царство, которое будет стоять вовеки. Оно никогда не прекратит своего существования и никогда не будет передано другим. Оно окончательно, совершенно и полностью разрушит все враждебные ему царства.

71-й Псалом называют *Мессианским псалмом*. Другими словами, он посвящен теме Царства Мессии. В этой пророческой картине я хочу обратить ваше внимание на два основных аспекта Мессианского Царства. Во-первых, необходимым условием для установления мира является праведность. Политики и другие лидеры, которые говорят о мире, игнорируя праведность, обманывают себя и других. Без праведности никогда не будет настоящего мира.

Во-вторых, в этом псалме подчеркивается то, чему, как мне кажется, многие христиане, которые называют себя евангельскими, уделяют недостаточно внимания. Бог всегда очень озабочен состоянием людей нищих, нуждающихся и притесняемых. Итак, вот этот образ Царства и Царя. Псалом 71:1-4,8-14:

Боже! даруй царю Твой суд и сыну царя Твою правду, да судит праведно людей Твоих и нищих Твоих на суде; да принесут горы мир людям и холмы правду; да судит нищих народа, да спасет сынов убогого и смирит притеснителя... Он будет обладать от моря до моря и от реки (Евфрат) до концов земли; падут пред ним жители пустынь, и враги его будут лизать прах; цари Фарсиса и островов поднесут ему дань; цари Аравии и Савы принесут дары; и поклонятся ему все цари; все народы будут служить ему; ибо он избавит нищего, вопиющего и угнетенного, у которого нет помощника. Будет милосерд к нищему и убого-

Глава 26. Да приидет Царствие Твое

му, и души убогих спасет; от коварства и насилия избавит души их, и драгоценна будет кровь их пред очами его.

За редким исключением, человечество не заботится о нищих. Большинство современных мировых правительств не беспокоится о людях бедных. В Книге пророка Иезекииля 16:49 Бог описывает грехи Содома; и удивительно то, что грех агрессивного гомосексуализма его жителей вообще не упоминается.

«Вот в чем было беззаконие Содомы, сестры твоей и дочерей ее: в гордости, пресыщении и праздности, и она руки бедного и нищего не поддерживала». Именно из этого состояния возник гомосексуализм, что в точности и произошло в Соединенных Штатах и других странах Запада. Но обратите внимание, что основное обвинение, которое выдвигается против жителей Содома, заключается в том, что они не поддерживали руки бедного и нищего. В современном мире одновременно происходят два процесса: богатые становятся богаче, тогда как бедные становятся беднее. Цель большинства политических договоренностей состоит в том, чтобы защитить богатых.

Прежде чем мы будем рассматривать три основные цели Бога, которые должны быть достигнуты перед наступлением Его Царства, позвольте указать еще на один факт. В 91-м Псалме затронута очень актуальная в наше время проблема: процветание нечестивых. Прожив более восьмидесяти лет, я ранее не видел, чтобы нечестие так гордо выставляло себя напоказ, как сейчас. Почему Бог это допускает? Неужели Богу все равно? Вот что говорит псалмопевец в Псалме 91:68:

Как велики дела Твои, Господи! дивно глубоки помышления Твои! Человек несмысленный не знает, и невежда не разумеет того. Тогда как нечестивые возникают, как трава, и делающие беззаконие цветут, чтобы исчезнуть на веки.

Бог допускает, чтобы беззаконие процветало; Он позволяет взойти пышному урожаю нечестия, именно это и происходит в современном мире. Но Его цель уничтожить нечестивых, меня удивляет то, как мало сегодня проповедуют с церковных кафедр о суде Божьем. Если мы не будем говорить о суде, то лишим Духа Святого возможности обличать людей. Грядущий суд является неотъемлемой частью откровения Евангелия. Иисус является не только Спасителем, но и Судьей.

В книге Откровение 1:9-17 описано, как Иоанн впервые увидел Иисуса как Судью. Раньше он знал Его как Спасителя. На Тайной вечере он положил голову на грудь Иисуса и лежал так. Но, когда он встретился с Ним как с Судьей, то пал к Его ногам, как мертвый! Полагаю, Церкви необходимо увидеть Иисуса как Судью.

Теперь давайте рассмотрим три цели Бога, которые должны быть достигнуты перед наступлением Его Царства.

ЕВАНГЕЛИЕ БУДЕТ ПРОПОВЕДАНО ВО ВСЕМ МИРЕ

В Евангелии от Матфея 24:3 ученики Иисуса задали Ему такой вопрос: *...какой **признак** Твоего пришествия и кончины века? Матфея 24:3* (выделено автором)

Не «признаки», а «признак». Иисус дал на этот конкретный вопрос, конкретный ответ. Но перед этим Он указал еще на некоторые сопутствующие признаки, ни один из которых, однако, не является тем единственным «признаком». Давайте рассмотрим некоторые из них. Евангелие от Матфея 24:78:

Ибо восстанет народ на народ, и царство на царство; и будут глады, моры и землетрясения по местам; все же это начало болезней (или родовых мук).

Установление явного Царства Христа на земле не придет через организацию, но только через рождение. То же самое происходит с каждым человеком, кто входит в Царство Божье: он должен родиться свыше; иного способа нет. Рождению предшествуют родовые муки, и чем они сильнее, тем ближе рождение. Я верю, что сейчас мы проходим период родовых мук рождения Царства Христа на земле.

В седьмом стихе Иисус описал эти родовые муки: восстанет народ на народ и царство на царство. Словом «народ» переведено греческое слово *этнос*, и это значит, что Иисус имел ввиду этнические конфликты, такие как мы видели после распада Советского Союза. Лично я верю, что эти родовые муки начались с Первой Мировой войны. С тех пор мы видим, как во всем мире возникает все больше конфликтов на основе межнациональной вражды. Это явный признак кончины века!

Далее в 24-й главе Евангелия от Матфея мы несколько раз встречаем слово «тогда». Это указывает на постепенное развитие событий, одно за другим. Указав, что все эти события будут началом родовых мук, Иисус говорит в Евангелии от Матфея 24:9:

Тогда будут предавать вас на мучения и убивать вас; и вы будете ненавидимы всеми народами за имя Мое.

Я часто спрашиваю у христиан, кого Иисус имеет в виду, говоря «вас». Эти слова относятся к последователям Иисуса, поэтому «вас» означает «нас»! Евангелие от Матфея 24:10:

И тогда соблазнятся многие, и друг друга будут предавать, и возненавидят друг друга.

Перед лицом гонений от веры отрекутся многие *христиане*, и чтобы сохранить себе жизнь, они будут предавать своих братьев и сестер. Подобное происходило в бывшем Советском Союзе, а сейчас, вот уже на протяжении двух поколений, происходит в Китае, однако в будущем это получит еще более широкое распространение в мире. Евангелие от Матфея 24:11:

И многие лжепророки восстанут и прельстят многих.

Самой большой опасностью в настоящее время является не гонения, войны или эпидемии, а обольщение — опаснее всего для христиан оказаться обманутыми. Иисус предостерегал нас от обольщения (обмана) больше, чем от чего бы то ни было другого. Если у вас появилось такое отношение: «Ну, меня уж не обмануть», тогда вы первый кандидат на обольщение. За более чем шестидесятилетний опыт я убедился, что только одно может сохранить нас верными Господу: не наш ум, наши знания Писания и духовные дары, не наш статус — но лишь милость Божья. Павел сказал: *«Я... даю совет («суждение»), как получивший от Господа милость быть Ему верным»* (1 Кор. 7:25). И я постоянно признаю перед Богом: «Господь, если я и останусь Тебе верным, то это будет по Твоей милости, и только по ней. Не благодаря моему уму, знанию Библейских языков, знанию Писания и способности его цитировать, не благодаря опыту служения, а только благодаря Твоей милости». Евангелие от Матфея 24:12:

И, по причине умножения беззакония, во многих охладеет любовь.

Словом «любовь» здесь переведено греческое слово *агапе*. Как правило, и это общеизвестно, оно означает христианскую любовь. Почему же охладеет любовь во многих христианах? По причине умножения беззакония. Оглянувшись на двадцать или тридцать лет назад, нам приходится признавать, что сейчас в Америке умножается беззаконие. Фактически, оно умножалось постоянно с тех пор, когда не осталось никакой силы, способной его сдерживать. Люди во всем винят полицию, но полиция в состоянии поддерживать закон и порядок, только если большинство граждан законопослушны. Когда же этого нет, поддерживать правопорядок невозможно. Если мы не будем хранить бдительность в этой атмосфере беззакония, то в нас охладеет любовь. Евангелие от Матфея 24:13:

Претерпевший же до конца спасется.

На самом деле в греческом оригинале сказано еще

более конкретно: «Кто *вытерпит* до конца, тот спасется». Слава Богу, сейчас вы спасены, но чтобы остаться спасенным, вы должны претерпеть до конца. Иначе вы не спасетесь.

Довольно мрачная картина. Однако обратите внимание на удивительные слова, которые Иисус говорит после этого. Можно было бы предположить, что Иисус скажет: «Прячьтесь... скрывайтесь... станьте незаметными... делайте все, что в ваших силах, чтобы спасти себя и свою семью. Не высовывайтесь. И тогда, возможно, перетерпите и спасетесь». На самом же деле Он сказал прямо противоположное. Когда наступит такая ситуация, проявится тот окончательный *признак*. Евангелие от Матфея 24:14:

И проповедано (или провозглашено) *будет сие Евангелие Царствия по всей вселенной, во свидетельство всем народам; и тогда придет конец.*

Окончательным признаком станет провозглашение Евангелия Царства во всех народах. Кстати, Евангелие является Евангелием *Царства*. Я обнаружил, что многие проповедники проповедуют о любви Иисуса, но никогда о Его Царстве. Я слышал, как один румынский христианин сказал: «Пока мы говорили людям: «Иисус вас любит», все было хорошо. Когда же мы начали говорить: «Иисус является Царем», нас стали бросать в тюрьмы». Это непопулярное послание.

Когда против апостолов в Коринфе выступили их враги, то суть их обвинений сводилась к следующему: Во-первых, *«Эти всесветные возмутители пришли и сюда»* (Деян. 17:6). Можно ли сказать то же самое о нас с вами? Переворачиваем ли мы этот мир?

Во-вторых: они проповедуют, *«утверждая, что есть другой царь, Иисус»* (Деян. 17:7 в Современном переводе Института перевода Библии). Увидят ли неверующие такую суть в нашей сегодняшней проповеди евангелия? Думаю, нет. Чаще всего, мы идем к ним с подходом: «Бог восполнит ваши нужды». Бог действительно восполнит ваши нужды, но проблема в том, что так у людей складывается впечатление, будто Бог существует лишь для того, чтобы восполнять их нужды. Именно такое отношение у большинства современных американских христиан. «Бог является хорошим Богом, и Он восполнит все мои нужды». Но истина в том, что не Бог существует для вас, а вы для Бога. Самое главное чтобы вы прославляли Бога, а не чтобы ваши нужды были восполнены. Необходимо иначе представлять людям Евангелие.

Опять-таки, *единственный признак* следующий, Евангелие от Матфея 24:14:

> *И проповедано* (или провозглашено) *будет сие Евангелие Царствия по всей вселенной, во свидетельство всем народам; и тогда придет конец.*

Это конкретный ответ на конкретный вопрос. Прежде чем я стал проповедником, объектом моего изучения была логика. И здесь я вижу ясную логику. Вот тот *признак*, о котором шла речь: Евангелие Царства будет провозглашено по всему миру во свидетельство всем народам, и тогда придет конец.

Позвольте обратиться к образу жатвы в книге Откровение. Среди всего прочего, там дано откровение Иоанна о результате того, что 144.000 молодых евреев пошли распространять Евангелие по всему миру. Чтобы понять контекст, вам следует прочитать начало седьмой главы книги Откровение, но вот что произошло в результате. Книга Откровение 7:9-10:

> *После сего взглянул я, и вот, великое множество людей, которого никто не мог перечесть, из всех племен и колен, и народов и языков стояло пред престолом и пред Агнцем в белых одеждах и с пальмовыми ветвями в руках своих. И восклицали громким голосом, говоря: спасение Богу нашему, сидящему на престоле, и Агнцу!*

Обратите внимание, что здесь собраны люди из всех племен, колен, народов и языков. Следовательно, Евангелие должно достичь людей, говорящих на всех языках и принадлежащих ко всем этническим группам. Я верю, что Бог ревностно стремится прославить Своего Сына. В конце концов, смерть Иисуса не окажется тщетной. У престола будет, по крайней мере, по одному представителю от каждой этнической группы.

Однако они не услышат Евангелия, пока не будет кого-то, кто будет проповедовать им. Можно сказать, что приоритетом номер один для Церкви Иисуса Христа является провозглашение Евангелия Царства по всему миру, всем народам. Однако приходится признать, что во многих христианских группах Америки это стоит далеко не на первом месте. Более того, многие христиане даже не знают, что в списке их приоритетов есть такой пункт. Нам нужна серьезная корректировка, мы нуждаемся в том, что раньше называли «пробуждением». Это нужно не людям на улице, и не представителям «традиционных деноминаций», а таким людям, как мы с вами. Не смотрите по сторонам, пробудиться от сна должны именно *мы*. Библия говорит, что «срамный сын спит во время жатвы» (Притч. 10:5, Современный перевод). Наши церкви переполнены сыновьями, спящими во время жатвы.

ИЗРАИЛЬ БУДЕТ ВОССТАНОВЛЕН

Еще одно событие, которое должно произойти перед приходом Царства, это восстановление Израиля. Говоря «Израиль», я не имею в виду Церковь. В современной Церкви царит полное непонимание относительно того, что такое «Израиль», и это вызвано тем, что люди стали называть Церковь «Израилем». Люди говорят: «Сегодня мы, Церковь, являемся Божьим Израилем». В Новом Завете слово «Израиль» встречается более 70 раз. Я изучил каждый случай использования этого слова в Новом Завете и пришел к заключению, что слово «Израиль» ни разу не использовано как синоним слову «Церковь». Истина очень проста: Израиль — это Израиль, а Церковь —

это Церковь. У Бога есть Свои план и для Израиля, и для Церкви — у Него достаточно, чтобы дать им обоим. Ему не нужно обеднять кого-то одного, чтобы благословить другого.

Теперь давайте вернемся к 24-й главе Евангелия от Матфея, и там мы увидим резкую смену фокуса. Как если бы мы смотрели на телеэкран, который отображает весь мир, но потом вдруг изображение резко перескочило на очень маленький участок земной поверхности: на Иерусалим и землю Израиля. Евангелие от Матфея 24:15-16:

Итак, когда увидите мерзость запустения, реченную через пророка Даниила, стоящую на святом месте, читающий да разумеет, тогда находящиеся в Иудее да бегут в горы...

Насколько я понимаю, согласно Писанию, есть лишь одно святое место, и это место, где находился храм в Иерусалиме. Обратите внимание, здесь не сказано бежать на Западный берег реки Иордан. Итак, наш взгляд вдруг переместился со всех народов и всего мира на город Иерусалим и на живущих на этой территории евреях.

Это связано с отрывком из Послания Римлянам 11:25-26. Верующим из язычников Павел написал такие слова:

Ибо не хочу оставить вас, братия, в неведении о тайне сей, чтобы вы не мечтали о себе (или чтобы вы не были о себе слишком высокого мнения), что ожесточение (или ослепление) произошло в Израиле отчасти, до времени, пока войдет полное число язычников; и так весь Израиль спасется.

Как-нибудь проведите интересный эксперимент, который сделает вызов и вам самим: найдите в Новом Завете все места, где Павел говорит, что не хочет, чтобы верующие оставались в неведении. Вы обнаружите, что в большинстве случаев верующие пребывают в неведении именно в том, в чем, по словам Павла, они *не должны* быть в неведении.

Здесь, в Послании Римлянам, мы, прежде всего, видим, что должно войти полное число язычников. Должно спастись определенное количество язычников, избранных Богом. Затем весь Израиль спасется. Израиль — это единственная нация, которой Библия обещает полное спасение. Однако необходимо помнить о следующем, Послание Римлянам 9:27:

> *А Исайя провозглашает об Израиле: хотя бы сыны Израилевы были числом, как песок морской, только остаток спасется.*

Здесь говорится об «остатке», т.е. о «выживших», которых Бог избрал и предузнал. Поэтому, когда говорится о том, что весь Израиль спасется, имеется ввиду *весь оставшийся Израиль*. Это будут все оставшиеся из этого народа. Прежде чем это произойдет, Израиль должен пережить много потрясений; в Библии это названо *«бедственным временем для Иакова»* (Иер. 30:7).

Очень важно всем нам осознать, какое особенное место в плане Божьем занимают евреи. Многим не-евреям очень трудно проглотить этот факт. Большинство из нас, не принадлежащих к еврейскому народу, было воспитаны так, что в той или иной мере мы считаем евреев ниже себя, позволяем себе ехидные замечания в их адрес и даже презираем их. Я не принадлежу к еврейскому народу, и я никогда не был антисемитом, но я помню, что даже в моей семье (а это была добропорядочная английская семья), когда речь заходила о евреях, сразу каким-то образом менялась интонация и сама атмосфера разговора. Антисемитизм присущ большинству не-евреев. Но Павел предупредил нас, чтобы мы были осторожны. Он сказал, что мы не являемся корнем, а лишь ветвями (см. Римлянам 11:16-24). Помните: не ветви держат корень, а корень ветви. Нашим корнем является Израиль. У множества христиан в этом отношении должны произойти серьезные изменения в мышлении, потому что Бог собирается судить народы на основании их отношения к евреям. Многие из вас, кто сейчас читает эти строки, могут обнаружить, что внутри вас поднимается неприязнь к самой этой мысли.

Однажды я разговаривал с юношей родом из Алжира, который был мусульманином, но уверовал в Иисуса Христа в результате сверхъестественного откровения. Однако, став христианином, он начал спорить с Господом о положении евреев. Господь ему сказал: «Ты противишься не евреям, а Мне». И эти слова полностью изменили его отношение. Это не евреи избрали сами себя, а Бог избрал их. Если бы все зависело от евреев, то они бы никогда не избрали себя. Вы даже не представляете себе, как они желали бы избавиться от ответственности, связанной с тем, что они избраны Богом. При вступлении в должность один из премьер-министров Израиля сказал: «Мы такой же народ, как и любой другой». Это звучит хорошо, однако, это не так. Не они так решили и не мы, а Бог. Если у вас есть проблемы с евреями, то у вас на самом деле проблемы с Богом.

Я верю, что Бог всегда делает правильный выбор: в нашей жизни, в церкви и среди народов. Если бы все зависело от меня, то я не смог быть сделать верного выбора. Поэтому в таких вопросах Бог делает решение Сам и не оставляет его на мой выбор. Надо сказать, что Бог действительно многое решал за меня в моей жизни. Например, я был женат дважды, и в обоих случаях Бог выбирал мне жену. Каждый раз Его выбор был замечательный, за что я Ему очень благодарен. Возможно, вы умнее меня, но я не так хорошо разбираюсь в людях, чтобы делать правильный выбор.

Избрание евреев было Божьим избранием, а Он знает, что делает. Лично я считаю, что только Он может разобраться с евреями. Я говорю так не для того, чтобы показаться умным, а потому, что с евреями очень нелегко иметь дело. Итак, Бог говорит: «Я взял на Себя эту ответственность и, в конце концов, исполню, что обещал». Иисус сказал: *«И оправдана премудрость чадами ее»* (Матф. 11:19). Другими словами, плод, который приносит мудрость, оправдывает принимаемые мудростью решения. Бог еще не закончил.

Не судите о плоде, когда он еще не созрел.

Хочу указать вам на один момент, который очень важен для Соединенных Штатов Америки. По происхождению я британец, и одно время Великобритания имела мандат на управление территорией, которая называлась Палестиной. Когда ООН решила предоставить еврейскому народу небольшую полоску земли, то официальная реакция британских властей выражалась в том, что они стали делать все, чтобы только помешать этому случиться. Британия как только могла выступала против этого, разве что не перешла к открытым военным действиям. Я знаю об этом не только потому, что я британец, но и потому что как раз в то время я служил в британской армии и жил в Палестине. Поэтому я говорю обо всем этом как очевидец. В то время на Ближнем Востоке было сорок миллионов арабов, с армиями оснащенными современным вооружением, против шестисот тысяч плохо вооруженных евреев. И кто победил?

Великобритания была огромной империей, но с того дня, как она стала идти наперекор целям Божьим для Израиля, эта империя начала распадаться, и ей пришел конец. На словах британские власти поддерживали евреев, но их дела свидетельствовали об обратном. Надо прямо сказать, что правительству Америки надо быть осторожным, чтобы не повторить ошибку Великобритании. Америка не должна препятствовать исполнению Божьего плана для Израиля в мирном процессе. Конечно, представители американских властей знают, как нужно разговаривать с христианами; они умеют подбирать правильные слова. Именно это делают политики: они говорят с каждой группой так, чтобы те подумали, что они на их стороне. Но когда вы обратитесь к фактам, то те могут говорить совершенно о другом.

Я верю, что в конечном итоге ни один политик, занимающий антиизраильскую позицию, не достигнет благополучия, и ни один народ, выступающий против Израиля, не будет процветать. Господь сказал в Книге пророка Иоиля 3:1-2:

Ибо вот, в те дни и в то самое время, когда Я возвращу плен Иуды и Иерусалима (это время воссоединения еврейского народа, в которое мы сейчас живем), *Я соберу все народы* (еврейское слово «гоим», означающее «языческие народы», «не-евреи»), *и приведу их в долину Иосафата* (что означает: «Иегова судит»), *и там произведу над ними суд за народ Мой и за наследие Мое, Израиля, который они рассеяли между народами, и землю Мою разделили.*

Бог говорит, что Он собирается судить народы на основании того, как они обращались с евреями. Нравится вам это или нет, но именно так и будет. В наших же интересах отнестись к этому серьезно.

Эти народы не только рассеяли евреев, но и разделили их землю. Мы должны помнить, что прежде всего это Божья земля: «*И землю **Мою** разделили*» (выделено автором).

Позвольте теперь вернуться к истории современного государства Израиль. Должен сказать, что за разделение этой земли в первую очередь несет ответственность Великобритания, потому что в 1919 или 1920 году Лига Наций дала Великобритании мандат на управление этой территорией, подразумевая, что она создаст национальный дом для еврейского народа. В 1922 году британские власти одним росчерком пера отняли 76% доверенной им территории и превратили ее в арабское государство (первоначально оно называлось Трансиордания, а теперь называется Иордания), в котором было запрещено жить евреям. Это значит, что осталось лишь 24% земли. Затем уже ООН предложила евреям около 10% из оставшихся 24%. Но вмешался Бог. Кто знает, что произойдет дальше? Но одно я могу сказать вам с уверенностью: Бог будет судить все народы по тому, как они обращались с еврейским народом.

В Евангелии от Матфея 25:31-46 говорится о приходе Царя и Его Царства. Необходимо понимать, что это прямая ссылка на Книгу пророка Иоиля 3:12. Это та же картина. Евангелие от Матфея 25:31-32:

Глава 26. Да приидет Царствие Твое

Когда же придет Сын Человеческий во славе Своей и все святые Ангелы с Ним, тогда сядет на престоле славы Своей (на Своем земном престоле, сейчас Он восседает на престоле Своего Отца), *и соберутся пред Ним все народы* («гоим»); *и отделит одних от других, как пастырь отделяет овец от козлов.*

Итак, когда Господь Иисус Христос придет как Царь, перед Ним соберутся все народы, и Он разделит их на две группы: овцы — по правую руку, а козлы — по левую руку. Если вы внимательно изучите эту главу, то обнаружите, что основанием для разделения будет то, как эти народы обращались с братьями Иисуса: *«Так как вы сделали это одному из сих братьев Моих меньших, то сделали Мне»* (Матф. 25:40; 45). Бог решил сделать основанием Своего суда то, как народы обращались с братьями Иисуса.

Этот суд чрезвычайно строгий. Овцам сказано: *«Приидите, благословенные Отца Моего, наследуйте Царство, уготованное вам от создания мира»* (Матф. 25:34). Это земное Царство Иисуса. Козлам же Он сказал: *«Идите от Меня, проклятые, в огонь вечный, уготованный диаволу и ангелам его»* (Матф. 25:41).

В настоящее время основная цель Бога в политической сфере это собрать евреев и восстановить их как нацию на своей земле, после чего Он восстановит их в качестве Своего народа. Думаю, немногие из нас могут осознать в полной мере, каким невероятным чудом стало то, что после девятнадцати веков, в течение которых евреи были рассеяны среди более ста народов, испытывая огромное давление отказаться от своей уникальности, они все же остались отдельным, самобытным народом. В течение последних девяноста лет они собираются из более ста разных стран. Не знаю, понимаете ли вы, какое это чудо. Это одно из главных в истории этой планеты доказательств того, что Бог контролирует дела людей.

Моя жена Лидия была по национальности датчанка. Она говорила, что если бы взять датчан и рассеять среди всех народов, то через двести лет вы бы нигде не нашли ни одного датчанина; все они полностью бы ассимилировались. Евреи были в рассеянии почти *две тысячи* лет, а некоторые из них еще дольше. Евреи, жившие на территории современного Йемена, были в рассеянии две с половиной тысячи лет, так же, как и некоторые евреи, жившие на территории современного Ирака, но они оставались отдельным, узнаваемым народом, а затем вернулись в Израиль. Я считаю, это было таким же огромным чудом, как исход из Египта.

В течение двух лет в Израиль вернулось четыреста тысяч евреев из России. В то время все население Израиля составляло около четырех миллионов. Таким образом, 10% всего населения страны были вновь прибывшие иммигранты, у которых не было ни финансов, ни работы, и многие из которых имели проблемы со здоровьем. Всех их нужно было принять. Это все равно, что если бы Соединенным Штатам нужно было за два года принять двадцать семь миллионов новых иммигрантов, и это при том, что в США есть гораздо больше для этого ресурсов, чем в Израиле. Американские власти никогда бы не решились на такой шаг, а в Израиле это получилось. Почему? Потому что Бог запланировал восстановление Израиля, которое должно произойти перед приходом Его Царства.

НЕВЕСТА СТАНЕТ СОВЕРШЕННОЙ

Ко времени прихода Господа должен будет завершиться еще один процесс — это подготовка Церкви Иисуса Христа к тому, чтобы стать Невестой Христа. Возможно, эти процессы будут происходить не обязательно точно в той очередности, в которой мы их рассматриваем, но, по крайней мере, в такой последовательности о них говорит Писание, и я нахожу в этом определенную логику. Книга Откровение 19:6-8:

И слышал я как бы голос многочисленного народа, как бы шум вод многих, как бы голос

> *громов сильных, говорящих: аллилуия! ибо воцарился Господь Бог Вседержитель. Возрадуемся и возвеселимся и воздадим Ему славу; ибо наступил брак Агнца, и жена Его* (Церковь) *приготовила себя. И дано было ей облечься в виссон чистый и светлый; виссон же есть праведность святых.*

В начале этой книги при рассмотрении образа Невесты из Послания Ефесянам мы видели, что ко времени наступления брачной вечери, Невеста уже должна будет быть готова. К тому времени она *уже* должна будет приготовить себя. Другими словами, нам нужно готовиться уже сейчас, когда придет время встречать Жениха, будет уже поздно начинать готовиться.

В результате ряда довольно странных событий я стал приемным отцом одиннадцати девочек, которые все теперь уже повзрослели и вышли замуж. Я знаю, как каждая из них волновалась перед своей свадьбой. Наверное, нет такой женщины, которую бы не волновала ее будущая свадьба. Они начинают готовиться к ней задолго до ее начала и тратят на подготовку очень много времени. Они размышляют над тем, какое на них будет платье, планируют церемонию, выбирают подружек и вновь и вновь прокручивают в голове все детали. Все мы знакомы с таким состоянием будущей невесты. Думаю, это дает нам некоторое представление о том, что значит для истинной Невесты Христа ее приготовление себя.

Если вы не готовитесь, то я не понимаю, как вы можете оказаться приготовленными. Если вы даже не осознаете, что вам нужно готовиться, то как вы вообще сможете быть готовы? Для большинства женщин день их свадьбы является самым важным днем в их жизни. Именно так дело будет обстоять и с Церковью, и для этого нужна серьезная подготовка. *«Жена Его приготовила себя»*, а не «готовит себя», или «в последнюю минуту совершает судорожные приготовления». Она *уже* приготовила себя.

В чем же должна выражаться готовность Невесты? Я хочу предложить рассмотреть три момента. Если вы помните, некоторые из них обсуждались в восьмой главе. Они жизненно важны.

1. Полное посвящение Иисусу

Это не просто какая-то умственная или интеллектуальная приверженность, а отношение сердца, которое предоставляет Иисусу первое место в нашей жизни и не позволяет никому другому делить это место с Ним. Муж и жена могут любить друга и иметь замечательный брак, но они должны быть абсолютно уверены в том, что Иисус занимает в их сердцах первое место. Никогда нельзя позволять супружеским отношениям преобладать над вашими отношениями с Иисусом. Никогда. Когда Иисус будет занимать то место, которое Его по праву, тогда все остальное станет на свои места, и это приведет к хорошему браку.

Во Втором послании Коринфянам 11:2 Павел пишет:

> *Ибо я ревную о вас ревностью Божиею; потому что я обручил вас единому мужу чтобы представить Христу чистою девою.*

Помните, что в Библейской культуре обручение было чем-то наподобие современной помолвки, однако тогда это был полноценный брачный завет, при котором люди полностью связывали свою жизнь друг с другом, еще до времени проведения брачной церемонии. Когда человек обручался, то назад пути уже не было, однако это еще не было полным брачным соединением. Павел пишет здесь о «чистой деве».

В Первом послании Коринфянам 6:9-11 описано прошлое некоторых людей, ставших членами церкви в Коринфе:

> *Или не знаете, что неправедные Царства Божия не наследуют? Не обманывайтесь: ни блудники, ни идолослужители, ни прелюбодеи, ни малакии, ни мужеложники, ни воры, ни лихоимцы, ни пьяницы, ни злоречивые, ни хищники*

Царства Божия не наследуют. И такими были некоторые из вас.

Мы должны запомнить этот стих. Вы можете называть блуд «добрачной половой жизнью», но если вы будете его практиковать, то не войдете в Царство Божье. Это станет возможно, только если вы покаетесь и измените свой образ жизни. Но обратите внимание, что, даже учитывая прошлое некоторых коринфян, Павел говорит, Второе послание Коринфянам 11:2:

Я обручил вас... Христу чистою девою.

Какое свидетельство о силе крови Иисуса! Благодаря вере этих людей в Иисуса и силе Его крови Павел мог называть их «чистой девой», представленной Христу.

Затем он выразил озабоченность тем, чтобы мы сохраняли верность и посвящение нашему Жениху вплоть до самой брачной церемонии. Второе послание Коринфянам 11:3:

Но боюсь, чтобы, как змий хитростью своею прельстил Еву, так и ваши умы не повредились, уклонившись от простоты (и чистосердечности) *во Христе.*

В период между обручением и празднованием брачной вечери Агнца нас подстерегает опасность того, что наши умы могут повредиться, уклонившись от простоты и чистоты во Христе Иисусе.

Должен сказать, что вижу, как это происходит со многими верующими. Например, это касается так называемого учения «Нью-Эйдж» («Новая Эра»), которое проникло глубоко в Церковь и повреждает наши умы, уклоняя нас от чистоты во Христе Иисусе.

Еще один фактор это излишнее углубление в богословие. Лично я не в восторге от так называемой теологии. Многие люди поступают в богословские учебные заведения верующими, а оканчивают их неверующими. Я верю в необходимость систематического изучения Библии, однако когда люди слишком озабочены интеллектуальными изысканиями и достижениями, они обычно утрачивают свою веру. Когда церковь становится слишком озабоченной достижением высот образования, она, как правило, развращается духовно. Наглядными примерами этого служат Гарвардский и Йельский университеты США, которые основывались как христианские университеты. То же самое произошло и с сотнями других учебных заведений. Поэтому нам дается это предупреждение: сохранять простоту, искренность и чистоту нашей веры во Христа.

Однажды Господь обратился ко мне и моей жене Руфи и сказал: «Вы утратили простоту вашей первоначальной веры. Я хочу, чтобы вы к ней вернулись». Как только вы принимаете спасение, вы верите, что Бог ответит на каждую вашу молитву. Разве не так? Ваши молитвы порой очень незамысловаты, но, как ни странно, вы получаете на них ответ. Затем вы начинаете все усложнять и взвешивать: «Да, но...» Это значит, что вы утратили простоту и чистоту вашей первоначальной веры. Павел говорит: «Я беспокоюсь о вас, потому что вы будете Невестой Христа, только если будете оставаться такими, какими были вначале». Мы с Руфью используем Первое послание Коринфянам 6:11 как наше личное провозглашение:

И такими были некоторые из вас; но (мы) *омылись, но* (мы) *освятились, но* (мы) *оправдались именем Господа нашего Иисуса Христа и Духом Бога нашего.*

Именно такими вы должны быть, чтобы войти в число Невесты Христа. Вы должны быть омыты, освящены и оправданы. Вы не должны терять простоту вашей первоначальной веры.

В 17-й главе книги Откровение и в других местах Писания прямо и открыто говорится о церкви, которая названа блудницей или проституткой. В чем разница между Невестой и блудницей? Помните, что есть лишь одно существенное отличие: Невеста сохранила свою верность Иисусу, а блудница оказалась неверна Ему. Должен сказать, что в современном мире есть церковь-блудница, и она растет. Это церковь тех, кто оставил свое первоначальное посвящение Иисусу и оказался вовлечен во множество вещей, которые не соответствуют Писанию.

2. Сердечное стремление к встрече

Вторым требованием к Невесте является искреннее ожидание прихода Жениха. Послание Евреям 9:28:

> *Так и Христос, однажды принеся Себя в жертву, чтобы подъять грехи многих, во второй раз явится не для очищения греха, а для (ревностно) ожидающих Его во спасение.*

Для кого явится Жених? Для ревностно ожидающих Его. Для тех, кто ожидая «высматривает Его становясь на кончики пальцев ног». Он не явится во спасение кого-то иного, а только Своей Церкви. Мой близкий друг Джим Крофт говорил: «Когда явится Иисус, недостаточно будет сказать: «А, это Ты…! Вообще неплохо, что Ты вернулся». Он ожидает чего-то большего.

Итак, позвольте вас спросить: действительно ли вы ожидаете, жаждете возвращения Жениха? Ожидаете ли вы Его ревностно? Не просто ожидаете, а *ревностно*?

3. Подобающее одеяние — праведные дела

Третье условие, как мы уже видели ранее, это подобающее одеяние. Всем известно, что для невесты ее наряд является одной из самых важных атрибутов. Много лет назад у нас спаслась одна молодая пара, причем ни муж, ни жена раньше никак не были связаны с религией. В то время мы крестили людей в нашем плавательном бассейне. На крещение эта женщина явилась в бикини. Некоторых это бы шокировало, но я подумал: «Как интересно повстречать людей, которые так далеки от религии, что не подозревают о том, что не стоит проходить религиозные процедуры в таком виде». Конечно, мы предоставили ей другую одежду. Но в том, что касается наших взаимоотношений со Христом, мы должны понять, что нам нужно надеть нечто большее, чем бикини, на свадьбу с нашим Женихом. Другими словами, для нашего свадебного наряда нам надо иметь достаточно материи, которой являются наши праведные дела. Книга Откровение 19:7-8:

> *Возрадуемся и возвеселимся и воздадим Ему славу; ибо наступил брак Агнца, и жена Его приготовила себя. И дано было ей облечься в виссон чистый и светлый; виссон же есть праведность святых.*

Вашим свадебным убранством станет то, что вы сделали для Господа. Будьте честны с собой и признайте, что у некоторых из вас сейчас есть лишь небольшой кусок материи. Если это так, то вам необходимо что-то коренным образом менять в своей жизни!

В словах Иисуса, обращенных к семи церквам во второй и третьей главах книги Откровение, есть одна фраза, которую Он сказал каждой церкви: *«Знаю твои дела»*. Он не сказал: «Знаю твой символ веры» или «Знаю, к какой ты принадлежишь конфессии», или «Знаю твое богословское образование». Он сказал: «Я знаю, что ты делаешь». Именно наши праведные дела дадут нам материал для свадебного наряда. Ваше свадебное убранство будет сшито не из доктрин, но из того, что вы сделали для Него.

Служить Господу не всегда легко; порой мы проходим через сильное давление. Но в следующий раз, когда вы, искренне, всем сердцем служа Господу, окажетесь под таким же давлением (хочу чтобы вы знали, что я прохожу через них точно так же, как и все), просто помните, что все это является частью подготовки вашего свадебного убранства. И тогда вы иначе будете к этому относиться.

Итак, давайте повторим три основные цели Бога, которые должны быть достигнуты до окончания века и прихода Царства Божьего.

Во-первых, Евангелие должно быть провозглашено всем народам. Полагаю, что это ответственность лежит на всей Церкви. Ни один христианин не является исключением. Это не работа нескольких профессионалов или миссионеров. Для достижения этой общей цели необходимо выполнить много разного рода заданий, и каждый посвященный христианин имеет свою часть в этом общем деле.

Во-вторых, должен быть восстановлен Израиль: сначала как народ своей страны и своей земли, затем как народ Божий. Книга пророка Иезекииля 36:28:

И будете жить на земле, которую Я дал отцам вашим, и будете Моим народом, и Я буду вашим Богом.

Помните, что цель восстановления евреев на их земле это их возвращение к своему Богу. Все остальное (политические и военные переговоры и т. п.) это лишь часть этого процесса.

Есть важная причина, по которой Израиль должен быть собран. Бог будет иметь дело с евреями не просто как с группой отдельных индивидуумов, а как с народом, потому что Он заключил завет с ними именно как с народом. Поэтому, чтобы иметь дело с ними как с народом, Он должен вновь собрать их в одном месте. Единственным таким местом станет то, которое Он с самого начала дал им для проживания.

В-третьих, как мы только что обсудили, Невеста должна подготовиться для своего Жениха.

Призываю вас задуматься, насколько вы включились в достижение Божьих целей. В следующий раз, когда будете молиться: «Да приидет Царствие Твое», помните, что эти слова возлагают на вас обязанность участвовать во всем том, что необходимо для прихода этого Царства.

27
СЛАВНАЯ ЦЕРКОВЬ

Писание говорит, что Церковь, за котором придет Иисус, будет славной Церковью. Тем не менее многие люди сегодня, которые считают себя частью Церкви, понятия не имеют, что это значит. Словом «слава» в нашей Библии переводится греческое слово *доксо*, означающее «то, что выражает и отличает славу Божью».

Я пришел к греческому Новому Завету через классический греческий язык, который я усиленно изучал с 10-летнего возраста. Затем в университете я сначала изучал, а потом и преподавал философию Платона. Одно из основных понятий философии Платона заключено именно в этом слове *доксо*. В трудах Платона *доксо* означает «то, что видимо, что явно», или «мнение, впечатление». Такое определение данного слова очень отличается от того, как оно использовано в Новом Завете. Поскольку я изучал философию, то решил прочитать на Евангелие от Иоанна на греческом языке. Меня очень озадачило то, как Иоанн употребляет слово *доксо*. Я подумал: «Почему Платон употребляет это слово в значении «нечто явное, видимое», а Иоанн в значении «слава»?»

Спустя несколько лет, после своего чудесного рождения свыше, я вдруг понял новозаветное употребление слова *доксо*. Хотя это слово переведено по-разному, в оригинале оно подразумевает, что слава Божья — это Его присутствие, воспринимаемое органами чувств человека. Это видимое, ощутимое для человека присутствие Божье; это то, что явным образом проявляется и воспринимается. Увидев это, я осознал, как это слово перешло от значения «нечто явное» к значению «слава». *Слава Божья* — это явное проявление Его присутствия, которое воспринимается органами чувств человека.

Обращаясь к иудейскому синедриону, Стефан сказал (Деяния 7:2): *«Бог славы явился отцу нашему Аврааму в Месопотамии»*. Авраам узнал Бога благодаря тому, что увидел Его славу. Эта встреча изменила жизнь, побуждения и цели Авраама настолько, что он оставил все и отправился в землю, которую ему пообещал Бог.

Таким образом, когда Писание говорит о славной Церкви, это означает Церковь, которая наполнена славой Божьей. Это Церковь, в которой есть явное, очевидное и ощутимое присутствие Самого Всемогущего Бога. Это не относится к церкви, которая живет «голой» верой, без каких-либо проявлений. Это Церковь, которая вошла в такие взаимоотношения с Богом, где есть Его явное, личное, ощутимое присутствие посреди Его народа.

Церковь, которая пропитана Божьим присутствием, привлекает к себе людей. Чувствуя его, они спрашивают: «Что это там? Я никогда такого не чувствовал. Это что-то необычное. Что есть у этих людей, чего нет у меня?»

Это слава Божья, и она вызывает благоговейный страх. Когда Божья слава открылась израильтянам, они упали на свои лица. Вторая книга Паралипоменон 7:1-3:

> *Когда окончил Соломон молитву, сошел огонь с неба и поглотил всесожжение и жертвы, и слава Господня наполнила дом. И не могли священники войти в дом Господень, потому что слава Господня наполнила дом Господень. И все сыны Израилевы, видя, как сошел огонь и слава Господня на дом, пали лицем на землю, на помост, и поклонились, и славословили Господа, ибо Он благ, ибо вовек милость Его.*

Божье присутствие было таким мощным, что никто не мог устоять. Иисус возвратится к Церкви, в которой будет именно такое присутствие Божье. Послание 5:25-26:

…Христос возлюбил Церковь и предал Себя за нее, чтобы освятить ее, очистив банею водною посредством слова…

Иисус искупил Церковь Своей кровью, чтобы Он мог освятить ее чистой водой Своего Слова. Для подготовки Церкви к приходу Господа необходима и кровь, и вода Слова Божьего. Я всегда высоко почитаю кровь Иисуса. Его кровью была заплачена искупительная цена, благодаря чему мы были выкуплены назад из рук дьявола. Затем, после нашего искупления кровью Иисуса, Бог желает чтобы мы были освящены и очищены водой Слова. Его цель ясна. Послание Ефесянам 5:27:

…чтобы представить ее Себе славною Церковью, не имеющею пятна, или порока, или чего-либо подобного, но дабы она была свята и непорочна.

Итак, вот три признака, по которым можно определить Церковь, к которой придет Иисус:

1. Она должна быть славной.

2. Она должна быть отмечена проявленным присутствием Божьим.

3. Она должна быть святой, не имеющей пятна и порока.

Меня очень беспокоит нынешнее состояние так называемого *харизматического движения* (хотя мне кажется, что в каком-то смысле это скорее харизматическое топтание на месте или даже застой!). Если оно куда-то и движется, то я не знаю, куда именно. Согласно моему наблюдению многие харизматы уделяют недостаточно внимания Библии; большинство из них ни разу не прочитало ее от начала до конца. О некоторых Библейских истинах они даже не подозревают. Радоваться проявлению даров Духа Святого и переживать Его проявления — это замечательно, однако это не заменит знание Слова Божьего и понимание Его обетований. А Его обетования удивительны, как, например, это: мы можем стать *«причастниками Божеского естества, удалившись от господствующего в мире растления похотью»* (2 Пет. 1:4).

Позвольте вас спросить: насколько вы уже стали причастником Божеского естества, т.е. природы и характера Божьего? Насколько вы удалились от господствующего в мире растления похотью? Иисус собирается произвести все это в Своей Церкви, Своей Невесте.

Мы можем стать освященными только через омытие водой Слова. Тем из вас, кто является лидерами, я бы порекомендовал что-то сделать по этому поводу. Помню, как среди пятидесятников Америки считалось, что если на занятии по изучению Библии у вас соберется пятьдесят человек, то это уже много. Тем не менее, мы все же уделяли время именно Слову Божьему. В большинстве пятидесятнических церквей каждую среду по вечерам проводился «разбор Слова». Что случилось с занятиями по изучению Библии сегодня? В большинстве местах, в которых я бываю, вообще не уделяется времени для изучения Библии. Но на лидерах лежит ответственность не только учить людей Библии, но и, что еще более важно, учить людей тому, как изучать Библию самостоятельно, и прививать им любовь к Библии. Сегодня стало популярно питаться, забрасывая в желудок примитивный «фаст-фуд» («быструю пищу»), и мне печально наблюдать вокруг христиан, которые живут на духовных чипсах и гамбургерах. Но в Царстве Божьем нет «фаст-фуда»!

Первое послание Иоанна 5:6:

Сей есть Иисус Христос, пришедший водою и кровию и Духом, не водою только, но водою и кровию, и Дух свидетельствует о Нем, потому что Дух есть истина.

Кровь Иисуса — это искупительная жертва, в то время как омытие водой представляет регулярное очищение и освящение Словом Божьим. Они идут вместе. Без крови у нас нет доступа к Богу, и мы не имеем жизни. А без Слова Божьего мы не очищены; мы не освящены; с нас не смыты наши нечистоты.

Церковь должна не только принять жизнь посредством крови и очищаться посредством воды, но и строиться («устроять себя»). В Послании Ефесянам 4:11 мы видели инструменты, при помощи которых Церковь будет подготовлена к приходу Господа — это пять основных служений для строительства, созидания Тела Христова, рассмотренные нами в предыдущих главах: апостолы, пророки, евангелисты, пастыря (пастухи) и учителя. В следующих двух стихах мы видим цель, для которой Бог дал нам этих служителей. Послание Ефесянам 4:12-13:

> *К совершению святых, на дело служения, для созидания Тела Христова, доколе все придем в единство веры и познания Сына Божия, в мужа совершенного, в меру полного возраста Христова.*

Эти созидательные (букв. «строительные») служения даны нам до тех пор, пока мы не придем в единство веры через познание Иисуса Христа. Единство не придет, когда мы будем сидеть и вести богословские дискуссии. Одно можно сказать уверенностью: богословские споры не объединяют христиан! Мы сможем прийти в единство, только когда объединимся вокруг главенства Господа Иисуса Христа, признав Его полную власть во всех сферах Церкви. Видите ли, учение о спасении не имеет смысла без Самого Спасителя. Учение об исцелении не имеет смысла без Самого Целителя. Учение об освобождении не имеет смысла без Самого Освободителя. Учение о крещении в Духе Святом не имеет смысла без Самого Крестителя.

Когда мы знаем Спасителя, тогда мы действительно верим в спасение. Когда мы знаем Целителя, тогда мы действительно верим в исцеление. Узнав Крестителя, мы верим в крещение в Духе Святом. Зная Освободителя, мы верим в освобождение от злых духов. В каждом случае дорога к единству лежит не через богословские дискуссии, а через познание Господа Иисуса Христа в Его славе.

Глава 27. Славная Церковь

Познавая Христа во всем том, Кем Он является в Церкви, мы приходим в единство веры *«в мужа совершенного, в меру полного возраста Христова».* Ключевым словом здесь является «полнота». Пока Церковь Иисуса Христа не явит Христа во всей Его полноте (во всех аспектах благодати, всех дарах, всех служениях), она не будет исполнять свое призвание. В настоящее время мы являем миру лишь жалкую частицу всей полноты Иисуса Христа. Есть намного большее во Христе, чего Церковь пока не в состоянии продемонстрировать этому миру, но Бог приведет нас к тому, что все тело Христа в полной мере явит Иисуса. Послание Ефесянам 3:14-18:

Для сего преклоняю колени мои пред Отцем Господа нашего Иисуса Христа, от Которого именуется всякое отечество на небесах и на земле, да даст вам, по богатству славы Своей, крепко утвердиться Духом Его во внутреннем человеке (именно Дух Святой доставляет и распространяет славу Божью), *верою вселиться Христу в сердца ваши, чтобы вы, укорененные и утвержденные в любви, могли постигнуть со всеми святыми, что широта и долгота, и глубина и высота...*

Никто из нас сам не сможет постигнуть этого. Только объединившись с другими верующими, мы сможем постигнуть всю полноту Иисуса Христа: широту, долготу, глубину и высоту. Далее Павел говорит, стих 19:

...и уразуметь превосходящую разумение любовь Христову, дабы вам исполниться всею полнотою Божиею.

Какое потрясающее заявление: Церковь Иисуса Христа будет местом обитания всей полноты Божьей! Вся полнота Божья, во всей Его сущности во всей Его силе, во всех Его качествах будет проявлена в Церкви. Насколько я знаю. Есть только еще одно место Писания, где говорится о «полноте Божьей», это Послание Колоссянам 2:9, где об Иисусе сказано: *«Ибо в Нем обитает вся полнота Божества телесно».* Во Христе Бог проявился полностью, а не частично. Когда же Дух Святой завершит работу по формированию Тела Христова, то полнота Божья проявится и в Церкви. Не думайте, что это произойдет только с вами отдельно. Сами по себе вы лишь небольшая часть полного. Только придя в единство веры и познания Христа, вы сможете познать со всеми верующими, что широта и долгота, и глубина и высота, и таким образом исполниться всей полнотой Божьей. Именно такая цель Бога для Церкви.

Бог намерен явить Себя миру так, чтобы вся земля исполнилась страхом пред Ним и увидела Его славу. Книга пророка Исаии 59:19:

И убоятся имени Господа на западе и славы Его на восходе солнца. Если враг придет, как река, дуновение Господа прогонит его.

Вторая часть этого стиха относится к нашей ситуации. Истина состоит в том, что наш враг сатана *уже* пришел, как река. Он проник во все сферы жизни нашей страны: политическую, социальную и образовательную, включая школы, колледжи, университеты и духовные семинарии. За несколько последних десятилетий силы врага неотступно продолжали проникать во все сферы жизни нашей страны.

Враг пришел как река, не только в мир, но и в церкви. Таким образом исполнилось пророчество Иоиля, согласно которому народ Божий и их наследие подвергнутся разорению, подобному тому, как полчища насекомых опустошают землю (см. Иоиль 1:4). В течение многих веков Церковь подвергалась нападению огромных полчищ суда Божьего: гусениц, саранчи, червей и жуков. Но Бог говорит, что в это время посреди нас будет двигаться Его Дух: *«Если враг придет, как река, дуновение Господа* (букв. *«Дух Господень»») прогонит его».*

Во многих местах Писания говориться, что в последнее время Господь поднимет знамя, и этим знаменем, которое Дух Святой поднимет над всей землей, является Иисус Христос. Дух Святой не будет превозносить никакого человека, никакую доктрину или организацию. Он пришел в Церковь с одной главной целью: превозносить Иисуса. В Евангелии от Иоанна 16:13-14 Иисус сказал:

Когда же приидет Он, Дух истины, то... прославит меня, потому что от Моего возьмет и возвестит вам.

Служение Духа Святого в Церкви направлено на то, чтобы открывать, возносить, возвеличивать и прославлять Иисуса Христа.

Церковь должна познавать и признавать Господа Иисуса Христа и поклоняться Ему. Писание говорит, что мы дети Авраама по вере в Иисуса Христа (см. Гал. 3:7). Аврааму Бог сказал: «У тебя будет столько детей, сколько звезд на небе» (Быт. 15:5). Как правило, мы не слишком много внимания уделяем звездам, когда днем на небе сияет солнце или ночью в полную силу светит луна. Но когда солнце зашло, а луна светит неярко, и все естественные источники света теряют силу, тогда звезды сияют ярче в сгустившейся тьме. Именно так будет в конце века, когда тьма покроет землю, и мрак народы (см. Ис. 60:2); когда ночь будет все темнее и темнее, дети Авраама по вере в Иисуса Христа будут светить, как звезды в своей славе (см. Фил. 2:14-16).

Вот какое впечатление будет производить Невеста, выступающая в своей славе. Песня Песней 6:10:

Кто эта, блистающая, как заря, прекрасная, как луна, светлая, как солнце, грозная, как полки со знаменами?

Когда Церковь проявит славу Христа, мир отпрянет в удивлении; он никогда не думал, что Церковь может быть такой. «Кто эта, которая является, как заря?» Церковь будет подобна солнцу, восходящему после долгой темной ночи. Невеста Христа будет прекрасна, как луна.

Луна должна отражать свет солнца, и луна имеет фазы: четверть, половина, три четверти и полная луна. Она увеличивается и уменьшается, подобно тому, как это происходило и с Церковью Христовой. Но когда Церковь, в конечном итоге, вернется в «фазу полной луны», она в полной мере будет отражать славу Солнца. Вот что увидит мир — Церковь во всей своей полноте, полностью отражающую славу и свет Солнца.

Церковь будет такой ясной, как солнце. Хоть она и подобна луне, однако она будет сиять праведностью и властью Сына Праведности, Иисуса Христа. Затем говорится о том, что а, она будет грозна как армия, марширующая с развернутыми знаменами. Видел ли кто-нибудь Церковь, наводящую страх на злые и темные силы, грех и сатану? Приходит Церковь, которая заставит трепетать сатанинские силы и обратит их в бегство.

Бог открыл мне на протяжении моей жизни, что одного послания дьявол боится больше любого другого. Это послание о том, чем станет Церковь, и чем это обернется для него. Именно этой истине дьявол противится ожесточеннее, чем любой другой.

Вот картина той Церкви, какую намерен получить Бог. Уделите время для того, чтобы Бог смог побудить вас искать Его воли для Церкви и для вас лично. Он вернется за славной Церковью, и именно такая Церковь будет Его Невестой!

ОБ АВТОРЕ

Дерек Принс (1915-2003) родился в городе Бангалор в Индии в семье потомственных британских офицеров. Он получил филологическое образование классических древних языков: (греческий, латынь, иврит и арамейский) в Итон-Колледже и Кембриджском университете в Англии, а затем в Еврейском университете в Израиле. Он получил образование профессионального философа, и считал себя атеистом. Затем он стал членом ученого совета кафедры классической и современной философии в Кингз-колледже Кембриджского университета.

Во время Второй Мировой войны, находясь в Британском медицинском корпусе, Дерек Принс приступил к изучению Библии как философского труда. Обратившись к Богу через сверхъестественную личную встречу с Иисусом Христом, несколькими днями позже он был крещен Духом Святым. Это переживание изменило весь курс жизни Дерека Принса, после чего он посвятил себя изучению и преподаванию Библии как Слова Божьего.

Демобилизовавшись из армии в 1945 г. в Иерусалиме, он женился на Лидии Кристенсен, основательнице детского дома в этом городе. Женившись, он сразу стал отцом восьми удочеренных Лидией девочек: шести евреек, одной палестинской арабки и одной англичанки. В 1948 г. вся семья была свидетелем возрождения государства Израиль. В конце 1950-х гг., в то время, когда Дерек возглавлял колледж по подготовке африканских учителей в Кении, Дерек и Лидия удочерили еще одну девочку.

В 1963 г. семья Принс иммигрировала в Соединенные Штаты, где они вошли в пасторское служение одной из церквей Сиэтла. Обеспокоенный убийством президента Кеннеди, Дерек Принс начал учить американцев ходатайствовать за свою страну. В 1973 г. он стал одним из основателей организации «Ходатаи за Америку». Его книга «Влияние на историю через пост и молитву» пробудила христиан по всему миру к молитве за свои правительства. Многие считают, что материалы об обязанности христиан молиться за свои страны, часть которых нелегальным путем попадала за «Железный Занавес», способствовали падению коммунистических режимов в СССР, Восточной Германии и Чехословакии.

В 1975 г. умерла Лидия Принс, и в 1978 г. Дерек женился на Руфи Бейкер, которая одна воспитывала трех усыновленных детей. Со своей второй женой он, как и с первой, познакомился, служа Господу в Иерусалиме. Руфь умерла в декабре 1998 г. в Иерусалиме, где они жили с 1981 г.

Сам Дерек Принс умер в 2003 году в Иерусалиме в возрасте восьмидесяти восьми лет. Однако вплоть до последних лет своей жизни он пребывал в служении, к которому Бог призвал его, путешествуя по всему миру, делясь откровениями истины Слова Божьего, молясь за больных и страдающих, делясь своим пророческим видением на мировые события в свете Писания. Он написал более сорока пяти книг, которые были переведены на более чем шестьдесят языков и разошлись огромными тиражами по всему миру. Он стал одним из первых учить на такие важные темы, как родовые проклятия, значение Израиля с точки зрения Библии и демонология.

Служение «Дерек Принс Министрис» со штаб-квартирой в г. Шарлотт (шт. Северная Каролина, США) продолжает распространять книги и учебные материалы Дерека Принса, обучая миссионеров, церковных лидеров и рядовых верующих через свои офисы, находящиеся во многих странах мира. Радиопрограмма «Ключи к успешной жизни» (ныне известная как радиопрограмма «Наследие Дерека Принса»), начала выходить в эфир с 1979 г. и теперь переводится на более чем десяток языков. Трансляция программ Дерека Принса, которые отличаются ясным, неконфессиональным и несектантским характером, покрывает более половины земного шара.

Признанный в международном масштабе как Библейский учитель и духовный патриарх, Дерек Принс учил людей и служил им в течение более семидесяти лет на шести континентах. В 2002 г. он сказал: «Мое желание — и как я верю, что это Господне желание — чтобы работа этого служения, которое Бог начал через меня более шестидесяти лет назад, продолжалась вплоть до прихода Иисуса».

ДЛЯ ЗАМЕТОК

ДЛЯ ЗАМЕТОК

ДЛЯ ЗАМЕТОК

ДЛЯ ЗАМЕТОК

Дерек Принс
ЦЕРКОВЬ БОЖЬЯ

Подписано в печать 03.12.2010г. Формат 84х108 $^1/_{32}$
Печать офсетная. Тираж 10 000 экз.
Заказ № 2888 (10173А)

Отпечатано в типографии "Принткорп",
ЛП № 02330/04941420от 03.04.02009.
Ул. Ф.Скорины 40, Минск, 220141. Беларусь.

www.ingramcontent.com/pod-product-compliance
Lightning Source LLC
Chambersburg PA
CBHW062146080426
42734CB00010B/1580